本研究获得

"上海师范大学第九期重点学科（文科）建设计划（汉语国际教育）"

资助

面向汉语作为第二语言教学的
语法点知识库构建研究

The Construction of Grammar Points Knowledge Base for TCSL

谭晓平　著

上海三联书店

目　录

前　言

　　构建面向汉语作为第二语言教学的语法点知识库是语言资源建设的一项重要内容,也是提高汉语作为第二语言教学信息化水平的重要途径。

　　本研究以三个平面理论、对外汉语教学语法理论为基础,对语法点知识库的描述对象、语法点描述框架、语法点标注体系进行了专门研究,构建了面向汉语作为第二语言教学的语法点知识库及应用平台,探讨了语法点知识库在语法点句法语义接口研究、汉语作为第二语言教学与教材研究等领域的应用。

　　面向汉语作为第二语言教学的语法点知识库主要由语法点描写知识库及与之配套的语法点标注语料库构成。该知识库的构建研究主要包括五个方面的内容:

　　第一,语法资源的需求分析。通过文献调研法及问卷调查法分析了教师及学习者对语法资源的需求,认为面向汉语作为第二语言教学的语法资源应具有综合性、关联性、便捷性的特点,并提供相关的频率信息。

　　第二,语法点选取研究。首先,通过对理论语法和对外汉语教学语法研究对象和范围的梳理,将“语法点”界定为:根据汉语作为第二语言教学的实际需求,对系统的语法知识进行切分、选择后获得的语法教学项目,可以包括语素、词、短语、格式、句子(单句、复句)、句群、篇章等方面的内容。然后,根据针对性、高频性、可描述性、必要性原则,确定了 152 个语法点作为语法点知识库描述与标注的对象。

第三,语法点描述框架及语法点描写知识库构建研究。首先,以三个平面理论、对外汉语教学语法理论为基础,提出了语法点描述框架,认为语法点的描述应包括:语义知识、句法知识、句法语义关系知识、语用知识、教学指导知识;然后,在语法点描述框架的基础上,构建了语法点描写知识库,制定了知识库填写规范,通过 25 个属性项对语法点进行了结构化、数据化、形式化的描述。

第四,语法点标注体系及语法点标注语料库构建研究。首先,对语法点标注体系进行了研究,确定了标注对象、标注维度、标注颗粒度,并为 152 个语法点制定了标注规范(包括标注框架、标注说明);其次,在汉语国际教育动态语料库(141464 条语料,约 350 万字)中进行了标注实践,对标注体系,特别是语法点的标注规范进行了验证和修订;最后,在标注语料的基础上形成了语法点标注语料库。

第五,语法点知识库的数据分析及应用研究。在标注语料的基础上,研究了语法点句法语义关系,获取了语法点使用上的频率信息,为语法点的教学与研究,对外汉语教材研究、语言测试提供了数据参考和语料基础。此外,论述了语法点知识库应用平台的功能、实现方式,以及其在语法点教学与研究领域的作用。

本研究的特色及创新主要有三个方面:一是拓展了语言知识库的应用领域,深化了语料库的标注加工研究。语法点描写知识库通过 25 个属性项对语法点的频率、句法语义关系、语用等信息进行了结构化、数据化、形式化的描述。构建了语法点标注体系，制定了语法点标注规范，提出了标注框架覆盖率的检测方法，在一定规模的语料中进行了标注实践，形成了语法点标注语料库。二是将语法点语义和句法之间的关系分析为"一对一""一对多""多对一"三种类型，并获取了语义与句法关系之间的频率信息，为语法点的教学与研究提供了参考数据。三是在语法点知识库基础上构建的应用平台为用户提供了综合性的语法知识，展现了语法点使用上的频率信息，实现了语法点与语料之间、语义类别与语料之间、句法形式与语料之间、不同语法点之间的关联性查询。

本研究为教师、研究者、学习者提供了备课、研究、测试、自学所需的科学的数据、丰富的用例、便捷的查询工具，有助于丰富汉语国际教育领域语言资源的类型，提升汉语作为第二语言教学的信息化水平，促进汉语国际教育事业的发展。

0 绪 论

语言知识库的构建是自然语言处理领域资源建设的一项重要内容,其质量和规模关系到自然语言处理系统的优劣。语言知识库可以分为两类:第一类是包含词典、句法规则和语义概念的知识库;第二类是由真实文本及其所包含语言知识组成的语料库。(俞士汶等,2013)

本研究所论及的面向汉语作为第二语言教学的语法点知识库主要包括两方面的内容:一是语法点描写知识库,通过 25 个属性对语法点的句法、语义、语用等信息进行多维度、数据化、结构化、形式化的描述;二是与语法点描写知识库配套的语法点标注语料库,对语法点在语料中所体现的具体的句法、语义信息进行综合标注。

0.1 选题的缘起

0.1.1 汉语国际教育事业的发展对语言资源建设的需求

2011 年孔子学院大会标志着对外汉语教学转型为汉语国际教育(许嘉璐,2012)。截至 2015 年 12 月 1 日,全球有 134 个国家(地区)建立了 500 所孔子学院、1000 个孔子课堂。汉语国际教育事业的迅速发展对语言资源的建设提出了新的需求,而中文信息处理技术的发展也为语言资源建设提供了技术上的支持。张普(1991)指出:"汉语信息处理与对外汉语教学是科学与技术的结合,是新科学与高技术的结合。科学与技术一经结合就会产生无穷的力量,就会发生飞跃。"① 詹卫东(2013)认为:"汉语语言学研究应该更加注重语言工程的研究和开发,以提高汉语大规模语言资源的数量、类型及易获得性,因此,汉语语言资源建设应努力实现语言范畴形式化、语言数据专项化和语言知识可视化。"②

近年来,面向汉语作为第二语言教学领域的语言资源建设主要集中在中介语语料库上,例如北京语言大学的 HSK 动态作文语料库、中山大学的汉字偏误标注的汉语连续性中介语语料库等。此外,现代汉语语料库也在一定程度上促进了汉语作为第二语言的教学与研究,例如国家语委现代汉语平衡语料库、北京大学 CCL 语料库、北京语言大学 BCC 语料库等。但现有的语言资源建设尚不能满足汉语国际教育事业迅速发展的需求。目前,与中文信息处理技术相结合的、专门面向汉语国际教育领域的新型语言资源正在酝酿、发展,例如北京大学的现代汉语构式数据库、北京师范大学的语法资源库、汉语国际教育动态语料库等。

0.1.2 汉语作为第二语言教学的需求

汉语国际教育要从单纯的汉语教学转变为全面的文化交

① 张普.论汉语信息处理技术与对外汉语教学[J].语言教学与研究,1991,01:111—129.
② 詹卫东.大数据时代的汉语语言学研究[J].山西大学学报(哲学社会科学版),2013,05:70—77.

流,而实现全面交流的媒介是语言(许嘉璐,2012)。

语言的三要素包括:语音、词汇、语法。语法是语言的结构规则,"通过语法教学可以使学生准确地理解、准确地表达,尽量减少表达(包括口头表达和书面表达)中的语法毛病"①。"从语言教学和习得的角度看,语法比语音和词汇更加难教,不容易学习,经常会出错;但习得一定的语法规则后,则能显著提升语言使用的效率。"②

汉语作为第二语言的语法教学主要分为两种形式:第一种是系统的语法知识的教学,部分院校在中高级阶段开设有专门的语法课;第二种是以语法点为单位的语法教学。这种方式是以语言的应用为目标,将系统的语法知识分散在不同课型、不同阶段的教学中,强调对语法点的讲解和操练。受习得规律和学习者汉语水平的影响,第二种方式更为普遍。

教师对语法点的了解程度和教学上的处理方式直接影响着教学的效果。要想充分、全面了解一个语法点并在教学上做合适的安排是一件耗时、费力的事。通常需要通过教材中语法点的释义了解当课学习的重点,通过翻阅语法理论著作对语法点作全面的了解,再通过语料库寻找适合的、足量的例句以便在课堂中对语法点进行操练。而对于一些"新手"教师来说,更是难上加难。"新手"教师常常困惑于哪些内容属于语法点?语法点应该从哪些方面去教学?什么样的例句更适合于课堂教学?用例对于学生来说是不是太难?而"新手"教师所占的比例并不少,据统计,2010年—2012年派往海外进行汉语教学的3682名

---

① 陆俭明."对外汉语教学"中的语法教学[J].语言教学与研究,2000,03:1—8.
② 袁毓林,詹卫东,施春宏.汉语"词库—构式"互动的语法描写体系及其教学应用[J].语言教学与研究,2014,02:17—25.

学生志愿者当中,非汉语国际教育专业的本科生占 57.3%,硕士生占 36.1%。①

　　本研究正是着眼于这一需求,希望研究并建设一个综合教材、语法工具书、语料库各自优势的语言资源,提高教师备课的质量与效率。研究成果不仅能帮助教师备课,还可以为教材及试题编写提供数据参考和丰富的用例,帮助具有一定汉语水平的学习者进行自主学习,并在一定程度上推动中文信息处理技术在汉语国际教育领域的应用,最终促进汉语国际教育事业的发展。

0.1.3　汉语国际教育动态语料库建设的需求

　　"汉语国际教育动态语料库"是北京师范大学中文信息处理研究所承担的"十二五"国家 863 课题"海量文本多层次知识表示及中文文本理解应用系统研制"的研究成果之一。该语料库是面向汉语国际教育领域构建的语言资源,规模约为 350 万字。项目组从汉语作为第二语言教学的需求出发,对语料库展开了多义词、语法点、话题、交际功能的标注加工研究,并在标注语料的基础上开发了服务于汉语作为第二语言教学的应用平台,提供有基本检索、字词关联检索、多义词检索、语法点查询、话题查询、交际功能查询等多项功能。

　　本书的研究内容源自于"汉语国际教育动态语料库"构建过程中本人所承担的研究任务——语法点标注研究,而"面向汉语作为第二语言教学的语法点知识库构建研究"是对该项研究的深化和拓展。

---

① 朱瑞平,钱多.汉语教师志愿者背景、动机与志愿者项目的可持续发展研究[J].国际汉语教学研究,2015,01:63—68.

0.2 研究价值

0.2.1 理论价值

因为教学对象的不同,汉语作为第二语言的教学语法与汉语作为母语的教学语法各不相同。本研究针对汉语作为第二语言教学的特点,在语法教学的内容上进行了探索,主要表现在:

第一,对"语法点"进行了界定。本研究认为"语法点"指根据汉语作为第二语言教学的实际需求,对系统的语法知识进行切分、选择后获得的语法教学项目,可以包括语素、词、短语、格式、句子(单句、复句)、句群、篇章等方面的内容。本研究还进一步选取了 152 个语法点作为语法点知识库描述和标注的对象。

第二,深化了对语法点的认识。本研究在前人关于语法点研究的基础上,在一定规模的语料中,对语法点的语义、句法信息进行了标注,一方面对前人的相关研究进行了验证,另一方面也对前人的研究进行了补充、修订和延伸。此外,在标注语料的基础上,进一步考察、分析了语法点语义与句法之间的映射关系,认为语法点语义和句法之间的映射关系可以分为:"一对一""一对多""多对一"三种类型。

0.2.2 应用价值

本研究的应用价值主要表现在:

第一,提出了语法点描述框架,认为应从语法点的语义知识、句法知识、句法语义关系知识、语用知识、教学指导知识对语法点进行描述。在此基础上,构建了语法点描写知识库,从 25

个维度对语法点进行结构化、数据化、形式化的描述。这一研究拓展了语言知识库的应用领域,有利于促进语言知识库在汉语作为第二语言教学领域的应用。

第二,从语料库建设上来看,深化了语料库标注加工研究。本研究构建了语法点标注体系,具体包括:明确了标注对象、语法点标注的维度、颗粒度,并为152个语法点制定了标注规范(标注框架和标注说明),还在一定规模语料的标注实践中验证了语法点标注体系的覆盖率与科学性。语法点标注体系的构建及标注实践深化了语料库标注加工研究,有助于推动中文信息处理技术在汉语国际教育领域的应用。

第三,本研究在语法点知识库的基础上构建了"语法点知识库应用平台",通过该平台,教师或学习者可以实现语法点与语料之间、语义类别与语料之间、句法形式与语料之间、语法点之间的关联性查询,并获取相关的使用频率信息,从而为教学内容的选择与确定提供数据参考。此外,语法点知识库还可为教材中语法点的选取和编排研究、语法点自动识别研究提供数据和语料基础。

总之,本研究可应用于语法点的教学与研究,为教师提供教学与研究的资源,为具有一定汉语水平的学习者提供学习资源,有助于汉语国际教育信息化水平的提升。

0.3　文献综述

语言知识库的建设最先服务于自然语言理解领域,并在该领域发挥着重要作用。20世纪80年代开始,国内外陆续建设了一批高质量的知识库。近年来,面向语言教学领域知识库的建设也逐渐引起了学界的关注。

0.3.1 知识库的相关研究

0.3.1.1 国外知识库的建设

国外著名的知识库主要有美国的 WordNet（Fellbaum，1998）、MindNet（Richardson，1998）、FrameNet（Fillmore，1998）等。WordNet 由美国普林斯顿大学认知科学实验室构建，是一种基于认知语言学的词典。在该知识库中，名词、动词、形容词、副词被组织成同义词集合，每个同义词集合表示一个基本的概念，概念之间建立起了包括同义关系、反义关系、上下位关系在内的多种语义关系。MindNet 是由微软公司开发的语义知识库，该知识库对词语之间的关系进行了链接，目前已有700 万关系链接。FrameNet 是由加州大学伯克利分校开发的语义知识库。该知识库以框架理论为基础，不仅对词义做出系统的描述和解释，还对动词的论指角色（格）进行了细化。

0.3.1.2 国内知识库的建设

1. 面向自然语言处理领域的知识库

HowNet 由董振东、董强开发。该知识库以汉语和英语的词语所代表的概念为描述对象，注重词的语义成分、语义特征、语义关联、语义网络。

"现代汉语语法信息词典"以朱德熙先生的词本位语法体系为理论基础，注重词的语法功能和意义的结合。该信息词典收录了 7.3 万余词条，对词语的语法属性，即词语与其他词类的组合关系进行了描述。（俞士汶，2001）

"现代汉语虚词知识库"包括三个部分：现代汉语虚词用法词典、现代汉语虚词用法规则库、现代汉语虚词用法标注语料库。现代汉语虚词用法词典收录了《现代汉语语法信息词典》中的全部副词、介词、连词、助词、语气词、方位词,并根据各词类的特点设置了相应的描述属性。该知识库共收录"虚词 2401 个,用法共计 4337 个,语义 2982 个"①(昝红英、张坤丽、朱学锋、俞士汶,2011)。

"成语知识库"由北京大学计算语言学研究所开发,收录了一万多个成语,并通过 23 个属性项对它们进行了描述(王雷、俞士汶等,2013)。

"HNC 词语知识库"从概念类别知识、HNC 符号知识、句类知识、其他词汇知识、例句等角度对双字词、多字词进行了描述,包括 20 多个知识项(苗传江、刘智颖,2010;刘智颖,2015),对服务于汉英机器翻译的 HNC 词语知识库建设进行了研究。

"多义词词义搭配知识库"从 3775 个多义词的 8000 多个义项中提取出了 2.7 万个规则,该知识库主要应用于多义词消歧(苏新春,2014)。

"SCT 动词搭配知识库"探讨了动词义项的语义类型,提出了动词的描述框架(蒋媛、李安,2014)。

"语法知识库"包括:汉语词汇、短语实例、短语结构及语法规则知识,主要用于汉语句法的自动分析(王东波、朱丹浩等,2011)。

"现代汉语语义知识库平台"由清华大学、中国人民大学、北京语言大学共同建造。该知识库包括:现代汉语述语动词机器词典、现代汉语述语形容词机器词典、现代汉语名词槽关系系

---

① 昝红英、张坤丽、朱学锋、俞士汶.现代汉语虚词用法知识库介绍[A].中国应用语言学会(筹)、教育部语言文字应用研究所.语言文字法制化、规范化、标准化、信息化建设——第七届全国语言文字应用学术研讨会论文集[C].中国应用语言学会(筹)、教育部语言文字应用研究所:2011:7.

统、现代汉语语义分类词典。

"汉语事件知识库"由静态知识库和动态标注库构成,静态知识库包括 72 个情景、1548 个词语义项,动态标注库包含 10 万句的标注结果,该知识库主要用于文本信息知识挖掘(周强、王俊俊等,2012)。

以上知识库建设与应用主要面向自然语言理解领域,但随着汉语国际教育事业的发展,越来越多的学者发现知识库在汉语作为第二语言教学领域的潜力与作用,并开展了面向该领域的语言资源的研究与建设。

2. 面向汉语国际教育领域的知识库

陈群秀(2006)认为现代汉语语义知识库平台"可用作对外汉语教学的计算机辅助教学知识库,用于从事对外汉语教学的教师备课的资料库和外国学生或海外华人子弟学习汉语的辅助学习工具,对他们理解句子、遣词造句、写作大有裨益"①。刘鑫民(2007)在一个包含词库、语义知识、句法知识、语用知识、修辞知识、语音知识、世界知识的知识库基础上建立了一个汉语语法学习系统。俞士汶、朱学锋(2014)也认为综合型语言知识库②"能够在汉语语言教学领域发挥作用"③。随着汉语国际教育事业发展,专门面向语言教学领域的语言资源建设也逐渐引起了学界的关注。

弓月亭、邢红兵(2008)提出为满足语法教学的需求,应建设

---

① 陈群秀. 一个现代汉语语义知识库平台的建造和应用[A]. 数字化汉语教学的研究与应用[C],2006:12.

② 综合型语言知识库包括:《现代汉语语法信息词典》、现代汉语多级加工语料库、汉语短语结构规则库、多语言概念词典、多领域术语库。

③ 俞士汶、朱学锋. 综合型语言知识库及其在语言教学中的应用[J]. 北华大学学报(社会科学版),2014,03:4—9.

与语法点相关的资源，以反映真实语言的使用情况。他们认为语法数据库建设的原则是"利用语料库标注相关信息，对全部例句进行分析，在此基础上反映出各语法属性在语料库中的特点"①。该文认为语法资源库应包括以下几方面的内容：（1）语法项目及其频率的统计；（2）描述语法项目的句法功能；（3）建立短语库，并标注各短语的类型。

彭炜明、宋继华等（2014）建立了"国际汉语教学语法资源库"。该资源库依据《汉语水平等级标准与语法等级大纲》建立了"大类→小类→语法项→语法点"的层级组织，共计8个大类、39个小类、183个语法项、10623个语法点（见表1）。此外，通过正则表达式探索了语法点自动获取的方法。

表 1　国际汉语教学语法资源库的规模

大类	小类	语法点数量
构词	/	10
词类	/	530
词类用法	/	10
词组类型	/	17
句子成分	/	45
单句	/	25
复句	/	108
固定格式	固定短语	2627
	成语、四字格	6902
	固定搭配	223
	口语句式	126

---

① 弓月亭、邢红兵.语料库建设与语法教学[A].中文教学现代化学会.数字化汉语教学进展与深化[C].中文教学现代化学会；2008：5.

"国际汉语教材编写指南"平台中的"语法讲解"功能便是基于"国际汉语教学语法资源库"而建设的。(见图 1)

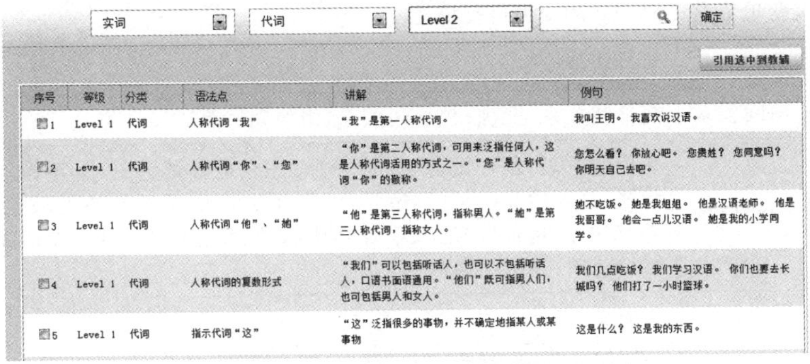

图 1　国际汉语教材编写指南(语法讲解功能)

北京大学正在进行"汉语国际教育背景下的汉语意合特征研究与大型知识库和语料库建设"的相关研究,具体包括:构建"词库—构式"互动的描写体系;研究与描写体系配套的语料库和可视化知识库;研究其所建立的语法体系和知识在汉语国际教育中的应用。目前正在建设的"现代汉语构式数据库"①是在认知语言学、配价语法及论元结构理论、构式语法等语言学理论的指导下建立的汉语构式属性描写知识库,计划对 1000 多个构式进行多维度、数据化、结构化的描述,具体描述框架如表 2 所示。(袁毓林、詹卫东、施春宏,2014)

表 2　现代汉语构式数据库

标注类别	具体内容
基本信息	构式形式、构式变体、义项、构式特征、构式类型、构式音节数、组块数、组块扩展、实例、常项数量、变项数量、释义模板、形成机制、否定形式、疑问形式、同义(近义)构式、反义构式、上位构式、下位构式、备注、更新时间、修改者

---

① "现代汉语构式数据库"的网址:http://ccl.pku.edu.cn/ccgd/view.asp。

标注类别	具体内容
变项信息	对构式的变项进行描述
常项信息	对构式的常项进行描述
项间关系	变项间关系、变项-常项间关系、组块间关系
句法信息	是否做主语、是否做谓语、是否作宾语、是否做定语、是否做状语、是否做补语、是否做介宾、是否带宾语、是否带补语、是否带"的"、是否带"地"、联合结构前项、联合结构后项、连谓结构前项、连谓结构后项
语义信息	字面义、言外之意、预设、蕴含
语用信息	感情色彩、语体色彩、领域限制
参考文献	构式数据库填写时所参考的文献信息

从以上文献可以看出：（1）面向自然语言理解领域的知识库建设仍是知识库建设的主流，并取得了一定的成就，他们的理论、经验、实践对本研究具有重要参考价值；（2）知识库能在汉语作为第二语言教学领域发挥重要作用也逐步成为学界共识，并在语法资源建设上进行了初步探索，但知识库的建设如何更好地服务于汉语教学，仍值得进一步研究。

0.3.2　语料库的标注加工研究

0.3.2.1　国外语料库的标注加工研究

1. 英语语料库的标注模式

"朗文-兰卡斯特语料库"主要采用 COCOA 标注模式。该模式由代表语言特征名称的附码和具有该特征的语言单位两部分组成。例如，＜A SHAKESPER＞中 A 是代表语言特征名称的附码，表示作者。SHAKESPER 表示作者的具体取值。该模式只能标注作者、日期、题目等语篇信息。

TEI(Text Encoding Initiative)是目前较为通用的标注模式,该模式由计算语言学学会、文学与语言学计算协会、计算机与人文科学学会联合制定,主要对篇头信息(语篇的背景信息/元信息)进行标注,也可以对篇体信息(词、句子、段落)进行标注。该标注模式包括附码标记和实体参考两种基本标注方法。例如,＜p＞＜/p＞表示段落的开头和结尾。

2. 语料库"教学加工"理念

教学加工指"为了实现语言教学要求,而对语料库的内容和使用技术进行教育学意义上的加工"[①]。何安平(2010)指出教学加工是"将语料库的语料、统计结果、语料库技术转化为实现语言教学目标的资源以及教学手段的加工过程"[②]。Braun(2005)、何安平(2010)都认为目前语料库之所以未能成为语言教学的主流,主要是因为:(1)现有语料库主要是为语言研究设计建立的,虽然具备规模大、话题和语域的种类多等优点,但内容不符合教学要求;(2)语料库的体例与传统教材有较大差别;(3)语料库的标注体系不能满足教学需求;(4)语料库可以显示数据和文字,但不显示语音、视频等内容。因此,Braun(2005)、Flowerdew(2009)提出经过"教学加工"的语料库才可直接应用于语言教学。

3. SACODEYL 语料库[③]

SACODEYL 语料库是欧盟投资的大型青少年语言教学项目,该语料库收录了欧洲七种语言的口语语料,并对话题、语法、

---

① 转引自:梁红梅、何安平. 语料库的"教学加工"与教材编写[J]. 当代外语研究,2012,10:35—39+76.

② 何安平. 语料库的"教学加工"发展综述[J]. 中国外语,2010,04:47—52.

③ SACODEYL 语料库的网址:http://www.um.es/sacodeyl.

词汇、语篇结构、语体和水平层次等内容进行了标注加工,开发
了相应的检索工具。该语料库能与基础教学大纲和教材配套使
用,该语料库在检索例句、突出教学重点及难点、设计教学活动
方面起着重要作用。

0.3.2.2　国内语料库的标注加工研究

1. 现代汉语语料库的标注加工研究

俞士汶等(2002)探讨了北京大学现代汉语语料库基本加工
规范,具体包括:词语切分、词性标注、专名标注、语素子类标
注、动词及形容词特殊用法标注。靳光瑾等(2005)探讨了语料
库建设加工、中文信息处理用现代汉语词类标记集规范及句法
标注规范等问题。

现代汉语语料库虽不直接应用于汉语作为第二语言教学领
域,但基于现代汉语语料库的研究成果却广泛应用于汉语教学
中。而且现代汉语语料库语料的来源与构成、标注加工、检索功
能的设计对本研究具有重要参考价值,因此,本研究对国家语委
现代汉语通用平衡语料库(简称"语委语料库")、北京大学 CCL
语料库(简称"CCL 语料库")、北京语言大学现代汉语语料库
(简称"BCC 语料库")、北京语言大学 DCC 动态流通语料库(简
称"DCC 语料库")、中国传媒大学有声媒体文本语料库(简称
"传媒大学语料库")、北京口语语料库、台湾中央研究院现代汉
语平衡语料库(简称"中研院语料库")这七个提供线上检索服务
的语料库进行了调查研究(见表 3)。

表 3 七个现代汉语语料库的基本情况①

语料库名称	语料规模（字）	语料构成	标注加工	检索功能
语委语料库	1亿	教材类、人文与社会科学类、自然科学、报刊、应用文	• 无信息标注 • 分词、词性标注 • 句法标注	• 字符串检索 • 词/词性组和检索 • 多关键组词检索
CCL语料库	5.8亿	口语、史传、应用文、报刊、文学、电影、相声小品、网络语料、翻译作品、戏剧	• 无信息标注	• 字符串检索 • 多关键词检索 • 自定义语料库检索

① 本表格的数据来源于语料库在线检索系统所提供的数据说明或使用说明，其网址为：
　① 语委语料库（http://www.cncorpus.org/CorpusIntro.aspx）
　② CCL语料库（http://ccl.pku.edu.cn:8080/ccl_corpus/corpus_statistics.html）
　③ BCC语料库（http://bcc.blcu.edu.cn/help.php）
　④ DCC语料库（http://dcc.blcu.edu.cn/main.action＃）
　⑤ 传媒大学语料库（http://ling.cuc.edu.cn/RawPub/）
　⑥ 北京口语语料库（http://yys.blcu.edu.cn/6_beijing/wenjian/北京口语语料查询系统简介.pdf）
　⑦ 中研院语料库（3.0版）（http://app.sinica.edu.tw/kiwi/mkiwi/98-04.pdf）
　中研院语料库（4.0版）（http://asbc.iis.sinica.edu.tw/）

续 表

语料库名称	语料规模(字)	语料构成	标注加工	检索功能
BCC语料库	130亿	报刊、文学、微博、科技、综合	• 无信息标注 • 分词和词性标注	• 字符串检索 • 多关键词检索 • 词/词性组合检索 • 词+词性组合检索 • 自定义语料库检索
DCC语料库	10亿多	17种报刊	• 无信息标注 • 分词和词性标注	• 字符串检索 • 词/词性组合检索 • 词+词性组合检索 • 自定义语料库检索
传媒大学语料库	2亿	2008—2013广播、电视节目的文本语料	• 无信息标注	• 字符串检索 • 多关键词检索 • 自定义语料库检索
北京口语语料库	184万	500个北京人录音材料的转写	• 无信息标注	• 字符串检索 • 多关键词检索 • 自定义语料库检索
中研院语料库	800万	文学、生活、社会、科学、哲学、艺术	• 无信息标注 • 分词、词性标注 • 句法标注	• 字符串检索 • 多关键词检索 • 词类检索 • 自定义语料库检索

　　从以上文献可以看出：（1）现代汉语语料库的语料主要为母语语料，涉及到各个领域、各种文体，因此，无论从内容上看还是语料的难易度来看，尚不适合直接应用于汉语作为第二语言教学领域；（2）从语料库标注加工来看，以元信息标注、分词和词性标注为主。若要提高语料库在课堂教学中的使用价值，有必要对语料库进行"教学加工"。

2. 中介语语料库的标注加工研究

　　汉语中介语语料库的标注研究较为丰富。张宝林（2010、2011、2013）、徐枫洁（2011）、曹贤文（2013）、肖奚强等（2014）、张瑞朋（2012、2014）、任海波（2010）等学者，都对中介语语料库的标注对象、内容、模式等问题展开了研究。

　　北京语言大学"HSK动态作文语料库""中山大学汉字偏误标注的汉语连续性中介语语料库""暨南大学留学生口语语料库/书面语语料库"①是目前比较有代表性的汉语中介语语料库。本节重点考察了中介语语料库的标注加工情况，这对本研究中语法点的选取、语法点标注体系的建立具有重要参考价值。

　　"HSK动态作文语料库"所收录的语料为1992—2005年外国考生（HSK高等）考试中的作文答卷。语料总数达到11569篇，共计424万字。该语料库对字、词、句、篇章进行了标注加工。在句标注上，该语料库标注了"把"字句、"被"字句、"比"字句、"连"字句、"有"字句、"是"字句、"是……的"句、存现句、兼语句、连动句、双宾句、形容词谓语句、固定格式等33项信息。在

----

① "HSK动态作文语料库"的网址：http://202.112.195.192:8060/hsk/login.asp/"中山大学汉字偏误标注的汉语连续性中介语语料库"的网址：http://cilc.sysu.edu.cn/"暨南大学华文学院口语语料库"的网址：http://www.globalhua-yu.com/corpus5/Default.aspx。

篇章标注上,标注了连接手段、语义表达方面的偏误。

"中山大学汉字偏误标注的汉语连续性中介语语料库"的语料来源于中山大学国际汉语学院留学生日常作文和综合课的写话,涵盖了初、中、高三个阶段。该语料库分为"汉字偏误标注版"和"字词句偏误标注版",前者语料规模为 310 万字,后者为 44 万字。在"字词句偏误标注版"中,标注了"把"字句、"比"字句、"是……的"句、存现句、疑问句的偏误。

"暨南大学留学生口语/书面语语料库"收录了 1—4 年级留学生的口语文本语料及语音语料,并提供了在线检索功能。

崔希亮、张宝林(2011)提出了"全球汉语学习者语料库"的建设构想,并详细论述了标注加工的具体内容(见表 4)。其标注分为基础标注和偏误标注,基础标注指对中介语语料中的正确语言现象进行标注。张宝林(2013)进一步提出应对语义、语用进行标注,并深化语篇、语体标注。

表 4 全球汉语学习者语料库的标注内容

标注类型		标注的内容
基础标注	分词及词类序列标注	/
	句子成分序列标注	/
	句类、句型、句式	句类:陈述句(标注双重否定句,肯定句和否定句则不标注)、疑问句、祈使句、感叹句
		句型:标注形容词谓语句、名词谓语句、主谓谓语句、动词主语句、形容词主语句、名词非主谓句、动词非主谓句、形容词非主谓句、叹词非主谓句、象声词非主谓句;主谓句和动词谓语句则不标注

标注类型		标注的内容
		句式：标注"把"字句、"被"字句、"比"字句、"有"字句、"是"字句、"是……的"句(一)、"是……的"句(二)、双宾语句、连字句、连动句、兼语句、存现句、重动句
	语体标注	口语词、书面语词、口语句、书面语句
	句标记标注	单句
偏误标注	汉字偏误标注	错字、别字、漏字、多字、繁体字、异体字、拼音字
	词语偏误标注	错序词、错用词、词语重叠偏误、离合词偏误、生造词、外文词、多词、缺词
	短语偏误标注	词类搭配偏误、音节搭配偏误、用法搭配偏误
	句子偏误标注	句类、句型、句式、句子成分偏误、语序偏误、句式杂糅、未完句
	语篇偏误标注	形式连接偏误、语义连接偏误
	标点符号偏误标注	标点错误、标点空缺、标点多余

　　汉语中介语语料库的标注加工研究对本研究中语法点描写知识库属性的设置以及语法点标注语料库中标注维度的设置具重要参考价值。

3. 语法点的标注加工研究

　　邢红兵、张旺熹(2004)在 20000 个句子的母语语料中对 232 个语法项目进行了标注。该项标注主要为了调查语法项目在母语语料中的使用情况,为语法大纲的制定、教材的编写、语法项目先后顺序的安排提供参考依据。232 个语法项目的选取主要参考了《对外汉语教学语法大纲》(王还,1995)和《汉语水平等级标准与语法等级大纲》(刘英林,1996),标注的内容主要包括:(1)句子成分(主语、谓语、宾语、补语、复指、插说、呼应语 9 类);(2)句子类型(单句、复句);(3)句类(陈述句、疑问句、感叹句、祈使句);(4)特殊句式("把"字句、被动句、比较句、存现句、兼语句、连动句、"是……的"句(一)、"是……的"句(二)、"有"字句、"是"字句)。该项研究展现了语法点在母语语料中的实际分布情况,为语法大纲及教材的编写提供了客观的依据,但该项标注还不能从句法、语义、语用角度展现语法点在母语语料中的使用信息。

郑艳群(2012)在汉语口语多媒体素材库中对语言点进行了标注,希望通过对素材库多维度的标注,实现"交际项目—话题内容—语言形式—场景配置"的结合,为口语教学提供素材。该库标注了 1089 个语言点,注重语言点语义信息的标注。这项研究标注了语法点的等级信息和语义信息,是语法点标注上的一次深入,但仍不能展现语法点的句法、语用信息。

中山大学建设的"全球汉语教材库"①收录了 16000 余册(种)对外汉语教材信息,并标注了书名、责任者、出版社等 98 个属性字段的教材信息,可实现教材检索、样课预览、教材查询等功能。目前,该教材库只能对教材的元信息进行检索,尚不能检索教材的语料信息。周小兵(2014)在第三届汉语中介语语料库建设与应用国际学术研讨会的报告中指出"全球汉语教材库"将标注 245 个语法点,共分为四级:一级 80 个,二级 77 个,三级56 个,四级 32 个。

从以上文献可看出:(1)语料库中对于语法点的标注主要

---

① 全球汉语教材库网址:http://ctmlib.com.

集中在语法点、语法点的语义信息、等级信息上;(2)从标注的应用来看,一是对语料中语法点进行统计,为教材、教学大纲的编写提供客观数据;二是为了实现语法点的多维度检索。

0.3.3　汉语教学资源及应用平台的建设研究

林进展等(2014)介绍了新加坡华文中心正在建设的"华文教学资源平台"。该资源平台的核心数据包括两个语料库:(1)新加坡学生日常华文书面语语料库;(2)新加坡中小学华文教材语料库。前者包括报刊、杂志、读物等 12 类语料,共计 2648072 个字、1711968 个词、118956 个句子。后者包括了各类课程的华文教材,共计 173892 字次。二者都进行了分词和词性标注。基于该数据,资源平台计划提供以下六项功能:(1)文本分级;(2)全文检索;(3)汉字信息查询;(4)词语信息查询;(5)句型信息查询;(6)教师讨论与分享。

国际汉语教材编写指南是服务于汉语教材、教案编写的平台。该平台主要功能包括:(1)为讲义、教材、教辅的编写提供资源和技术;(2)为教材或教辅资料的编写提供热点素材,并对素材进行预处理,总结归纳其词汇等级信息及语法信息;(3)提供包括交际任务、教学大纲、考试真题、教材下载、教材例句、词汇注释、练习例库、语法讲解等在内的多种教学资源。

"汉语国际教育动态语料库"是服务于汉语作为第二语言教学的语料库,该语料库以汉语教材语料及新 HSK 样题文本语料为核心的教学资源平台,语料规模约为 350 万字,主要提供以下功能:(1)单关键词、多关键词的基本检索;(2)多义词检索;(3)语法点查询;(4)话题查询;(5)交际功能查询。(杨丽姣、肖航,2015)

中山大学的"国际汉语教材语料库检索系统"①以对外汉语教材语料为主,目前提供有字词检索,从检索界面上来看,还将提供语法检索、文化检索。

厦门大学"教材分词语料库"②收录有国内对外汉语教材语料,该语料库的语料规模为 771350 个字符数。

前人的研究为本研究的开展提供了基础,主要表现在:

第一,前人在知识库建设领域进行了理论研究及实践探索,特别是词语知识库的建设取得了丰硕的成果。在词语的选择、属性项的设置及知识库的应用上都为本研究提供了参考。但前人的研究主要是面向自然语言理解领域的,可直接服务于汉语作为第二语言教学的资源较少。

第二,在语法资源的建设上,国际汉语语法资源库、现代汉语构式数据库等是面向汉语作为第二语言教学领域的具有代表性的知识库,他们在语法资源的建设上进行了积极的探索。

第三,面向汉语作为第二语言教学的语料库以汉语中介语语料库为主,标注研究相对全面和丰富。对外汉语教材语料库也在建设当中,但对教材语料的标注研究相对较少,应用上仍以关键词检索为主。

在以下方面还有进一步研究的空间。

第一,从用户角度来说,现有的语言资源是否能满足用户在汉语教学领域的需求;用户对资源的使用情况如何,评价怎样;用户还需要哪些语法资源? 从现有的研究调查来看,对用户的需求分析尚显不足。

---

① "国际汉语教材语料库检索系统"的网址:http://www.languagedata.net/corpus/.

② 厦门大学"教材分词语料库"的网址:http://ncl.xmu.edu.cn/shj/Default.aspx.

第二,如何从语法点教学的需求出发,结合信息处理技术,构建新的语言资源,为语法点的教学与研究提供数据、语料以及便捷的查询工具? 这一领域尚有进一步的研究空间。

0.4 理论基础

语法点知识库的构建主要依据三个平面理论、对外汉语教学语法理论及语料库语言学理论,具体表现在:语法点描述框架的构建主要以三个平面理论为指导,并吸收了对外汉语教学语法理论的相关研究成果;语法点描写知识库的填写主要以对外汉语教学语法理论的相关研究成果为指导,采用基于语料库的研究方法获得相关统计数据;语法点标注体系的构建也是在对外汉语教学语法理论相关研究成果的基础上进行的,而语法点标注语料库的构建主要以语料库语言学理论为基础。

0.4.1 三个平面理论

胡裕树、范晓(1985)提出了语法研究的"三个平面理论"——句法平面、语义平面、语用平面。两位学者对三个平面的具体研究对象、内容进行了详细的阐述。之后,学界对什么是句法平面、语义平面、语用平面以及这三个平面之间的关系进行了探讨。

0.4.1.1 句法平面

胡裕树、范晓(1985)及胡裕树(1992)认为句法平面指对句法结构进行分析,具体包括:(1)对词语与词语之间的关系进行成分分析,如将句子的构成成分分析为主语、谓语、宾语、定语、状语、补语;(2)分析成分之间的句法关系,如主谓结构、偏正结构等;(3)对句法结构内部词语与词语之间的层次关系进行分析,即句法结构的层次切分;(4)分析充当句法成分的词的功能类别,如名词、动词等;(5)分析句子的结构类型,如单句、复句、主谓句、非主谓句等。

0.4.1.2 语义平面

胡裕树、范晓(1985)及岳方遂(1992)、胡裕树(1992)都认为语义平面研究的不是词汇意义,而是词在句法结构中获得的语义,具体指施事、受事、客体、工具、处所、时间等。邵敬敏(1992)进一步提出语义平面的研究可分为表层结构义和深层结构义,前者包括功能义、搭配义、相对位置义,后者包括语义特征、语义指向。

0.4.1.3 语用平面

关于语用平面,学界争论的焦点在于语法研究中的语用与语用学中的语用的区别。

胡裕树、范晓(1985)认为语用平面主要研究句中词语与使用人(符号与人)的关系,研究语用实际上就是研究怎样运用词语组成句子,互相间进行交际。语用研究偏重于表达。研究的具体内容包括:主题与评论,表达重点、焦点、行为类型、口气、增添、变化。焦点指新信息里着重说明的地方;行为类型指句子的表达功能和交际用途,例如,叙述、解释、描绘、提问、请求、命令、致谢、道歉、祝贺、惊叹。行为类型主要由语调、语气、语气词来表示;口气指包括肯定、否定、强调、委婉等在内的情感评价;增添指插说和插入语;变化指一般句型变为特殊句型。胡裕树(1992)认为语用分析的作用在于它能解释为什么同一语义结构在不同语境里要用不同的句法结构来表示,也能解释具体句子所具有的各种各样的表达信息。邵敬敏(1992)详细论述了语用学中的语用与三个平面理论中的语用平面研究对象上的不同。他认为语用学中的语用研究的是语言使用者跟符号之间的关系以及广义语境与符号之间的关系。广义语境具体包括知识背景、时代、民族、文化等方面的内容。在三个平面理论中语用平面的研究不需要考虑这方面的内容。三个平面中语用平面的研究指的是狭义的语境(上下文的制约关系)与符号之间的关系,具体包括焦点的移动、预设、话题与述题、语气与口气、语用成分与非语用成分、上下文的制约与照应、省略与空位等。与胡裕树、范晓先生相比,邵敬敏先生进一步明确了三个平面理论中语用的研究范围与对象,并新增了对预设、上下文制约关系、省略与空位方面的研究。范开泰(1993)认为三个平面理论中的语用研究应区别于言语交际学中的语用研究,言语交际学中的语用研究主要指言语交际过程中的原则和规律,如会话含义、合作原则、礼貌原则、言语行为理论等,这涉及到语言应用的各方面,被称为交际语用或大语用。他认为语法研究中的语用应限于与句法结构、句法表现形式有关的语言应用问题,如结构话题、焦点、预设、已知信息、未知信息、语气类型(陈述句、疑问句、祈使句、感叹句、应答句)等。

0.4.2 对外汉语教学语法理论

对外汉语教学语法是面向汉语作为第二语言教学的应用型的语法,学习的对象包括汉语作为第二语言的学习者、从事或将要从事汉语教学工作的教师(齐沪扬,2012)。赵金铭(2002)认为对外汉语教学语法"来自理论语法研究,主要侧重对语言现象的描写和对规律、用法的说明,以方便于教学,具有规范性,是一种学校语法"①。对外汉语教学语法理论是随着汉语作为第二语言教学事业的发展而逐步形成的,并在争论与探讨中逐步发展。对外汉语教学语法理论主要围绕以下几个问题展开:

(1)对外汉语教学语法体系的建立;

(2)教学语法的特点;

(3)语法教学的原则与方法。

0.4.2.1　对外汉语教学语法体系

对外汉语教学语法体系指"专门为学习汉语的外国人编写的书中所使用的语法教学体系"②。1958 年由邓懿先生主持编写的《汉语教科书》标志着对外汉语教学语法体系的创立。它是"以传统语法为'底色',融合了结构主义语法的某些元素的'拼盘'"③。该书的语法体系分为:词、句、时间和情貌、几种动词谓语句、否定、强调、复合句等七个部分,共计语法点 170 个。该套体系为之后汉语教材的编写、语法大纲的制定奠定了基础。之后,对外汉语教学用的语法大纲陆续出版,具体内容在 2.1.2 有详细论述。

0.4.2.2　教学语法的特点

周小兵(2002)认为与理论语法相比,对外汉语教学语法具有以下特点:(1)实用第一;(2)意义和形式并重;(3)考虑篇章和语用因素;(4)语法规则的细化和使用条件的充分;(5)注重描写基础上的解释;(6)语际对比既要考虑特性也要考虑共性;(7)注重习得研究;(8)使用统计的方法和实验的方法。

---

① 赵金铭.对外汉语教学语法与语法教学[J].语言文字应用,2002,01:107—111.

② 吕文华.对外汉语教学语法体系研究[M].北京:北京语言大学出版社出版社,1999:1.

③ 孙德金.完善对外汉语教学语法的几点看法[J].国际汉语教学研究,2015,01:4—6.

卢福波(2008)认为确定语法体系、教学内容、教学方法和教学策略需要遵循实用原则、针对原则(国别语种、水平层次、语法要点)、复式递升原则、细化原则、简化原则(感性化、条理化、公式化、图示化)、类比原则、解释原则。

吕文华(2014)认为对外汉语教学语法点特点应包括实用、管用、相对稳定、科学排序的特点。实用指教学语法应解决问题,指导学生进行语言实践。管用指教学语法需要给出具体充分的使用条件,进行准确到位的描写。稳定性指教学语法要吸收新的理论成果,但应是渐变的。科学排序指根据语言自身的规律、认知规律、语言习得规律对语言点进行科学的排序。

0.4.2.3 语法教学的原则与方法

赵金铭(1994)认为汉语作为第二语言教学的基本原则包括：(1)是教学语法而不是理论语法;(2)是教外国人的语法而不是教本族人的语法;(3)是从意义到形式,而不是从形式到意义;(4)不仅是分析的语法,更是组装的语法;(5)不仅是描写的语法,更是讲条件的语法;(6)不是孤立地讲语法,而是在语际对比中讲语法。

李珠(1997)认为初级阶段对外汉语语法教学已逐渐形成三维语法教学体系,具体包括：(1)语音、语法、词汇语言三要素;(2)语义、结构、语用三结合;(3)听、说、读、写技能综合训练。她还认为："把语义、结构和语用结合起来是今后教学研究的新课题,特别是语义和语用的研究。"[①]

陆俭明(2000)认为应从汉语本身、目的语和母语在语法上

的异同、学习语法偏误等三方面的因素来确定教学内容。在初级阶段采用随机教学的形式,到一定阶段再进行巩固基础语法教学。此外,语法教学上应采取点拨式的教学方式。

0.4.3　语料库语言学理论

语料库语言学兴起于 20 世纪 80 年代,属于计算语言学的一个分支学科,其研究内容具体包括两个方面:

(1)语料库的建设,包括语料采集、存储、标注加工(如词类标注、句法标注等)、标注规范的研制、检索系统的开发等;

(2)在语料库的基础上对语料进行利用和研究,例如词典编纂、机器翻译、语言的定量分析、语言教学等。

Leech G.(1993)提出了语料库标注应该遵循的原则:(1)标注附码可以删除;(2)标注信息可另外储存;(3)用户应该了解标注的原则及标注符号的意义;(4)说明采用的标注方法及标注者;(5)应指出标注并不是完美无缺,而只是一种可能有用的工具;(6)标注应该尽量采用中立的模式;(7)任何标注模式都不应是第一标准。

0.5　研究目标、内容和重点

0.5.1　研究目标

本研究希望构建一个面向汉语作为第二语言教学的语法点知识库,该知识库主要由语法点描写知识库和与之配套的语法点标注语料库两个部分构成。在此基础上,构建一个语法点知识库应用平台,为汉语教师的教学与研究提供语料和统计数据,为具有一定汉语水平的学习者提供自主学习的平台。此外,基于语法点知识库还可以开展对外汉语教材研究,语法点自动识别研究,以促进汉语作为第二语言教学与研究信息化水平的提升。

0.5.2 研究内容

本书的研究内容主要可以概括为五个部分:

第一,语法资源的需求分析;

第二,语法点选取研究;

第三,语法点知识描述框架及语法点描写知识库的构建研究;

第四,语法点标注体系及语法点标注语料库构建研究;

第五,语法点知识库的数据分析及应用研究。

0.5.3 研究重点

第一,语法点描述框架的确定及语法点描写知识库的构建;

第二,语法点标注体系的建立及语法点标注语料库的构建;

第三,语法点知识库应用平台的构建。

0.6 术语界定

0.6.1 汉语作为第二语言教学与对外汉语教学

"对外汉语教学"是学界普遍使用的名称,但其严谨性在学界也一直存在争议。本书在论述本研究观点时采用"汉语作为第二语言教学"这一名称,但在引用或介绍其他学者观点时,会遵循其他学者论述时所使用的概念,因此,行文中有时仍会使用"对外汉语教学"这一名称。

0.6.2 语法点

本研究论及的"语法点"是指根据汉语作为第二语言教学的实际需求,对系统的语法知识进行切分、选择后获得的语法教学项目,包括语素、词、短语、格式、句子(单句、复句)、句群、篇章等方面的内容,本研究选取了 152 个语法点作为语法点知识库描写和标注的对象。

0.6.3 语法点知识库

俞士汶等(2013)认为按知识表达形式可以把语言知识库分为两类:

(1)词典和规则库,其知识的表示是显性、形式化的;

(2)语料库,其知识存在于语料库之中,主体是线性的、非结构化的文字序列,其语言知识是隐性的,需要通过加工使隐性的知识显性化。

面向汉语作为第二语言教学的语法点知识库(下文简称"语法点知识库"),主要包括语法点描写知识库和与之配套的语法点标注语料库。(见图 2)

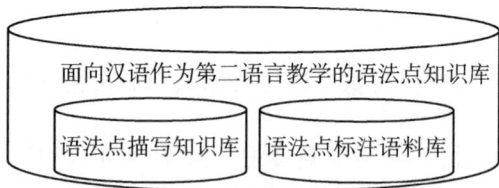

图 2　面向汉语作为第二语言教学的语法点知识库

语法点描写知识库是对语法点知识进行多维度、结构化、数据化、形式化的描述;语法点标注语料库是对语料进行标注加工,将语料中隐性的语法点的句法、语义知识显性化。

0.7 研究材料与方法

0.7.1 研究材料

本研究的研究材料是汉语国际教育动态语料库中的所有语料,包括经典对外汉语教材语料和新 IISK 样题文本语料,共计141464 条,约 350 万字。(详细构成见 4.1.2)

偏误语料主要来源于北京语言大学的 HSK 动态作文语料库、中山大学的汉字偏误标注的汉语连续性中介语语料库、暨南大学留学生口语语料库和书面语语料库以及理论著作或学术论文中所列举的偏误语料。

0.7.2 研究方法

本书采用的研究方法主要有:

(1) 文献法

通过文献调研法,对现有研究成果进行梳理,为语法点的确定、语法点描述框架的确立、语法点描写知识库的属性项的设置、语法点标注体系的构建提供重要材料。

(2) 静态描写法

静态描写法是结构主义语言学的重要研究方法,其主要特征是记录语言现象,并对语言的结构特点进行描写。在语料标注过程中,我们发现对于语法点现有的语义及形式的解释不能覆盖所有语料,因此,需要对那些不能根据标注框架进行标注的语料重新进行描写分析,从而确定语法点新的语义类别或基本形式类别。

（3）基于语料库的研究方法

基于语料库的研究方法主张由研究者在以往语言研究成果的基础上提出假设，然后到语料库中去验证假设。假设是否成立取决于语料库中的语言实例。在这一研究过程中，一些传统的概念和理论被进一步的验证或延伸。（梁茂成等，2010）

本研究在语料的标注过程中，采用了基于语料库的研究方法，对语法点语义及句法的相关研究进行了验证，并对现有研究成果进行了修订、补充。

（4）静态和动态相结合的方法

吕叔湘在《汉语语法分析问题》中提出了语法研究中静态和动态的概念。吕先生认为语素、词、短语是语言的静态单位，小句、句子是语言的动态单位。吕先生也提倡需要在静态研究的基础上进行动态研究。王希杰（1993）认为静态研究是对语言的研究，动态研究是对言语的研究。三个平面理论发展起来以后，句法、语义研究被认为是静态研究，而语用研究则看作是动态研究。

语法点知识库的构建将语法的静态研究和动态研究进行了结合，在语法点描写知识库中，主要对语法点的句法、语义信息进行静态描写，而这一静态描写是在对语料标注、分析的基础上进行的。语法点标注语料库则是在实际语料中对语法点的句法、语义、语用信息进行分析。

（5）跨学科的研究方法

本研究涉及到语言学、计算机科学与技术两个学科领域。语法点的选取、语法点知识描述框架的确立、标注体系的构建需要运用语言学的理论、方法及研究成果，而语法点描写知识库的构建、语料的标注、应用平台的开发则需要运用计算机科学的理论、方法及相关研究成果。

0.8　本书结构

本书共分为七个部分,章节安排如下:

绪论,介绍了构建语法点知识库的价值、理论基础,阐述了研究的目标、主要内容、研究材料和方法,并对相关术语进行了界定。

第一章,资源的建设应用概况及用户需求分析。本章通过文献调研和问卷调查的方法,总结了语法教学领域现有资源的类型及应用现状,分析了现有资源的优势与不足,论述了语法教学与研究领域用户对资源的需求,简要介绍了语法点知识库的定位、构成及特色。

第二章,语法点的选取。本章重点研究了语法点知识库应该收录哪些语法点。首先通过文献调研的方法确定了语法研究的对象与范围并对"语法点"进行了界定,然后分析了语法点选取的原则与方法,最后介绍了语法点选取的结果。

第三章,语法点描写知识库的构建研究。本章在三个平面理论和对外汉语教学语法理论的指导下,构建了语法点的描述框架,提出应该从语义知识、句法知识、句法语义关系知识、语用知识、教学指导知识对语法点进行描述,并以此为基础,构建了语法点描写知识库,从 25 个属性对语法点进行了多维度、结构化、数据化、形式化的描述。

第四章,语法点标注语料库的构建研究。本章简要介绍了语法点标注语料库构建的意义、标注语料的构成与存储,重点论述了语法点标注体系的构建,并以述补结构、"把"字句、助词"了"、比较句为例对标注规范的制定进行了详细阐述,此外,本章还对语料库标注加工的流程与方法、标注的准确率进行了说明。

第五章,语法点知识库数据分析及应用研究。本章在标注语料的基础上对语法点的语义与句法之间的关系进行了专门研究,还获得了语法点用法上的频率信息,为教材中语法点的编排研究、语法点的教学与研究提供了数据参考和语料基础。此外,本章还阐述了语法点知识库应用平台的功能和实现方式,探讨了其在语法点教学与研究中的应用。

第六章,对本研究的研究内容、特色及创新之处进行了总结,说明了研究的不足以及今后的工作计划。

1 语法教学资源概况及用户需求

构建面向汉语作为第二语言教学的语法点知识库需要明确现有语法资源的构成、特色及不足，了解用户在语法教学方面的需求，在此基础上提出资源建设的目标。资源建设的目标将决定资源的构成及建设方式。

本章具体内容包括：

■ 语法教学资源概况

■ 用户需求分析

■ 语法点知识库简介

1.1 语法教学资源的概况

1.1.1 资源的类型

从资源的形态看，用于语法教学的资源主要分为纸质资源和电子资源两类。纸质资源指与语法相关的对外汉语教材、理论著作、工具书或论文等。电子资源包括以北京大学 CCL 语料库和北京语言大学 HSK 动态作文语料库为代表的语料库资源。

1.1.1.1 纸质资源

1. 对外汉语教材

在对外汉语教材中,语法信息常常以"语法""语法点""语言点"等形式作为一个独立的版块置于生词表版块之后,是语法教学的重点或难点。本书以《新实用汉语课本》(刘珣,2009)、《桥梁》(陈灼,2006)、《博雅汉语》(李晓琪,2013)、《中文听说读写》(刘月华,2011)这四套教材为例,考察了语法内容在教材中的存在形式及讲解方式。(见表 5)

表 5　语法内容在教材中的呈现方式

教材名称	存在形式	讲解方式
新实用汉语课本	语法	①解释语义;②解释结构形式,采用表格法;③例句。
桥梁	语法例释	①列出课文中的句子;②语义及结构形式的解释,采用文字叙述的方法;③例句。
博雅汉语	语言点	①语义及结构形式信息,结构信息采用文字叙述形式;②例句;③练习。
中文听说读写	Grammar	①语义及语用信息;②用公式展示语法点的结构形式;③例句,每个结构形式配备若干例句,例句配有拼音、英文解释。

从上表可以看出,对外汉语教材中对语法点的讲解主要包括三个方面的内容:(1)语法点的语义;(2)语法点的结构形式,一般采用公式法或文字叙述法;(3)对语义和结构形式进行进一步解释的例句。

2. 语法理论著作及学术论文

《现代汉语八百词》(吕叔湘等,2009)和《实用现代汉语语法》(刘月华等,2005)是专门为汉语作为第二语言教学所编写的工具书,广泛应用于教师的备课及课堂教学中。《现代汉语八百词》是供给"非汉族人学习汉语时"①使用的一部工具书,收录1000多个词条,以虚词为主,按意义和用法对词条加以说明。《实用现代汉语语法》是"为汉语作为第二语言的教师和已有基础的学生写的"②。该书通过对语法现象及规则的详细描写来指导学生使用汉语。《对外汉语教学语法释疑 201 例》(彭小川,2004)、《对外汉语教学实用语法》(卢福波,2015)等语法书也是汉语教师在备课、教学、教材或试题编写中重要的参考资料。此外,一些专门针对某一类语法现象或某一个语法点撰写的学术论文也会给教师的备课或相关研究以启发。

1.1.1.2　电子资源

1. 现代汉语语料库

在语法教学、研究、试题或教材编写中,特别是在语法点操练中,教师常常需要准备合适的例句。除自拟例句外,语料库成为获取用例的重要来源之一。目前,已向公众开放使用的现代汉语语料库包括北京大学 CCL 语料库、国家语委的现代汉语通用平衡语料库、北京语言大学的 BCC 语料库等。

综合各语料库的特点,本研究将语料库的功能归纳为 7 项。功能 1:自定义语料库的功能。用户可以根据研究的需求,选定语料检索的范围,例如,只在老舍的作品中检索语料;功能 2:单关键词检索功能,即用户通过字、词、字符串从语料库中检索语料。这是语料库最基本的功能之一;功能 3:单关键词/词性组合检索功能,即用户通过限定词的词性来获得更为准确的检索

---

① 吕叔湘等.现代汉语八百词[M].北京:商务印书馆,1980.
② 刘月华等.实用现代汉语语法[M].北京:外语教学与研究出版社,1983.

结果,例如,在检索框中输入"打/q",语料库将只返回"打"作为量词使用的语料;功能 4:通过检索表达式检索的功能。用户需要在语料库中检索包含某一构式或格式的语料时,常使用这项功能,例如检索"在……上"这一结构的语料;功能 5:字符串统计功能。用户可以从语料库获取某一字符串在语料库中的使用频率。例如,用户如果在 BCC 语料库文学类语料中检索"V 来V 去",语料库的统计结果显示"思来想去"的使用频率最高,共计 1745 条语料;功能 6:历时统计功能。例如,用户可以从语料库中获取某一字符串的历时使用数据,如,在 BCC 语料库中检索"孔子学院",便可获得"孔子学院"在历年的使用频率信息;功能 7:随机获取语料功能。检索结果的排序不是语料在语料库中的存储顺序,而是随机的,这样提高了语料的多样性,避免了语料形式的单一性。本研究根据 30 份问卷(见附录 1),统计出各项功能的使用频率。(见图 3)

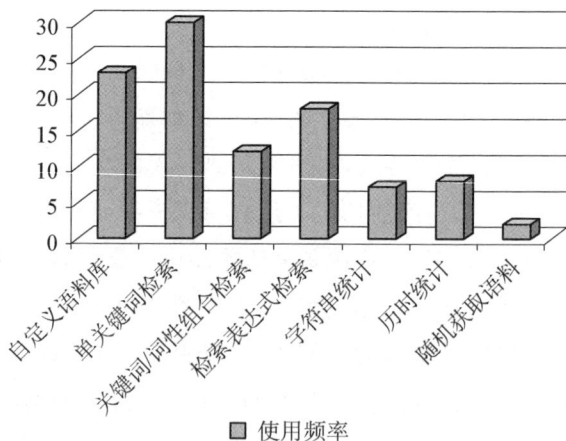

图 3 各功能的使用频率

2. 中介语语料库

中介语语料库对于帮助教师了解学习者的语法偏误，预测学习者语法学习上的难点，从而确定教学的重点。目前向公众开放使用的中介语语料库包括：北京语言大学的 HSK 动态作文语料库、中山大学的汉字偏误标注的汉语连续性语料库、暨南大学留学生口语语料库和书面语语料库。用户可以通过关键词检索从中介语语料库中获取偏误语料，还可以根据学习者的水平、国籍等因素对语料的检索范围进行限定。用户可以通过 HSK 动态作文语料库中的"错句检索"功能检索某类语法点的偏误语料，如"把"字句、兼语句、存现句等。

1.1.2 资源的优势与不足

在语法教学中，教师根据语法点的特点和学习者的特点选择不同教学资源，各类资源在其建设之初就有其针对性，因而有自身的特点与特色。从语法教学使用者的角度来看，以下资源都能满足某一方面或某几方面的需求，但又都有其不便之处。例如，现代汉语语料库主要服务于语言学学术研究、词典编纂、中文信息处理等领域，也在一定程度上为汉语作为第二语言的研究提供了数据基础及语料，但这类资源较难直接应用于教学中，主要表现在：（1）不能从语法点、交际项目、语料的难易程度等角度进行检索；（2）语料库中的内容与学习者的生活相去较远，不适于直接应用于课堂教学；（3）书面语语料偏多，口语语料偏少。（郑艳群，2012；林进展，2014）

本研究进一步将各类资源的优势与不足进行了总结，结果如下表所示。

表 6　各类教学资源的优势与不足

资源的类型	优 势	不 足
教材	语法点的讲解及例句具有针对性,适合学习者的汉语水平。	语法点是零散的,缺少系统性;例句较少。
语法理论著作、工具书	讲解全面,系统性强。	针对性有所欠缺。
现代汉语语料库	副词、助词类语法点检索方便,用例丰富。	结构类语法点的检索方法较为复杂;语料的内容及难易度不太能满足教学的需求。
中介语语料库	能提供大量偏误语料,为教师预测学习难点提供数据。	大部分语料库还不能按语法点来检索偏误语料,因此,检索的便捷性有待增强。

1.2　用户需求

对于教师或具有一定汉语水平的学习者来说,用于语法点教学、研究、自主学习的资源应具有综合性、频率性、关联性及使用的便捷性等特点。

1.2.1　综合性

综合性资源应提供综合性的语法知识,包括语法点在教材中的句法、语义、语用及用例信息、语法点整体性的知识、学习者在学习语法时所产生的偏误信息以及帮助学习者理解语法点的例句信息,各类知识的构成及来源如图 4 所示。

图 4 的方框代表教师、教材或试题的编写者或学习者希望获得的知识,椭圆形代表知识的来源。从中可以看出:(1)教师从教材中获得需要教授的语法点及该语法点在教材中所体现的

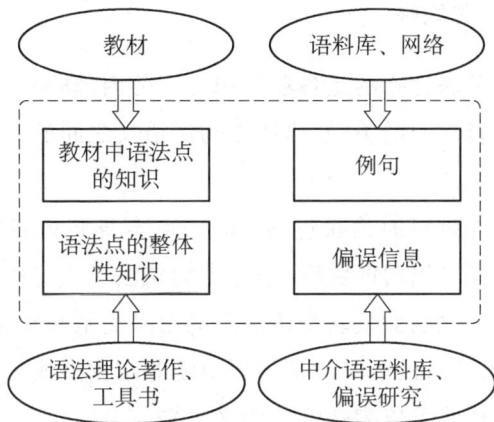

图 4   语法点综合性知识的构成及来源

句法、语义、语用、例句信息;(2)教师需要从语法理论著作、工具书中获得语法点整体性的知识,以便了解语法点在整个教学语法体系中的位置;(3)教师从中介语语料库或相关偏误研究的著作中获得学习者的偏误信息,从而预测学习的难点;(4)教师或学习者从现代汉语语料库或网络语料中获得语法点的用例信息。

1.2.2　频率信息

语法点知识的频率信息主要表现在语义、句法或句法语义关系上的频率,可以体现语法点的典型用法和非典型用法。目前,关于语法点句法、语义的描写已较为详细,但缺少频率上的统计说明。例如,语法点可以表达几种语义,哪些是典型的,哪些是非典型的? 语法点频率信息可以为语法点的教学与研究、教材或试题的编写、学习中语法点的选取提供数据参考。因此,本研究认为资源建设中应提供语法点使用上的频率信息。

1.2.3　关联性

知识的关联性指的是各项知识之间的内部联系,具体包括:语法点与语料之间的关联、语法点句法语义之间的关联、语法点之间的关联等。

语法点与语料的关联包括:语法点本身与语料的关联、语法点语义类别与语料的关联、语法点的句法形式与语料的关联。

句法语义之间的关联指语法点的语义类别和句法结构之间的联系,即语法点的语义类别主要由哪些结构形式来表达,语法点某一结构形式可以表达哪些语义类别。

语法点之间的关联主要表现在两方面,一是形式上相似语法点,例如语法点"越来越"和语法点"越……越……";二是用法上容易产生混淆的语法点,例如语法点助词"了"和语法点"是……的"。

1.2.4　便捷性

便捷性指资源使用上的方便、快捷。方便、快捷是电子资源的主要特点。语料库的构建及检索平台的开发为用户准确获取包含某一字符、词语或字符串的语料提供了便利,但在检索包含某一结构或构式的语料时,准确率和便捷性都会受到影响。

用户如果想检索包含某一个结构或构式的语料,需要熟练使用检索表达式。例如,CCL 语料库共包含 9 个符号,分别是:空格、|、$、#、+、-、~、!、:。通过对 30 份问卷调查的统计,得出了各符号的使用频率(统计结果见图 5)。

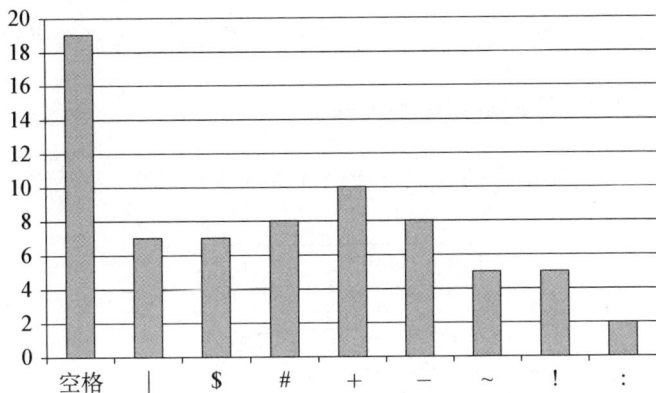

图 5　检索表达式符号的使用频率

从图 5 可以看出,用户使用得最多的符号还是"空格",其他符号使用频率普遍较低。部分符号仅有一两位用户使用过。我们认为,如果检索表达式中使用的符号过多会造成用户记忆上和使用上的负担,影响语料库的使用价值。因此,使用上的便捷性是用户对资源的另一需求。

1.3　语法点知识库的概况

1.3.1　语法点知识库的定位

语法点知识库是面向汉语作为第二语言教学与研究的语言资源,使用者定位在汉语教师、研究者、教材或试题的编写者、具有一定汉语水平的学习者。

语法点知识库主要为教师、研究者、教材或试题的编写者、学习者提供语法点教学、学习、研究等方面的信息,具体包括:

第一,语法点的句法、语义、句法语义关系、语用、偏误信息、教学指导信息;

第二,语法点句法、语义、句法语义关系的频率信息;

第三,根据语法点、语法点的句法、语义类别来检索语料。

1.3.2   语法点知识库的构成

语法点知识库的构成及理论和资源基础如图 6 所示。

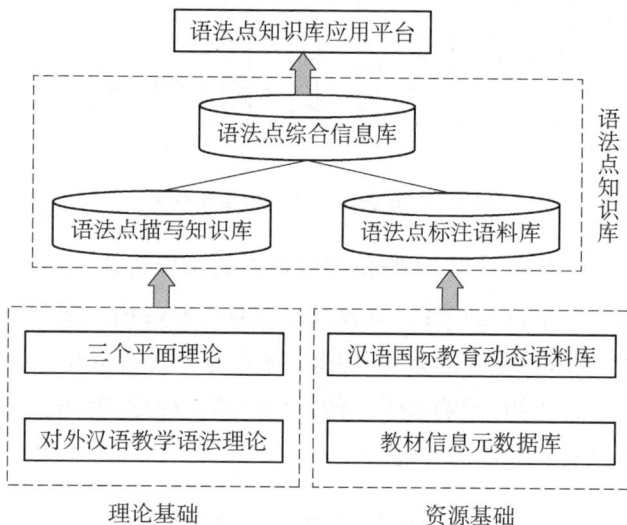

图 6   语法点知识库的构成及构建基础

从上图可以看出:(1)三个平面理论、对外汉语教学语法理论是语法点知识库构建的理论基础;(2)汉语国际教育动态语料库和教材信息元数据库是语法点知识库构建的资源基础;(3)语法点知识库主要由语法点描写知识库及与之配套的语法点标注语料库、语法点综合信息库构成。语法点综合信息库主要为语法点描写知识库和语法点标注语料库之间建立起关联,便于语法点知识库应用平台对语法点描写知识库和语法点标注语料库中相关信息的调用;(4)应用平台是在语法点描写知识库、语法点标注语料库、语法点综合信息库基础上开发的,主要借助计算机技术为用户提供语法点语义、句法、句法语义关系、语用、教学指导等信息的查询,并获得语义、句法、句法语义关系的频率信息,此外,用户还可根据语法点、语法点的语义类别、语法点的句法形式从语料库中检索与之相应的用例。

1.4　本章小结

　　本章根据文献调研法、问卷调查法分析了在语法教学与研究中现有资源的类型及应用情况,指出了现有资源在服务于语法点教学与研究上的优势与不足,认为面向汉语作为第二语言教学的语法资源应具有综合性、频率性、关联性、便捷性的特点。

　　文章提出应建设面向汉语作为第二语言教学的语法点知识库,主要服务于汉语教师、研究者、教材或试题的编写者、具有一定汉语水平的学习者。该知识库主要由语法点描写知识库及与之配套的语法点标注语料库构成,在此基础上将开发语法点知识库应用平台,从而为用户提供语法点的综合性知识,展现语法点、语法点的语义、句法、句法语义关系的频率信息,实现语法点与语料之间、语法点语义类别与语料之间、语法点句法形式与语料之间、语法点句法语义之间、不同语法点之间的关联性查询。

2　语法点的选取

语法点知识库的构建必须先确定知识库需要收录哪些语法点，即明确描写和标注的对象，这是语法点知识库构建研究的基础。

本章具体内容包括：

- ■ 语法研究的对象与范围
- ■ "语法点"的界定
- ■ 语法点选取的原则与方法
- ■ 语法点的选取结果

2.1　语法研究的对象与范围

选取语法点，首先需要明确语法研究的对象与范围。本研究以理论语法和对外汉语教学语法的研究对象和范围为切入点，来探讨语法研究的对象与范围。

2.1.1　理论语法的研究对象与范围

本研究分析并统计了 19 世纪末以来经典的、与现代汉语语法相关的理论著作中语法研究的对象与范围。

黎锦熙的《新著国语文法》研究对象与范围包括：（1）词的

研究，具体指词的区分和定义、实体词的七位、各类词的分类及特点；(2)单句的研究，包括句法成分、句式；(3)复句研究，包括包孕复句、等立复句、主从复句；(4)段落篇章；(5)语用的研究，如主要成分的省略、语气；(6)修辞法；(7)标点符号。

吕叔湘先生在《中国文法要略》中，将文法分为词句论和表达论两部分。前者主要研究了字、词（词的种类和配合）、句（叙事句、表态句、判断句、有无句）、句子和词组的转换、繁句的变化，后者主要研究范畴的表达和关系的表达。

王力先生的《中国现代语法》一书的研究对象和范围主要包括：造句法、语法成分、替代法和称数法、特殊形式、欧化的语法。造句法包括字和词、词类、词品、伪语、句子、句子形式和谓语形式、叙述句、描写句、判断句、复合句、能愿式、使成式、处置式、被动式、递系式、紧缩式、补语。语法成分包括：系词、否定作用、副词、记号、情貌、语气、联接词、关系末品。替代法和指称法包括：代词、数词、人物的称数法、行为的称数法。特殊形式包括：叠字、叠词、对立语、并和语、化合语、成语、拟声法、绘景法、复说法、承说法、省略法、倒装法、插语法、情绪呼声、意义呼声。

《暂拟汉语教学语法系统》所构建的语法体系包括：词类（实词、虚词）、词组（联合、偏正、动宾、主谓）、句子成分（主语、谓语、宾语、补语、定语、状语、独立成分、复指成分）、句子的类型（单句、复句）。

1961 年，丁声树等在《现代汉语语法讲话》中认为语法是造词用句的方式。该书对词类（时间词、处所词、方位词、"有"、"是"等特殊动词、助动词、次动词、代词、数词、量词、副词）、句法结构、句子的基本类型、句法成分（主语、宾语、修饰语、补语）、连动式、兼语式、连锁式、复合成分、复合句、否定、问句、语气、构词法等问题进行了研究。

1981 年,赵元任先生在《中国话的文法》一书中认为狭义的语法指比语音更高一层次的语言结构。该书对句子、词和语素、形态类型、句法类型、复合词、词类等问题进行了研究。

吕叔湘(1986)认为:"语法首先研究的是在语言实践中出现的一个个句子……还包括由语法手段连成一串的句子群。"①

黄伯荣、廖旭东(1997)认为:"语法是词、短语、句子等语言单位的结构规律。"②他们认为语法研究对象可分为词法和句法。词法包括:词的构成、词形变化和词类。句法包括:短语、句子的结构规律和类型。在《现代汉语》一书中,语法部分具体对词类、短语、句子成分、句类和句型、句法失误、复句、句群、标点符号进行了研究。

邵敬敏(2006)认为:"语法是存在于语言内部的一种客观规律,是使用该种语言的集团在长期使用的历史中逐步约定俗成并日趋完善的。"汉语语法主要研究"汉语语法本身内部规律产生、发展、变化的历史,如某种句式('把'字句、'被'字句、使动式等等)、某种词类(量词、代词、介词等等)是如何兴起并发展的"③。

邢福义(2009)认为,汉语语法是"汉语各类各级语法实体的构成规则和组合规则的总和"④。汉语语法实体包括语素、词、短语、小句、复句、句群、句子语气。

① 吕叔湘.语法研究的对象[J].语文研究,1986,04:1—3.
② 黄伯荣、廖旭东.1981.现代汉语[M].北京:高等教育出版社:p1.
③ 邵敬敏.2006.汉语语法学史稿[M].修订本.北京:商务印书馆.p7.
④ 邢福义.2009.汉语语法三百问[M].第四版.北京:商务印书馆.1—3.

　　根据对以上文献的梳理,本研究将语法研究的对象与范围归纳为以下八类:(1)字;(2)语素;(3)词语,包括词和短语,具体包括词的界定、词类的划分、构词法等;(4)句,包括单句、复句、句群,例如关于句子成分、句子类型、句子结构、句子的变换、倒装、省略等;(5)篇章段落;(6)语气和情貌;(7)修辞;(8)标点符号。在以上分类的基础上,本研究根据以上文献对各类问题被研究的次数进行了统计,结果见图7。

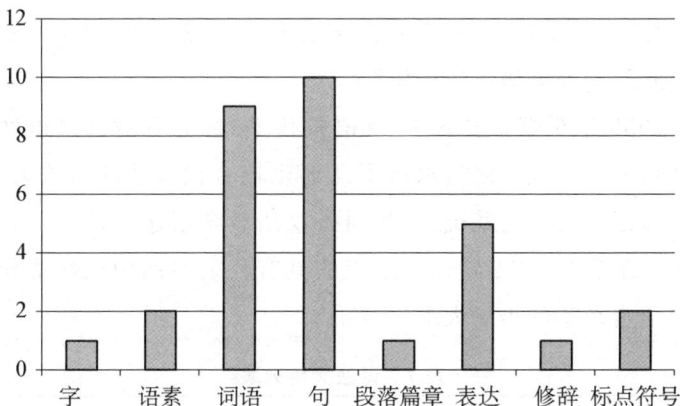

图7　理论语法研究的对象与范围

　　从上图可以看出:(1)理论语法研究中,关注度排前三位的依次为句、词语、表达;(2)部分学者也关注了语素、标点符号的研究;(3)对于字、段落篇章、修辞的关注度较低。

　　可见,句、词语、表达是理论语法研究的主要对象和范围,具体包括词的划分、词类的确定、词及短语的构成、句法成分、句子的类型、句子结构、句式、复句、句群等。但字、语素、段落篇章、修辞、标点符号也属于语法研究的内容。

2.1.2　教学语法的研究对象与范围

　　对外汉语教学语法是在理论语法的基础上根据学习者的学习目的、习得规律而构建的。周祖谟(1953)认为："语法知识是必须教给学生的。学习汉语在语法上必须掌握三点：句子结构的形式，句中语词的顺序，词与词、句与句关联的虚字。"①卢福波(2002)认为教学语法是"依据学习者的学习目的选择语法内容，再把教与学的规律、方法融入其中，使之形成一个水乳交融的整体"②。吕文华(2008)认为语法教学应建立起"语素、词、词组、句子、句群五级语法单位"③。

　　1958年邓懿等主编的《汉语教科书》标志着对外汉语教学语法体系的形成。之后出版了几部比较有代表性的语法大纲。本节以语法大纲为基础，探讨对外汉语教学语法的研究对象与范围。下表是1988年以来出版的具有代表性的面向汉语作为第二语言教学的语法大纲。

表 7　语法大纲列表

名称	出版年份	主编	出版社
《汉语水平等级标准和等级大纲》[试行]之《语法等级大纲》	1988	对外汉语教学学会汉语水平等级研究小组	北京语言大学出版社
《对外汉语教学语法大纲》	1995	中国国家对外汉语领导小组组织编写（王还主编）	北京语言大学出版社

---

① 转引自吕文华. 对外汉语教学语法探索[M]. 北京：北京语言大学出版社,2008：54.
② 卢福波. 对外汉语教学语法的层级划分与项目排序问题[J]. 汉语学习,2003,02：54—60.
③ 吕文华. 对外汉语教学语法探索[M]. 北京：北京语言大学出版社,2008：185.

续 表

名称	出版年份	主编	出版社
《中高级对外汉语教学等级大纲》之《中高级教学语法等级大纲》	1995	孙瑞珍	北京大学出版社
《汉语水平等级标准与语法等级大纲》	1996	国家对外汉语领导小组办公室汉语水平考试部（刘英林主编）	高等教育出版社
《高等学校外国留学生汉语教学大纲（长期进修）》之《语法项目表》	2002	国家对外汉语教学领导小组办公室	北京语言文化大学出版社
《高等学校外国留学生汉语言专业教学大纲》之《语法项目表》	2002	国家对外汉语教学领导小组办公室	北京语言文化大学出版社
《国际汉语教学通用课程大纲》	2008	国家对外汉语教学领导小组办公室	外语教学与研究出版社

《汉语教科书》共有语法点 170 个，分为词和句两部分。词的部分包括：名词、代词、动词、形容词、数词等 11 类；句的部分包括：句子的分类、句子成分、时间情貌、几种动词谓语句、否定、强调、复合句。

《汉语水平等级标准和等级大纲》是在《汉语教科书》的基础上制定的，它标志着"对外汉语教学在课程设置和教材编写方面存在的盲目、混乱状态已告结束，开始走上科学化、标准化的正确轨道。"①该大纲由五部分构成，《语法等级大纲》是其中之一。

---

① 吕文华. 对《语法等级大纲》(试行) 的几点意见[J]. 语言教学与研究, 1992, 03：108—118.

《语法等级大纲》是"在总结我国对外汉语教学经验,分析现有汉语教学得失、吸取有关科研成果的基础上,根据外国人学习汉语的特点和规律,结合汉语语法实际情况制定出来的"①。

《对外汉语教学语法大纲》语法体系包括汉字、音节和词、词类、词组、句子成分、句子等六部分。汉字、音节和词包括:词的构成、词的界定、同音词、兼类词。词类包括:名词、代词、数词等十三类。词组包括:词组的语法特征和构成方式、词组的分类。句子成分包括:主语、谓语、宾语、补语、定语、状语、复指、插说。句子包括:单句的类型、复句的类型、特殊句式。

《汉语水平等级标准与语法等级大纲》将语法项目/点分为四个等级。其中甲级语法大纲涉及语法项目 129 项,乙级 123 项,丙级 400 点,丁级 516 点。语法体系可归纳为:语素、词、词组、句、句群、表达等六部分。该语法大纲的特点表现在:针对留学生的特点,增加了固定词组、固定格式、口语格式等内容。此外,还增加了表达方式,如强调的方法、提问的方法、数的表示方法等。

《高等学校外国留学生汉语教学大纲(长期进修)》中的《语法项目表》将语法项目分为初、中、高三等,初级包含语法项目185 项目、中级包含语法项目 83 项、高级包含 107 项(点)。

《国际汉语教学通用课程大纲》将语法项目分为五级。一级包含语法项目 12 项、二级 15 项、三级 17 项、四级 10 项、五级 8 项目,共 62 项。跟以往的语法大纲比,该大纲有如下特点:第一,精简了语法项目;第二,突破了"语素—词—词组—句—句群"的结构模式,从培养语言综合运用能力出发,在语法项目的

---

① 转引自程棠.对外汉语教学的一项基本建设——《汉语水平等级标准和等级大纲》读后[J].语言教学与研究,1989(2):22—32.

选择与编排上采用了新的模式。

为探究对外汉语教学语法研究的具体内容,本书从语素、词、词组、格式、单句、复句、句群、表达等方面对 1988 年的《汉语水平等级标准和等级大纲》(语法等级大纲)、1995 年的《对外汉语教学语法大纲》、1996 年的《汉语水平等级标准与语法等级大纲》、2008 年的《国际汉语教学通用课程大纲》所列的语法项目/点逐一进行了梳理,结果见表 8。

表 8　语法大纲中的语法项/点

语素		自由语素、黏着语素
词		词类(名词、代词、动词、形容词、数词、量词、副词、介词、连词、助词、叹词、象声词)、兼类词、离合词、同音词
		词的构成(单纯词、合成词)、动词重叠
词组		词组的构成
		词组的分类(联合、偏正、动(形)补、动宾、主谓、方位、数量、介宾、"的"字词组、复指词组、连动词组、兼语词组)、动词 + 一下
		固定词组(习用语、成语、四字格):似笑非笑、一干二净、一毛不拔、有声有色、半真半假、不辞而别、可歌可泣、千军万马、如醉如痴、三番五次、一概而论、七嘴八舌、连滚带爬、前赴后继、有口无心、无情无义、非驴非马、一言一行、探头探脑、大包大揽、东奔西走、爱理不理、左说右说、时好时坏、不大不小、走来走去、说干就干、一长一短、多劳多得、各式各样、或多或少、能歌善舞、四面八方、自言自语、没吃没穿、老的老小的小、东一句西一句
格式	固定格式	……之前/之后/之上/之下/之中、在……方面、从……以后、在……以前、在……上、在……下、在……中、从……出发、以……为中心、当……的时候、为……而……、由……组成、在……看来、不知……好、拿……来说、为……所……、对……来说、到……为止、应……邀请、要是(如果)……的话、跟(和)……过不去、一来……二来……、从……看来、不得……、……来看、……来说/来讲、一会儿……一会儿……

	口语格式	不＋动词₁＋不＋动词₂＋也得＋动词₃（不说不说也得说几句）、……（不过，可是）话又说回来，……、要X₁有（没）X₁，要X₂有（没）X₂……、……X（也）不是，不X也不是……、X₁也不是，X₂也不是、什么（名或形）不（名或形）的……、……X₁也X₁不……，X₂也X₂不……、……放着……不……、要是……，看你怎么样……、X来X去，都是（就是）……、……早也不……，晚也不……、（偏偏）……说什么（怎么着）也得……、X着也是X着，（不如）……、X也得X，不X也得X……、话（说）是这么说，（可，可是……）……、……是它，……也是它……、X₁也好（也罢），X₂也好（也罢），……、看（瞧）你那（X）样……、（名）一＋量、说到（想到）哪儿去了……、我把你这个……、看在X的面子上……、（没）有什么（好）X的……、（没）有什么X头……、什么X₁的X₂的……、什么X不X的、X就X吧、X₁（名）是X₁，X₂（名）是X₂……、动＋X（就）是X、X是X……、无所谓X不X……、你给我X……、我说你……、我的X……
单句	句子成分	主语、谓语、宾语、定语、状语、补语、复指、插说
	句子的分类	结构分类（动词谓语句、形容词谓语句、名词谓语句）、功能分类（感叹句）
	几种特殊句型	"是"字句、"有"字句、存现句、连动句、兼语句、"是……的"句、被动句、比较句、"把"字句、"在"字句
复句	并列	既……也……、既……又……、又……又……、也……也……、一边……一边……、一方面……另一方面、一来……二来……、一面……一面……、一时……一时……、一会儿……一会儿……、时而……时而……、……，连同
	承接	先……接着……、然后、先……然后……、先……再……、后来、于是、……就（又）……、……（又）……便……、……这才……、……，此后……、起初……才……

递进		而且、并且、不但……而且……、不但不……反而……、况且、何况、更、还、不仅……而且……、不但……还/也……、甚至、……(不但、不仅)……甚至于……、况且(也、还、又)……、……不只(不仅)……而且(并且)……、不仅不……还……、……不仅仅(是)……也(都)……、……尚且……何况(更)……、连……也/都……、……(又、再、才、并)进而……、不但……反而……、甚而至于……、别说……即使……也……(就……连……也……)、不单(是)……也(都)……、不光……而且(并且)……
因果		因为……所以……、……以致……、由于……、因此……、既然……就……、既然……何必……、……尚且……何况……、只好、……是由于……、之所以……是因为……、由于……以致……、由于……的缘故、……,可见,……、由于……所以……、由于……就……、既然(既)……只好(只有,一定)……、……以致……、不免……、……以至……、(因为)故……、以至于……、所以……所以……(还)因为……、……因……
选择		或、或者、(还)是……还是……、不是……就是……、要么……要么……、或是……或是……、与其(说)……不如(说)……、要就是……要就是……、与其……宁可(不如)……、要不(要不然)……、宁可……也不(也要)……、……反倒……、……反之……、无非(不过,只是)……罢了、幸而……
转折		……但(是)……、虽然……但(是)……、……可是(可)……、……然而……、……不过……、……只是……、却、虽……但……、虽说……可是(但是、不过)……、……,其实……、不过(只是)……罢了、是……而不是……、……仍旧(仍然、仍)……、……反而……、虽……却(但、可、也)……、固然……但是(可是,不过)……、不是……而是……

	假设	如果……就……、要是、假如、假使、假若、倘若、如果……(的话)、要不是……就……、没有……就没有(不)……、否则……、假若(倘若)……就……、假如……就……、假使……就……、(幸亏)……不然……、要不是……就……、假设……那(么)……、不是……还要……、幸好……不然(要不)……、再不然(要不然)……、要么……否则……
	条件	只有……才……、只要……就……、不管(无论)……也(都)……、既然……就……、凡是……都……、任……都(也)……、除非……否则(不然)……、除非……才……、别管……(都)……、任凭……也(都)……
	目的	以便、好、以免、省得、免得、……为的是……、……以……、借以……
	解说	一来……二来……、一者(一则)……二者(二则)……、一是……二是……、宁肯……也不(也要)……、宁愿……也不(也要)……
	让步	哪怕……也(都)……、就是……也……、即使……也……、固然……也……、纵然……也……、即便……也……、就是……(那)……
	紧缩	一……就……、越……越……、不……不……、不……也……、再……也……、没有……就没有……、愈(是)……愈(是)……、动词$_1$＋都不(没)＋动词$_1$、动(宾)$_1$＋就＋动(宾)$_2$、别(甭)……、动词$_1$＋就＋动词$_1$＋个＋补语、非……不/非……才……
	多重复句	/
句群	语法句群的形式标识	/
	语法句群的意义分类	并列、承接、递进、条件、选择、解说、因果、目的、转折、假设、让步、总括

表达	提问的方法	语气助词"吗"、"好吗、行吗、对吗、可以吗"、语气助词"吧"、疑问语调、疑问代词、肯定形式与否定形式相叠提问、"肯定形式＋没有"提问、疑问代词＋呢、疑问副词"多"、疑问语气词"呢"、是……还是……
	数的表示法	日期的表示方法、钟点表示方法、钱数的表示方法、号码的表示方法
	强调的方法	反问、连……也（都）……、副词"就"、动词"是"、双重否定、副词"可"、非……不可、……也（都）/也没（不）……
	动作的态	完成态、变化态、持续态、进行态、经历态
	否定的表达	用"不"的否定句、用"没（有）"的否定
	所属关系的表达	名词/代词＋（的）＋名词
	存在的表达	"在"字句、"有"字句、"是"字句
	距离的表达	A点＋离＋B点＋远/近/距离数
	意愿的表达	要、想
	类同的表达	……跟/和……（不）一样、……跟/和……（不）一样＋形容词
	被动意义的表达	被动句

通过上文的分析,可以看出:(1)理论语法与教学语法都较为关注词、句、表达的研究或教学;(2)与理论语法不同,在各类语法大纲中,一般将语法划分为语法项/点,并根据语法特点和学习者的习得规律对语法项目/点进行了分级;(3)各语法大纲

的分级各不相同,大致分为三类:初、中、高级;甲、乙、丙、丁级;
1—5 级;崔永华(2015)认为"中、高级阶段都以词语(包括虚词
和实词)教学为主。语法在中、高级阶段,特别是高级阶段,事实
上已经不是教学重点。这说明,现有初级阶段的语法点已经大
致反映了汉语语法结构的基本面貌"①。(4)与理论语法相比,
对外汉语教学语法较为注重格式类的语法点。

2.2 语法点的界定

"语法点"是汉语作为第二语言教学与研究领域的一个常用
概念,截至 2015 年 12 月 30 日,在《语言文字应用》《语言教学与
研究》《世界汉语教学》《汉语学习》《华文教学与研究》《云南师范
大学学报》(对外汉语教学与研究版)所刊登的论文中,全文中包
含"语法点"的论文就有 507 篇。在各类语法大纲中,语法项/点
也被广泛使用。但从调研的文献来看,仅崔永华、邓守信两位学
者对语法点的定义进行过说明。崔永华(1989)认为所谓的语法
点"可以是一个独立的语法项目,如'把'字句、'比'字句、可能补
语、'既然……就……'等,可以是一个句型,也可以是一个词
语"②。邓守信(2003)认为很难给"语法点"下一个完全令人满
意的定义,直觉告诉我们,语法点是有一个跨度的,它不仅仅是
单纯的句法结构,也不只是词法分析,但有一点是很明确的,它
跟学习者的母语有很大关系。胡炳忠(1987)从教学的针对性角
度把语法点分为自立型语法点(主要指词汇性质的语法点,如量

---

① 崔永华.汉语作为第二语言教学需要什么样的语法研究——一个汉语教师的视
角[J].国际汉语教学研究,2015,01:6—9.
② 崔永华.对外汉语语法课堂教学的一种模式[J].世界汉语教学,1989,02:97—
104.

词）、格式型语法点（如"跟……一样"、"从……起"）、体系型语法点（如补语、比较句、"把"字句）。

此外，"语言点"也是另外一个较为常用的概念。孙德金（2006）认为在完成基础阶段的语法教学以后，"语法的面目开始模糊起来，究竟叫'语言点'还是叫'语法点'，常常说不清楚"①。白建华（2009）认为："'语言点'较'语法点'含义更广泛。'语言点'既包括语法句型，也包括词语的使用。"②本研究认为，之所以存在"语法点"和"语言点"两个概念，其争议之处在于"词"到底属不属于语法教学的内容。而从 2.1 节中理论语法和对外汉语教学语法的研究对象和范围来看，"词"确实属于语法研究的对象和范围，特别是介词、助词等虚词。因此，本研究使用"语法点"这一概念。

本研究认为在汉语作为第二语言教学与研究领域，"语法点"是指根据汉语作为第二语言教学的实际需求，对系统的语法知识进行切分、选择后获得的语法教学项目，可以包括语素、词、短语、格式、句子（单句、复句）、句群、篇章等方面的内容。在汉语教材中，它常常以"语法""语法点""语法注释""语言点"的形式列于生词表之后，是语法学习的重要内容。例如，在刘珣先生主编的《新实用汉语课本》中，每篇课文中安排有"语法"板块，全书共有语法点 405 个。此外，语法点在各类语法大纲中以"语法点"或"语法项目"的形式出现，并做了分级处理。在《国际汉语教学通用课程大纲》中称之为"语法项目"，下设"结构形式"。在《汉语水平等级标准与语法等级大纲》中，甲级和乙级

① 孙德金.语法不教什么——对外汉语语法教学的两个原则问题[J].语言教学与研究,2006,01：7—14.
② 白建华等.对外汉语语言点教学 150 例[M].纽黑文：耶鲁大学出版社,2009.

语法大纲称之为"语法项目",丙级和丁级语法大纲中称之为"语法点"。

对语法的认识不同、教学的需求不同,对系统语法知识的切分也各不相同。因此,各教材、语法大纲中语法点的数量、切分各有特色,但所包含的语法内容大致相同。

2.3　语法点选取的原则与方法

面向汉语作为第二语言教学的语法大纲的制定、教材的编写都会涉及语法点选取的问题,其语法点选取的原则与方法,也为本研究提供了参考。

吕文华(1987)认为语法点的选择应考虑两方面的内容:一是通过科学的频率统计选择最基本、最常用、语言交际中必不可少的语法点;二是选择一些表达某类交际功能所需要的语法点。陆俭明(2000)认为语法教学中应该注重汉语与学习者母语语法上有差异的地方,注重学习过程中容易出现语法毛病的地方。杨德峰(2001)提出了语法点选取的原则:(1)针对性原则,即选择学习者语法学习的难点;(2)适度原则,对于意思或用法比较复杂的语法点,在初级阶段只选取有代表性的、常见的意思或用法;(3)循序渐进的原则,语法点的编排借鉴习得研究方面的成果,采取循序渐进的原则;(4)分散原则;(5)点面结合的原则;(5)量少原则。卢福波(2003)认为在语法教学内容的划定上应遵循实用原则,选择学习者最易发生偏误的。崔永华(2015)认为语法点的选取需要突出汉语作为第二语言教学的重点和难点。教学重点指反映汉语基本结构的语法点,如主谓宾结构、四种谓语句、连动句、兼语句,此外,还应包括表现汉语特点的语法点,如量词、形容词谓语句、补语、状语的位置。教学难点指学习者不易理解和运用的语法点,如补语、"把"字句,以及学生容易发生错误的语法点,如助词"了""的"的使用、状语的位置。

2.3.1　语法点选取的原则

基于前人对语法点选取的经验,结合知识库建设的可行性,本研究认为语法点知识库在选择语法点时应遵循针对性、高频性、可描述性、必要性四项原则。

2.3.1.1　针对性

针对性主要指针对学习者语法学习的重点和难点来选择语法点。述补结构、"把"字句、助词"着、了、过"、虚词是学习者学习的难点已成为学界的共识。除此之外,本研究采用文献调研法来进一步确定学习者较难习得的语法点。

教学中的重点与难点也常常是研究的热点,因此,在中国知网中用主题词"对外汉语教学"、"语法"在 CSSCI 期刊中进行检索,共获得 300 条检索结果,其中论文共计 229 篇。其中与语法教学相关的论文共计 77 篇,我们进一步对这 77 篇论文的研究对象进行了分析统计,获得了语法研究的热点,结果如表9 所示。

表 9　基于期刊论文的语法点调研结果

语法项/点的名称	论文数量	内容概要
助词"了"	10 篇	"了"的切分、排序、语法化、教学任务、语气,在单句、复句、语段、篇章中的特点等
述补结构	5 篇	趋向补语 2 篇、情态补语、可能补语、带"得"的补语

语法项/点的名称	论文数量	内容概要
"把"字句	4 篇	"把"字句的教学、习得研究、构式理论、三个平面理论、修辞视角下对"把"字句的研究
副词	4 篇	程度副词、关联副词、副词"都"
比较句	3 篇	比较句语法项目的选择、A 还不如 B 等
介词	2 篇	方式介词、介词"在"
句型	2 篇	兼语句、疑问句
语气词	2 篇	嘛、呗、呢
助词"着""过""的"	3 篇	语法点的选取与排序
时体态	1 篇	汉语的时、体、态
与格式相关的研究	12 篇	在/正/正在……呢、A + NP_1 + NP_2、不/没 + V、X 也是（的）、不 V 不 V 也/又要 V + M、动宾式动词 + 宾语、连 X 带 Y、动宾式动词 + 宾语、是……的、还 NP 呢、A 的 A，B 的 B 等
词汇	19 篇	复合词、名词、形容词重叠、量词、离合词
语体/语用	7 篇	插入语、主题、话题、语体、语用、交际等
句型系统	3 篇	句式、句型研究

　　从上表可以看出，从教学的针对性来看，语法点知识库在语法点的选取上应考虑以下内容：助词"了"、述补结构、"把"字句、副词（如程度副词、关联副词）、比较句、介词（表方式的介词、介词"在"）、兼语句、疑问句、语气词（嘛、呗、呢）、助词（着、过、的）、时体态等。此外，还应关注部分格式、形容词的重叠、离合词、语义、语用方面的内容。

2.3.1.2 高频性

高频性指语法点在汉语作为第二语言教学中的高频性。在汉语教材中,语法点常常以"语法点/项""语言点""语法"的形式出现。因此,对教材中相应板块的语法点/项进行统计,可以获得汉语作为第二语言教学中的高频语法点。

本研究选择了《新实用汉语课本》(2009)、《中文听说读写》(1997)这两部教材以及《对外汉语语言点教学 150 例》(2009)这部语法教学的工具书为调研对象,对它们所选取的语法点进行了统计。之所以选择《新实用汉语课本》《中文听说读写》、《对外汉语语言点教学 150 例》,主要有两方面的原因:一是它们都是为以英语为母语的学习者编写的,在语法点的选择上具有针对性和共通性;二是语法点明确。在《新实用汉语课本》中,语法点主要出现在"语法"这一板块中。在《中文听说读写》中,语法点主要出现在"GRAMMAR"板块中。《对外汉语语言点教学150 例》选择了最基本的、最常用的、完成汉语交际所必须掌握的 150 个语言点。该书语法点的选取一方面依据了多年的教学经验,另一方面又参考了多部广泛使用的汉语教科书,还吸收了当前教学语法和课程设置方面最新的研究成果。

统计结果显示:《新实用汉语课本》《中文听说读写》《对外汉语语言点教学 150 例》中一共出现语法点 503 个,其中有 32个语法点出现了三次,共同出现在了《新实用汉语课本》《中文听说读写》《对外汉语语言点教学 150 例》中,本书将其称为高频语法点(见表 10)。此外,503 个语法点中另有 92 个语法点出现了两次,本文将其称为次高频语法点(见表 11)。

表 10 三十二个高频语法点

类别		数量	内容
句型类语法点		5 个	"把"字句、"被"字句/被动句、比较句、"是……的"句、存现句
词汇类语法点	连词	5 个	并、不管、甚至、于是、或者
	副词	3 个	才、又、再
	介词	2 个	对、在
	助动词	2 个	会、能
	名词	1 个	以后
	语气词	2 个	吗、呢
结构类语法点	句子结构类	7 个	不是……而是……、除了……，……、连……都/也……、无论……都……、一……就……、一边……一边……、一……也/都＋没/不……
	短语结构类	5 个	述补结构、又……又……、越来越、对……来说、当……

表 11 九十二个次高频语法点

类别		数量	内容
句型类语法点		8 个	"有"字句、兼语句、正反问、连动句、主谓谓语句、反问句、形容词谓语句、"是"字句
词汇类语法点	连词	5 个	从而、尽管[连、副]、由于[介、连]、再说、而
	副词	15 个	本来、毕竟、从来、反而、刚、反正、简直、其实、仍然、往往、也、都、就、正在、可

类别		数量	内容
	介词	4个	随着、为了、给、从
	能愿动词	2个	要、想
	名词	1个	以来
	语气词	1个	吧
	动词	4个	看来、难以、来、不如
	结构助词	2个	的、地
	动态助词	3个	了、着、过
	数词	2个	二、两
	代词	4个	那么、人称代词、疑问代词、疑问代词表任指
	其他	4个	量词、离合词、形容词重叠、方位和处所词
结构类语法点	句子结构类	27个	不但……而且……、不仅……、不是……就是……、凡是……都……、一方面……，（另）一方面……、非得……不可/不行、非得……才、还是……（吧）、何必……（呢）、既又……、既然……就……、即使……，也……、哪怕……，也……、仅就……、快/快要……了、难道……、宁可/宁愿……也不……、因为……，所以……、之所以……是因为……、先……然后……、以往……，如今/而今……、有的……，（有的）……、与其……不如……、只要……就……、是……还是……、虽然……但是/可是……、要么……，要么……

类别		数量	内容
短语结构类		9 个	各 V 各的、可 + 要/得、可 + 不要/不能/别、另外 + 动词、以……为……、越……越……、再也不 VP 了、V 来 V 去、双宾语
其他	/	1 个	语序①

从上表可以看出，句型类语法点有 5 个，词汇类语法点有15 个，结构类语法点共 12 个。

2.3.1.3　可描述性

可描述性指所选取的语法点可以从句法、语义、语用等方面进行描述的。语法点知识库构建的目的之一是帮助教师及学习者从语义、句法角度查询相应的语料，因此，所选取的语法点也应是可以从语义、句法角度进行描述或标注的语法点，例如语法点"存现句""'有'字句"等。而一些概括程度较高的语法点，无法从语义、句法、语用角度进行描述，暂不作为语法点知识库中选取的对象，例如汉语句式的特点"主—动—宾"、形容词谓语句、汉语语序等。

需要指出的是，虽然某些语法内容没有作为语法点收录在语法点知识库中，但语法点描写知识库中的属性设置和语法点标注语料库中的标注维度都会反映某些语法内容，例如，语法点标注语料库中基本形式、否定形式等都反映了语序信息。

---

① 在《新实用汉语课本》《中文听说读写》中，"语序"也作为语法教学的内容单独列出，从性质上来看，它跟词汇类、结构类、句型类语法点属于不同层次的内容，但为反映统计结果，也将"语序"作为其他类，列于"表 11"中。

2.3.1.4　必要性

必要性指所选取的语法点是学习者完成交际所必要的。因此,在对相关文献研究的基础上,也吸收了一线教师的研究成果。语法点知识库也将收录一些在教材"语法"板块中没有出现或出现较少的、但在交际中必要的,或习得后能明显提高学习者汉语水平的语法点。

2.3.2　语法点选取的方法与步骤

语法点知识库中语法点选取的方法与步骤为如图 8 所示。

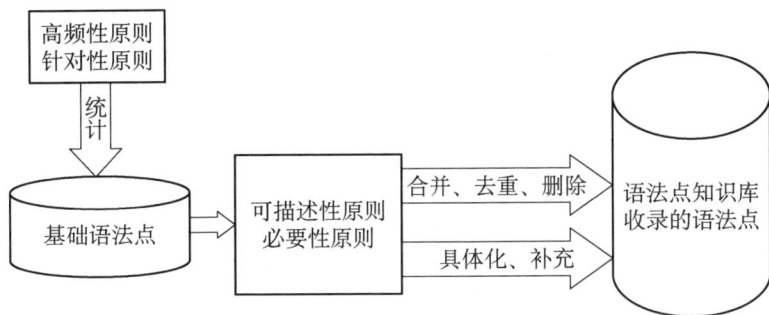

图 8　语法点选取流程图

首先,根据高频性原则与针对性原则,采用统计的方法获得基础语法点。然后,根据可描述性原则、必要性原则对基础语法点进行合并、去重、删除、具体化、补充等处理,最后获得语法点知识库中需要收录的语法点。

2.3.2.1　基础语法点的确定

本研究综合了 2.3.1.1、2.3.1.2 的统计分析的结果,形成了如表 12 所示的基础语法点,本研究将其分为句型类、词汇类、结构类、其他等四类,共计 126 个。

表 12 基础语法点列表①

类别		数量	统计结果
句型类语法点		12 个	**"把"字句**、**"被"字句/被动句**、**比较句**、**"是……的"句**、**存现句**、**"有"字句**、**兼语句**、**正反问**、**连动句**、**主谓谓语句**、**反问句**、**形容词谓语句**
词汇类语法点	连词	5 个	**不管**、**于是**、从而、再说、而
	副词	19 个	**才**、**又**、**再**、本来、毕竟、从来、反而、刚、反正、简直、其实、仍然、往往、副词、也、都、正在、可、难以
	介词	6 个	**对**、**在**、随着、为了、给、从
	能愿动词	4 个	要、想、**会**、**能**
	名词	2 个	以后、以来
	语气词	3 个	**吗**、**呢**、吧
	动词	3 个	看来、来、不如
	结构助词	2 个	<u>的</u>、<u>地</u>
	动态助词	3 个	<u>了</u>、<u>着</u>、过
	数词	2 个	二、两
	代词	4 个	那么、人称代词、疑问代词、疑问代词表任指
	兼类词	7 个	**并**[**副词**、**连词**]、尽管[连、副]、由于[介、连]、甚至[**副词**、**连词**]、或者[**副词**、**连词**]、就[副、介、连]、可[助动词、副词]
	其他	4 个	量词、离合词、形容词重叠、方位和处所词

---

① 表格中语法点有下划线的是根据文献调研中获得的重要语法点,用黑体字显示的语法点是三部教材中都出现的语法点,用普通宋体字显示的语法点是在两部教材中出现的语法点。

续　表

类别		数量	统计结果
结构类语法点	句子结构类	34 个	**不是……而是……、除了……,……、连……都/也……、无论……都……、一……就……、一边……一边……、一……也/都＋没/不……、不但**而且……、不仅……、不是……就是……、凡是……都……、一方面……,（另）一方面……、非得……不可/不行、非得……才、还是……（吧）、何必……（呢）、既……又……、既然……就……、即使……,也……、哪怕……,也……、仅……就……、快/快要……了、难道……、宁可/宁愿……也不……、因为……,所以……、之所以……是因为……、先……然后……、以往……,如今/而今……、有的……,（有的）……、与其……不如……、只要……就……、是……还是……、虽然……但是/可是……、要么……,要么……
	短语结构类	15 个	**述补结构、又……又……、越来越、对……来说、当……、各 V 各的、可＋要/得/可＋不要/不能/别、另外＋动词、以……为……、越……越……、再**也不 VP 了、V 来 V 去、双宾语、有（一）点儿
其他	/	1 个	语序①

2.3.2.2　基础语法点的调整

本研究采用合并、具体化、切分、删除、去重、增加的方法对

---

① 在《新实用汉语课本》《中文听说读写》中,"语序"也作为语法教学的内容单独列出,从性质上来看,它跟词汇类、结构类、句型类语法点属于不同层次的内容,但为反映统计结果,也将"语序"作为其他类,列于"表 11"中。

基础语法点进行调整,以便最终获取语法点知识库中需要收录的语法点。

(1)合并

为了避免语法点选取上的重复性,本研究对部分语法点进行了合并,主要包括:

第一,将一些类似的、重合的语法点进行合并。例如连词类语法点"不管、于是、从而、再说、而"与句子结构类的语法点重合,合并为"不管……都……、……,于是……、……,从而……、……,再说……、……,而……"。又如,语法点"之所以……是因为……"并入语法点"因为……所以……"中。

第二,将一些划分标准不统一的语法点进行合并。例如述补结构在各类教材中划分的标准尚存在分歧,因此,将"结果补语""数量补语"等合并为"述补结构"。

(2)具体化

本研究将一些概括性较高的语法点进行了具体化,进一步明确描述和标注的对象。例如,将语法点"副词",具体化为"才、又、再、本来、毕竟、从来、反而、刚、反正、简直、其实、仍然、往往、也、都、正在、可、难以"。又如语法点"疑问代词表任指"具体化为"什么/哪儿/怎么/谁/多少……都/也……"。

(3)切分

本研究对介词类语法点进行了切分处理,将其切分为介词及相关的介词结构。例如将语法点介词"在"切分为"在、在……上、在……中、在……下、在……里、在……方面、在……看来"。又如将语法点"从"进一步切分为"从、从……到……、从……起、从……以后、从……看来"。对介词类语法点进行切分主要是因为:

第一，从介词类语法点的语义信息来看，介词和介词结构在语义上存在差异，如果合并在一起，不便于对语法点的描述和标注。

第二，从教学上来看，介词结构也常常作为独立的语法点来进行教学，如"在……看来"、"从……到……"等，因此，对介词类语法点进行切分，作为单独的语法点进行描写和标注，也便于教师及学习者在应用平台中更有针对性地查询语法点并提取相应的语料。

（4）删除

在对基础语法点进行调整中，删除了词汇类语法点，主要因为：

第一，在汉语国际教育动态语料库中，已经对 1185 个多义词进行了语义信息的标注，其中包括了基础语法点中的部分语法点，为避免工作的重复性，在语法点知识库中，不再选取这类语法点。

第二，部分语法点可以通过关键词或"关键词＋词性"的检索方式直接从语料库中检索语料，因此，从描述或标注的必要性和紧迫性来看，不如结构类语法点。

（5）增加

语法点的选取，既重视客观统计的结果，也尊重一线教师的教学经验。因此，本研究也吸取了一线教师的相关研究成果①，增加了一部分语法点，具体包括"离、给、向、朝、往、关于、由、据、

---

① 在项目研究过程中，北京师范大学杨丽姣老师、陈颖老师、伏学凤老师先后制定过两个版本的语法点列表，第一个版本包含 144 个语法点，第二个版本包含了 128 个语法点。本研究将基础语法点与两个版本的语法点进行了比对，增加了部分基础语法点中未包含的语法点。

根据、趁、自从、和/跟/同……一起、当……时、按、按照、跟、以、可以、应该、得、不管……都……、……而……、不但不……反而/反倒……、……何况……、……,况且……、……,因此……、一来……,二来……、尽管……还是……、……不过/可是/只是……、……否则……、只有……才……、如果……就……、要是……、要不是……、就是……也……、为了……、……省得/免得/以免……、以便……、除非……、太……了、又……又……、越来越、正/在/正在……呢、连……都……、……倒是……,就是……、不/没有……不、才……就……、拿……来说、再……也……、再……也不/也没……、再……就……、像……似的/一样、不是……吗、难道……吗、何必……呢、任何……都/也……、有什么好 V 的、想/爱……就……、说……就……、就……而言、动词 + 都不/都没 + 动词、不……也不……、X 就 X、V 就 V 个 + 形容词。

（6）去重

去除部分重复的语法点。例如基础语法点中包含语法点"又"、"又……又……"、"既……又……",因此,在选取语法点时删除了语法点"又",保留了"又……又……"、"既……又……"。再如,基础语法点中既包括语法点"就",又包括"只要……就……、再……就……、如果……就……、既然……就……、一……就……、就……而言、想/爱……就……、说……就……、X 就 X、V 就 V 个 + 形容词"等语法点,因此,不重复收录语法点"就"。与此相同的还包括语法点"也"。

2.4　语法点选取的结果

对基础语法点进行合并、具体化、切分、删除、去重、增加后,最终获得了 152 个语法点,将其分为词汇、短语及固定结构、介词及介词结构、特殊句型、复句五类。(见表 13)。

表 13　语法点描写知识库中语法点列表

词汇	① 助词:吗、呢、吧、着、了、过 ② 助动词:能、会、可以、应该、得、要 ③ 副词:才、再、本来、毕竟、刚、反正、仍然、可
短语及固定结构	① "的"字短语、述补结构 ② 各 V 各的、V 来 V 去、又……又……、以……为……、不/没有……不……、想/爱……就……、说……就……、不……(也)不……、动词 + 都不/都没 + 动词、一……也/都 + 没/不……、非得……不可/不行、非得……才、越来越、越……越……、有什么好 V 的、X 就 X、V 就 V 个 + 形容词 ③ 随着……的 N、就……而言、拿……来说、当……时/时候 ④ 何必……呢、不是……吗、正/在/正在……呢、难道……吗、还是……吧、快/快要……了、太……了、再也不 VP 了、既……又……、连……都……、像……似的/一样、任何……都/也……、什么/哪儿/怎么/谁/多少……都/也……、仅……就……、才……就……、一……就……、有的……,(有的)……、除了……、为……所……、为……而……;……的话
介词及介词结构	对、对……来说、对于、对于……来说、在、在……上、在……中、在……下、在……里、在……方面、在……看来、从、从……到……、从……起、从……以后、从……看来、为、给、离、向、朝、往、关于、由、趁、自从、以、跟、据、根据、按/按照、和/跟/同……一起
特殊句型	"把"字句、"被"字句、比较句、"是……的"句、存现句、"有"字句、兼语句、连动句
复句	① 并列复句:一边……一边……、一方面……,(另)一方面……
	② 承接复句:……,于是……、先……然后……
	③ 递进复句:不但……而且……、不仅……而且……、不但不……反而/反倒……、……,再说……、……何况……、……,况且……

	④ 因果复句：……，从而……、……由于……、既然……就……、因为……，所以……、……，因此……
	⑤ 选择复句：不是……就是……、宁可/宁愿……也不……、与其……不如……、是……还是……、要么……，要么……、……否则……、或者……或者……
	⑥ 转折复句：虽然……但是/可是……、……，而……、不是……而是……、尽管……还是……、……不过/可是/只是……、……倒是……，就是……
	⑦ 假设复句：即使……也……、哪怕……也……、如果……就……、要是……、要不是……、再……也……、再……就……、假如……
	⑧ 条件复句：凡是……都……、不管……都……、无论……都……、只要……就……、只有……才……、除非……
	⑨ 目的复句：为了……、……省得/免得/以免……、以便……
	⑩ 解说复句：一来……二来……
	⑪ 复句：就是……也……、即使……也……

为确定语法点知识库构建过程中对语法点描述和标注的顺序，我们将 152 个语法点分为三个层级。（见图 9）

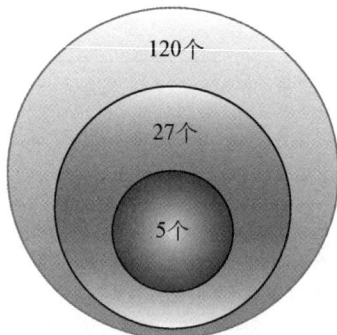

图 9　语法点层级图

第一层级是在论文调研、三部教材中均出现的语法点,共有 5 个,分别是:"把"字句、比较句、述补结构、介词"在"、语气词"呢"。

第二层级是在三部教材中出现或在两部教材及论文调研中出现的语法点,共 27 个,分别是:"被"字句、"是……的"句、存现句、兼语句、助词"了"、助词"过"、助词"着"、介词"对"、介词结构"对……来说"、语气词"吗"、副词"才"、副词"再"、不管……都……、……于是……、尽管……还是……、……由于……、或者……或者……、不是……而是……、除了……,……、连……都/也……、无论……都……、一……就……、一边……一边……、一……也/都 + 没/不……、又……又……、越来越、当……时/时候。

第三层级是剩余的 120 个语法点。

语法点描述和标注的处理顺序依次为:第一层级、第二层级、第三层级。

2.5　本章小结

本章通过对理论语法与教学语法研究对象与范围的梳理,明确了语法研究的对象与范围,并将"语法点"界定为:根据汉语作为第二语言教学的实际需求,对系统的语法知识进行切分、选择后获得的语法教学项目,包括语素、词、短语、格式、句子(单句、复句)、句群、篇章等方面的内容。此外,还对期刊论文中所研究的语法点、两部对外汉语教材及一部语法工具书所选用的语法点进行了统计,并参考了各类语法大纲,根据针对性原则、高频性原则、可描述性原则、必要性原则选取了 126 个语法点作为基础语法点,再通过合并、具体化、切分、删除、增加、去重等方法,最终确定了 152 个语法点作为语法点知识库描述和标注的对象。

3 语法点描写知识库的构建

语法点描写知识库的构建研究主要应解决两个方面的问题：一是在汉语作为第二语言教学中，如何科学、合理、有效地对语法点进行解释；二是如何将语法点的解释进行多维度、结构化、数据化、形式化的描述。

本章具体内容包括：

■ 语法点知识库构建的理论基础
■ 语法点的描述框架
■ 语法点描写知识库属性项的设置及知识库填写规范

3.1 相关理论

三个平面理论及对外汉语教学语法理论是语法点描述框架及语法点描写知识库属性设置的理论基础。三个平面理论确定了语法点描述框架的总体架构，而对外汉语教学语法理论则为架构下语法点描写知识库属性项的设置及填写规范提供了具体的理论参考。

3.1.1 三个平面理论在教学中的应用

在 0.4.1 中，已经详细介绍过三个平面理论，现将句法平

面、语义平面、语用平面的研究对象进行了归纳。（见表 14），这
为语法点描述框架的构建及语法点知识库属性的设置提供理论
参考。

表 14   三个平面理论的具体研究对象

三个平面	研究对象
句法平面	1. 句子中词语所充当的句子成分：主语、谓语、宾语、定语、状语、补语； 2. 成分之间的句法关系：主谓结构、偏正结构……； 3. 句法结构的层次切分； 4. 句中词语的功能类别：名词、动词、形容词……； 5. 句子的结构类型：单句、复句、主谓句、非主谓句……。
语义平面	1. 词在句法结构中获得的语义：施事、受事、客体、工具、处所、时间等； 2. 语义特征、语义指向。
语用平面	1. 主题与评论：主题与述题/新信息与旧信息； 2. 表达重点； 3. 焦点； 4. 行为类型：叙述、解释、描绘、提问、请求、命令、致谢、道歉、祝贺、惊叹……； 5. 口气：肯定、否定、强调、委婉……； 6. 语气：陈述句、疑问句、祈使句、感叹句、应答句； 7. 语用成分与非语用成分，增添、插入语； 8. 句型的变化； 9. 预设； 10. 狭义语境：上下文的制约与照应、省略与空位。

从上表可以看出，句法平面涉及到句子成分、句子成分之间
的关系、句法结构层次切分、句中词语的功能类别、句子的结构
类型等。语义平面涉及词在句法结构中获得的语义、语义特征、
语义指向。语用平面涉及主题与评论、表达重点、焦点、行为类
型、口气、语气、语用成分、句型变化、预设、狭义语境等方面的
内容。

随着三个平面理论的发展,在教学中运用三个平面理论来指导教学与研究已成为学界的共识。下文列举几篇比较有代表性的文献。

崔永华(1989)提出语法点的解释应该从形式、语义、功能三个方面进行。形式指给学习者一个明确的、便于记忆的形式;语义指语法点语义方面的特点;功能指语法点的功能和使用环境。鲁健骥(1993)指出:"任何一种语言形式都表达一定的意义,以一定的语境为依托,在一定的语境中存在。学习一种语言,如果徒学形式,而不了解其意义及其赖以存在的语境,仍然掌握不了语言。"①他还指出在课堂上操练得很好的语法项目但学习者在交际中要么发生偏误,要么回避使用。主要原因之一是教学中重视形式结构而忽视语义及语用,对形式的意义和语境的交代不够明晰。鲁健骥先生还以状态补语为例,探讨了对外汉语教学中句法、语义、语用相结合的问题。具体作法是,根据语义对状态补语进行分类,然后归纳出每一语义类型下相应的句型,使学生掌握状态补语形式的同时理解其语义,再通过练习,使学习者进一步把握状态补语使用的语境。赵清永(1994)以三个平面理论为基础,探讨了学习者句子的偏误问题。他认为:"从语言研究的三个平面的角度去分析认识纠正误句,包括外国学生学习汉语中的误句,是完全可能和必要的。"②他进一步指出,句法方面的错误主要包括句子成分的错位、残缺、多余、词类搭配组合不当。语义方面的错误主要表现在词语语义上的搭配不当,

---

① 鲁健骥.状态补语的句法、语义、语用分析在教学中的应用[J].语言教学与研究,1993,02:22—31.

② 赵清永.从语法研究的三个平面看外国留学生的误句[J].北京师范大学学报(社会科学版),1994,06:97—102.

即语言符号所显示的关系在客观世界中根本不存在。语用上的偏误主要表现在词语的使用不得体、不恰当,具体反映在口语、书面语、语气的选择与使用上。任玉华(1998)提出了"把"字句的句法、语义、语用三方面的结构模式。将"把"字句分为"不可转换式""条件转换式""自由转换式"三大类,下设 15 种句式。卢福波(2000)也指出:"对外汉语语法研究和汉语语法研究只有融进三个平面理论和方法才会有生命力,才能使研究向纵深发展。"①她以程度副词"太"为例,探讨了对外汉语语法教学中三个平面理论的应用问题。吕文华(2014)认为对外汉语教学中的许多难点长期存在主要是因为没有解释语法深层的语义关系及语用特征,而只停留在形式上或表层的语义关系上。只有将三个平面理论应用于对外汉语教学语法研究中,才能使汉语语法教学达到一个新的水平。跟以往学者不同,吕文华不是从某一个语法点来谈在汉语教学中如何应用三个平面理论,而是从宏观层面阐述了如何在句法层面、语义层面、语用层面进行对外汉语教学与研究,并从教学角度阐述了三个平面的内涵。她认为句法层面指句法条件,具体包括使用条件、句法规则的范围、语序和位置、特殊条件。语义层面包括语法语义和语义背景。语用层面包括语言结构中的话语含义和语用色彩、间接言语行为的理解及在语境中传递的信息。

3.1.2 语法点讲解的原则与方法

对外汉语教学语法理论中涉及到了教学语法的特点及语法教学的方法与原则,这也为语法点描述框架及语法点描写知识

---

① 卢福波.关于"太"字结构的教学与研究——谈对外汉语语法教学三个平面的结合问题[J].世界汉语教学,2000,02:74—81.

库属性的设置及取值提供了重要的理论支持。

赵金铭(1994)认为汉语语法不仅应描述语法现象,还应该重视语法现象出现的条件。卢福波(2003)认为语法教学的原则包括简化原则、类别原则、解释原则、偏误分析原则。董明、桂弘(2005)认为教材中语法点的介绍不应该过细地解释语法理论和语法知识,而应该突出语言的使用规则、重视语言结构形式的描写,注意结构、意义及语用的结合。张宝林(2008)提出了"用法主导的教学模式"[①]。"用法"指语法形式的使用条件,即什么时候可以用,什么时候不能用? 崔永华(2015)认为语法点的解释必须简约明了,具体指"解释的语句须简洁直白,容易理解,避免艰涩,少用术语。解释的内容符合学生的理解水平和思路,翻译成母语后学生可以看懂;教师可以直接用这些解释语句给学生讲解,直接在教材编写中引用"[②]。他还指出,语法点的教学还必须配备好的例句,而好例句必须具备典型、易懂、有用、有趣的特点。"典型"指能简明、准确地呈现语法点;"易懂"指适合学习者的认知水平、汉语水平、交际领域;"有用"指学习者在交际中能运用;"有趣"指能引起学习者的兴趣,是学习者交际中想说的或者能提供新知识的例句。

从以上文献可以看出:

第一,汉语作为第二语言的语法教学与研究需要使用三个平面理论,需要将形式、语义、功能相结合。以往的研究过于注重结构分析,而忽视了语义及语用,因此,汉语作为第二语言的

---

① 张宝林.对外汉语语法知识课教学的新模式[J].语言教学与研究,2008,03:77—84.

② 崔永华.汉语作为第二语言教学需要什么样的语法研究——一个汉语教师的视角[J].国际汉语教学研究,2015,01:6—9.

语法教学应更加重视语义和语用。

第二,句法层面的主要内容包括形式、使用条件、句法规则的范围、语序位置、特殊条件等;语义层面主要包括语义方面的特点、语法意义、语义背景;语用层面主要包括语法点的功能、使用环境、语境、得体性、话语含义、语用色彩、间接言语行为等。

第三,语法点的解释要求简洁、浅明、公式化、图示化、条理化、少用术语。

对外汉语教学语法理论中语法点的解释、语法点教学的原则与方法,为语法点描述框架的构建及语法点描写知识库中属性项的设置及取值提供了重要的理论参考。

3.2 语法点的描述框架

为多维度地对语法点进行描述,在三个平面理论及对外汉语教学语法理论的基础上,本研究构建了语法点描述框架。该框架由语义知识、句法知识、句法语义映射关系知识、语用知识、教学指导知识等五部分构成。(见图 10)

3.2.1 语义知识

语义知识主要描写语法点的语法义、背景义,使用户了解语法点所表达的意义,具体包括语义类别的种数、语义类别、语料数量、频率。语义类别的种数描述语法点可以表达几种意义,作为衡量语法点复杂度的重要参数之一;语义类别用于描写语法点所表达的具体的语义;语料数量用于记录每一个语义类别在语料库中的数量;频率描述各语义类别在语料库中的使用频率,为教学重点的确定及教学先后顺序的安排提供数据参考。

下文以语法点"太……了"为例,对语法点描写知识库中语

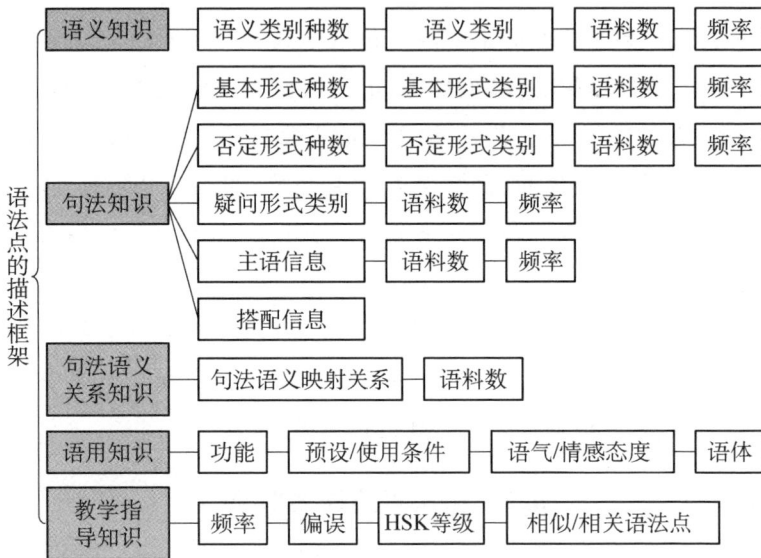

图 10　语法点描述框架

义知识的描述进行说明。（见表 15）

表 15　"太……了"的语义知识①

语义类别的种数	语义类别	语料数	频率	示例
2	① 表示程度高，含有"过分"的意思。	913	65.5%	厨房里的这个灯太暗了。
	② 表示赞赏、赞叹，倾向于肯定。	460	33%	简直太棒了！

表 15 中的频率计算方式如下：

---

① 基于 141464 条语料统计的结果，其中有 21 条语料（占 1.5%）因为缺少上下文无法标注语义类别，因此，将其标注为语义模糊。

$$频率 = \frac{某一语义类别的语料数}{包含该语法点的语料总数}$$

例如,汉语国际教育动态语料库中包含语法点"太……了"的语料共有 1394 条,其中使用义项①的语料为 913 条,因此,义项①的使用频率为 65.5%。

从上表可以看出,语法点"太……了"可以表达两种语义类别①:①表示程度高,含有"过分"的意思;②表示赞赏、赞叹,倾向于肯定。义项①的使用频率为 65.5%,义项②的使用频率为 33%。除义项①和义项②外,还有 21 条语料(占 1.5%)因语境信息不完整,因而无法判断其语义归属,在语料标注中,将这类语料标注为"语义模糊"。需要指出的是语境信息不完整不是因为语料的问题,而是因为语料库中语料的存储是以"句"为单位的,在语料标注中,仅提取了包含语法点"太……了"的语料,因而缺少上下文,从而造成了语义模糊。如果还原语料,其语义信息是确定的。

"语义模糊"在应用上具有两方面的价值:

第一,帮助判断一个语法点是否在句子层面就可以获得完整的语境信息。从语法点"太……了"语义信息的频率统计来看,98.5%的语料在句子层面便可以获得完整的语义信息,由此可以判断"太……了"语境信息的完整性对段落、篇章的依赖度较小。

第二,在语料标注中,因语境信息的缺少而造成语义类别无法归属的语料,我们也将其标注为了"语义模糊"。在语法点知识库应用平台中,当用户查询包含语法点"太……了"的语

---

① 其释义主要汲取了卢福波 2000 年的研究成果。

料时,将不会显示标注为"语义模糊"的语料,从而保证所有返回的语料,其语境信息是完整的。这样做有利于提高语料的使用价值。

3.2.2 句法知识

汉语作为第二语言教学中句法层面主要关注形式、使用条件、句法规则的范围、语序的位置、特殊条件等。语法点描述框架将通过基本形式、否定形式、疑问形式、主语信息、搭配信息来描述语法点的句法知识。

语序是汉语重要的语法手段之一,也是学习者经常出现错误的地方。例如,定语的位置、状语的位置等。卢福波(2004)认为对外汉语教学应"重视汉语语序教学,并贯穿于教学始终"①。在语法点描述框架中,基本形式、否定形式、主语信息聚焦在语法点的常项与变项以及各构成成分之间的组合和聚合关系以及位置序列关系。在描述语法点的位置序列及组合或聚合关系时,主要有公式法、图表法以及文字叙述法,而公式法以其简明、扼要的特点,在教学中被广泛使用。因此,本研究对句法知识的描述主要采用公式法,兼用文字叙述法。

如何更科学有效地使用公式法呢? 本研究以语法点"把"字句为例,考察了《国际汉语教学通用课程大纲》《现代汉语八百词》《实用现代汉语语法》《对外汉语教学语言点 150 例》《现代汉语语法教程》中"把"字句句法信息的描述,结果如表 16 所示。

---

① 卢福波. 对外汉语教学语法研究[M],北京:北京语言大学出版社,2004:p.11.

表 16　"把"字句句法信息的描述

书名	句法结构
《国际汉语教学通用课程大纲》	1. 主语＋把＋名词＋动词＋补充成分 2. 主语＋把＋名词＋动词＋形容词 3. 主语＋把＋名词＋动词＋趋向 4. 主语＋把＋名词＋动词＋在＋地方 5. 主语＋把＋名词＋动词＋到＋地方 6. 主语＋把＋名词＋动词＋给＋某人
《现代汉语八百词》	1. 动词＋了 2. 动词重叠 3. 动词是动结式、动趋式 4. 动词＋动量、时量宾语 5. 动词＋介词短语 6. 动词＋得＋情态补语 7. 把＋名$_1$＋动＋名$_2$
《实用现代汉语语法》	（主语）＋把＋把字的宾语＋谓语动词＋其他成分
《对外汉语语言点教学150例》	主语＋（不/没/别/不要）＋（状态动词）＋把＋宾语＋动词＋其他成分
《现代汉语语法教程》	1. NP1（施事）＋把＋NP2（受事）＋V＋（了/着） 2. NP1（施事）＋把＋NP2（受事）＋V1＋一 V2 3. NP1（施事）＋把＋NP2（受事）＋V＋补语（结果补语） 4. NP1（施事）＋把＋NP2（受事）＋V＋补语（趋向补语） 5. NP1（施事）＋把＋NP2（受事）＋V＋补语（动量补语） 6. NP1（施事）＋把＋NP2（受事）＋V＋补语（时段补语） 7. NP1（施事）＋把＋NP2（受事）＋V＋补语（状态补语） 8. NP1（施事）＋把＋NP2（受事）＋V＋补语（处所补语） 9. NP1（施事）＋把＋NP2（受事）＋V＋（补语）＋处所宾语 10. NP1（施事）＋把＋NP2（受事）＋给＋V＋（补语） 11. NP1（施事）＋把＋NP2（受事 1）＋V＋给＋NP3（受事 2） 12. NP1（施事）＋把＋NP2（受事 1）＋V＋NP3（受事 2）

续　表

书名	句法结构
	13. NP1（施事）＋ 把 ＋ A（受事 1）＋ V（作为、当作）＋ B（受事 2） 14. NP1（施事）＋ 把 ＋ NP2（受事 1）＋ V ＋ 成/为 ＋ NP3（受事 2）

从上表可以看出：（1）对"把"字句句法信息的描述方式基本相同，都是通过格式或公式的形式对其句法结构或句法特征进行描述；（2）对"把"字句的描述的颗粒度不同，有的描述的颗粒度较粗，有的则较细。例如，《实用现代汉语语法》和《对外汉语语言点教学 150 例》都只描述了"把"字句的基本形式，对"把"字句的结构特征进行了高度的概括。在《现代汉语语法教程》和《国际汉语教学通用课程大纲》中，对"把"字句描述的颗粒度较细，描述了动词谓语的不同构成方式，因此，《现代汉语语法教程》罗列了 16 种形式，《国际汉语教学通用课程大纲》罗列了 6 种形式；（3）对"把"字句描述的关注点和细节不同，《国际汉语教学通用课程大纲》关注了"把"字句的主语信息，《对外汉语语言点教学 150 例》关注了"把"字句的否定形式，副词作状语时的位置，《现代汉语语法教程》关注了"把"字句施事和受事这一结构特征中的语义关系；（4）所使用的术语和符号不同。例如，在《现代汉语语法教程》中，使用 NP、V 代表名词短语和动词，而在其他语法书中主要使用汉字；（5）在句法特征的描述中，有的侧重构成成分的词性，如《现代汉语八百词》，有的综合使用了构成成分的词性和其所承担的句法成分，如《实用现代汉语语法》。此外，《现代汉语语法教程》还对语义角色进行了描述。

从以上分析可以看出，在语法教学中，对句法结构描述的方式是基本相同的,但在具体描述上,所使用的文字或符号、描述的重点和细节、描述的详略程度各不相同。

本研究认为句法知识可以由基本形式、否定形式、疑问形式、主语信息、搭配信息等五部分构成。基本形式、否定形式、疑问形式、主语信息主要描述句子中语法点与其他构成成分在语序上的序列关系,搭配信息着重描述语法点中常项与变项之间的聚合关系。之所以将句法信息分为五类,主要是基于以下两方面的考虑:

第一,在综合考察前人对语法点句法结构和句法特征描述的基础上,本研究又在语料中对句法结构进行了标注实践,发现如果将句法结构的主语信息、否定形式等融合在一起来描述,结构形式会过于繁复,造成教师和学习者记忆上的负担。正所谓规则太多等于没有规则。因此,本研究认为从基本形式、否定形式、疑问形式、主语信息、搭配信息这五个维度对语法点的句法信息进行描述更为科学、合理。

第二,不同语法点的教学重点不同,有的语法点强调主语的位置信息,有的语法点强调其否定形式,因此,将句法信息分为五类来描述,可为教师教学重点的选择提供参考。

3.2.2.1 基本形式

基本形式用于描述语法点格式信息[①],包括基本形式的种数、基本形式类别、语料数量、频率。基本形式的种数描述语法点有几种基本形式类别,是判断语法点复杂程度的参考数据之一。基本形式类别用于描述除主语、否定形式外语法点使用上的格式信息。语料数、频率可以帮助判断基本形式在语料库中出现

---

① 不包括否定用法、疑问用法时的格式信息以及主语位置及数量信息。

的频率,从而确定典型形式和非典型形式,为教学提供数据参考。

下文以语法点"一……就……"为例,说明语法点描写知识库对基本形式的描述。(见表 17)

表 17   "一……就……"的基本形式①

基本形式种数	基本形式类别	语料数	频率	示例
4	一＋动＋就＋动	570	97.3%	我们一见面,大家就高兴地拥抱起来。
	一＋动＋就＋形	7	1.2%	我一闻烟味儿就难受。
	一＋形＋就＋动	4	0.7%	可是我一紧张就愣在那儿了。
	一＋动＋就＋小句②	4	0.7%	来客没人时都注目偷看,一有他人就脸色严肃。
	其他	1	0.1%	婆婆一听,糟了,就一脸的不高兴。

$$频率 = \frac{某一基本形式的语料数}{包含该语法点的语料总数}$$

例如,汉语国际教育动态语料库中包含语法点"一……就……"的语料总数为 586 条,使用"一＋动＋就＋动"这一基本形式的语料共 570 条,因此,该形式在语料库中的使用频率为 97.3%。

从上表可以看出:语法点"一……就……"有四种基本形式,其中"一＋动＋就＋动"的使用频率最高,为 97.3%,其余形

① 基于 141464 条语料统计的结果。
② 小句指不独立的句子。

式使用频率偏低。因此,"一 + 动 + 就 + 动"是语法点"一……
就……"的典型形式。

3.2.2.2 否定形式

在汉语作为第二语言教学中,语法点否定形式也是教学与
研究关注的重点内容之一。王建勤(1997)、白荃(2000)探讨了
副词"不""没(有)"的意义、用法、习得过程。高全顺(2003)关注
了进行体和持续体的否定形式。张先亮(2010)考察了学习者在
习得述补结构的否定形式时的偏误类型并提出了教学策略。张
勤(2012)对"比"字句的否定形式进行了研究。因此,语法点描
述框架中句法知识也应包括语法点的否定形式。

否定形式主要包括否定形式的种数、否定形式类别、语料
数、频率。在否定形式的描述中采用粗颗粒度与细颗粒度相结
合的形式,对于否定形式复杂的语法点,采用细颗粒度的形式,
如比较句。而对于否定形式简单的语法点采用粗颗粒度的形
式,如语法点"再……也……"。之所以如此,原因有二:一是为
了突出否定副词的位置信息;二是在基本形式中已进行了细颗
粒度的描述,因此,在否定形式中不再重复描述。

下文以语法点"比较句"为例,说明语法点描写知识库对否
定形式的描述。(见表 18)

表 18 "比较句"否定形式的描述①

否定形式的种数	否定形式的类别	语料数	频率	示例
5	A 跟/与/和/同 B 不一样	25	5.92%	你的这本书跟我的那本不一样

① 语料数与频率数是基于 15186 条语料统计的结果。因为不是所有语料都是否定
形式,因此,频率之和不为 100%。

否定形式的种数	否定形式的类别	语料数	频率	示例
	A 没有 B+（这么/那么）+ 形	20	4.74%	现在的农村没有以前那么苦了。
	A 跟/与/和/同 B 不同/不相同	13	3.08%	你可能会喜欢这支红玫瑰，它跟前面两支都不同。
	A 不如/不及/赶不上/比不上 B	6	1.42%	发电邮不如打电话感觉好。
	A 不比 B+ 形	5	1.18%	舅舅：我们村吃的、穿的、住的都不比城里差。

$$频率 = \frac{某一否定形式的语料数}{包含该语法点的语料总数}$$

例如，在《新实用汉语课本》《中文听说读写》《博雅汉语》《汉语纵横精读课本》中（共计语料 15186 条），包含语法点"比较句"的语料共有 422 条，否定形式的语料共计 69 条，占16.35%。其中，包含否定形式"A 跟/与/和/同 B 不一样"的语料共有 25 条，因此其频率为 5.92%。

从上表可以看出，"比较句"否定形式在语料库中的使用频率低于"比较句"肯定形式的出现率。在各否定形式中，"A 跟/与/和/同 B 不一样"和"A 没有 B（那么/这么）+ 形"使用频率相对较高，可以认为是较为常用的否定形式，其次为"A 跟/与/和/同 B 不同/不相同""A 不如/不及/赶不上/比不上 B"及"A 不比B+ 形"的使用频率较低。

3.2.2.3　疑问形式

疑问形式用于描述语法点的疑问形式及其在语料库中的使

用频率。

下文以语法点"'有'字句"为例，说明语法点描写知识库对疑问形式的描述。（见表 19）

表 19　"有"字句疑问形式的描述 [①]

疑问形式的类别	语料数量	频率	示例
有……吗?	35	6.30%	明天您有时间吗?
有 + 疑问词	25	4.50%	语言学院有多少个系?
有……(吧)?	18	3.20%	"丝绸之路"也跟汉朝有关系吧?
有没有……?	13	2.30%	明天上午你有没有课?
有……没有?	1	0.20%	有什么重要的东西没有?
是不是有……?	1	0.20%	请问你们是不是有公寓出租?
怎么 + 有/没有……?	1	0.20%	房间里怎么没有空调?

$$频率 = \frac{某一疑问形式的语料数}{包含该语法点的语料总数}$$

例如，在《新实用汉语课本》《中文听说读写》中，包含语法点"有"字句的语料共计 557 条，其中使用了疑问形式的语料共计 94 条，占 16.9%。其中，包含疑问形式"有……吗?"的语料共有 35 条，因此其频率为 6.3%。

从上表可以看出，"有……吗?""有 + 疑问词""有……(吧)""有没有……?"的使用频率较高，使用频率在 2% 以上。"有……没有""是不是有……?""怎么 + 有/没有……?"使用频率较

---

① 基于 5171 条语料统计的结果。因为不是所有语料都是疑问形式，因此，频率之和不为 100%。

低,不足 1%。

3.2.2.4 主语信息

在汉语作为第二语言的教学中,主语信息常常是教学关注的重要内容之一。吕文华(2014)在梳理复句教学中,将复句中各分句的前后主语相同、前后主语不同作为研究分析的内容之一。由白建华主编的《对外汉语语言点教学 150 例》中,在梳理语言点的常见形式时,主语的位置、数量也是其描述的维度之一。因此,语法点描述框架也对语法点的主语信息进行了描述。主语信息涉及主语的数量和主语的位置信息。

下文以语法点"越……越……"为例,说明语法点描写知识库对主语信息的描述。(见表 20)

表 20   "越……越……"主语信息的描述①

主语信息类别	语料数量	频率	示例
主语 + 越……越……	106	34.2%	在他的领导下,公司越办越好。
主语 1 + 越……,主语 2 + 越……	80	25.8%	我越想帮他,他离我越远,不愿意和我谈话。
越……,主语 + 越……	12	3.9%	越是临近春节,帖子的数量会越多,这从侧面也说明拼车逐渐成为回家的新潮流。

$$频率 = \frac{某一主语类别的语料数}{包含该语法点的语料总数}$$

例如,汉语国际教育动态语料库中,包含语法点"越……越

---

① 基于 141464 条语料的统计结果。需要说明的是,语料中有 112 条语料(占 36.1%)省略了主语,因此,表 20 的频率之和不为 100%。

……"的语料为 310 条,而包含"主语 + 越……越……"的语料为
106 条,因此,其频率为 34.2%。

从上表可以看出,"主语 + 越……越……""主语 1 + 越
……,主语 2 + 越……"是主要形式。

3.2.2.5　搭配信息

林杏光(1994)认为:"外国人学习汉语,往往难以掌握汉语
的词语搭配规律,因而词语搭配问题在对外汉语教学中至关重
要。"①崔希亮(2005)指出:"词语搭配不当是典型的偏误形式,
而且是具有广泛意义的偏误形式,无论什么语言背景的人,都会
在词语搭配上犯错误。"②可见,搭配问题是语法教学的重要问
题之一。

搭配是一个十分复杂的问题,包括受语义、音节的数量、搭
配的连带成分等在内的诸多因素的影响。以介词的搭配条件为
例,对与介词搭配的谓语的选择就是一项重要的内容。例如,介
词"朝"常与身体动作有关的动词搭配。介词"往"搭配的动词常
常是"飞、寄、送"等带有位移特征的动词。在复句教学中,关联
词的使用也比较复杂。关联词语有时单用,有时需要与其他关
联词语或副词合用。吕文华(2014)认为留学生常常漏用、错用
必须呼应的关联词语。

因此,在语法点描述框架中,也设置了搭配信息这一维度,
主要描述语法点与其他成分之间的组合和聚合关系。与基本形
式、否定形式、主语信息不同,搭配信息不是采用公式法,而是采
用叙述法。

---

① 林杏光.论词语搭配及其研究[J].语言教学与研究,1994,04:18—25.
② 崔希亮.欧美学生汉语介词习得的特点及偏误分析[J].世界汉语教学,2005,03:
　83—95、115—116.

下文以语法点"从……起""……由于……"为例，说明语法点描写知识库对搭配信息的描述。（见表21、表22）

表 21 语法点"从……起"的搭配信息

语法点名称	搭配信息
从……起	"从……动 + 起"中，动词（及出现次数）为：做（23）；说（13）；抓（5）；谈、学、算（2）；爬、看、充当、讲、教、升、培养（1）。

从上表可以看出，根据语料统计的结果，在"从……动 + 起"这个结构中，可以使用的动词包括"做、说、抓"等 13 个动词，其中，"做"出现了 23 次，"说"出现了 13 次，可见，在该结构中，"做"和"说"是出现次数最高的动词，其余动词出现的次数相对较低。

表 22 语法点"……由于……"的搭配信息

语法点名称	搭配信息
……由于……	与"由于"搭配的词语（及其次数）为：所以（79）；因此（22）；因而（14）；而（12）；于是（5）；以致（3）；便（3）；故（1）；以至于（1）。

从上表可以看出，在语料库中，与"由于"搭配的词语共有 9 个，与"所以"搭配的次数最多，共有 79 次；其次是"因此"，共有 22 次，其余词语出现的次数相对较低。

3.2.3 句法语义关系知识

语言研究的最终目的是要探求形式和意义之间关系。朱德熙（1985）认为语法研究应该强调形式和意义的结合。陆俭明（2006）从中文信息处理角度探讨了句法与语义接口关系的研究方法。

在汉语作为第二语言的教学领域,形式和意义的关系也是一项重要的研究内容。孙德金(2007)认为:"目前的对外汉语教学语法系统存在着过于注重语法形式的现象,没有很好地把形式和意义结合起来,造成语法教学偏离教学目标。"①崔希亮(1995)、张旺熹(2005)、关蕾、李泉(2012)、马伟忠(2014)分别就"把"字句、"连"字句、方式副词、比较句的句法语义问题进行了探讨。但目前,就某一个特殊句式的定性研究较多,而定量研究相对较少。

因此,语法点描述框架中也设置句法语义关系知识,用于描述语法点形式与意义之间的映射关系,即某一意义可以由哪些形式来表达。这一描述维度是建立在对语法点句法语义关系定量研究的基础之上的。

下文以语法点"除了……也/都/还……"为例,说明语法点描写知识库对句法语义关系知识的描述。(见表23)

表 23　语法点"除了……都/还/也……"的句法语义关系 1

语义类别＼基本形式	除了……(以外)都……	除了……(以外)还……	除了……(以外)也……
表示不计算在内,排除特殊,强调一致。(否定前项,肯定后项)	44	0	0
表示不计算在内,排除特殊,强调一致。(肯定前项,否定后项)	22	0	0
表示计算在内,排除已知,补充其他。	9	30	7

---

① 孙德金. 对外汉语语法教学中的形式与意义[J]. 语言教学与研究,2007,05：7—14.

从表 23 可以看出,语义类别"表示不计算在内,排除特殊,强调一致。(否定前项,肯定后项)"和"表示不计算在内,排除特殊,强调一致。(肯定前项,否定后项)"只使用了"除了……(以外)都……"这一基本形式,而语义类别"表示计算在内,排除已知,补充其他"则可以由三种形式来表达,但"除了……(以外)还……"是其主要形式,在语料库中共有 29 条语料,其他两种形式的语料数均不足 10 条。

可以将表 23 进一步转换为以下描述方式。(见表 24)

表 24 语法点"除了……都/还/也……"的句法语义关系 2

句法语义关系	示例
表示不计算在内,排除特殊,强调一致。(否定前项,肯定后项) 除了……(以外)都……44	我们班的同学除了林娜以外都去了。
表示不计算在内,排除特殊,强调一致。(肯定前项,否定后项) 除了……(以外)都……22	可是除了这首诗以外,别的诗我都背不出来了。
表示计算在内,排除已知,补充其他。 除了……(以外)还……30	除了宴请,中国人还会安排客人去游览名胜古迹,把客人每天晚上的时间都安排得满满的。
除了……(以外)都……9	除了要考虑劳动力的因素之处,当地的交通环境,原料供给的便利与否,以及技术力量的培训等都将是不可忽略的重要因素。
除了……(以外)也……7	中国的保姆除了看孩子以外,也得洗衣、做饭、打扫,几乎所有的家事都得做。

对于语法点句法语义知识的描述,可以帮助教师了解语法点语义和形式之间的映射关系,为教学重点和难点的判断及教

学先后顺序的安排提供数据参考。

3.2.4 语用知识

语用学主要研究语言符号与其使用者及语言环境之间的关系。三个平面中的语用平面主要对主题和评论、表达重点、行为类型、口气和语气、预设和焦点、狭义语境、语用成分与非语用成分等问题进行了研究。吕文华(2014)认为:"对外汉语教学语法体系受结构主义语法理论的影响,注重句法的描写,而对语义制约关系的描写相对薄弱,至于语用功能的描写基本上是空白。"①随着语用学、三个平面理论的发展以及汉语作为第二语言教学本身的需求,该领域对于语用分析的探讨也日益得到重视。从文献来看,既有从语用学角度来进行研究的,也有从语用平面来进行探讨的,还有综合两方面来进行分析的。

从语用学层面来讨论的学者主要有:孙秋秋(1987)认为应把语用学的四个会话原则(数量原则、质量原则、相关原则、方式原则)应用到对外汉语教学中。吕文华、鲁健骥(1993)呼吁:"应该在语用学研究的基础上,准确地描写汉语的语用规则,进而对汉外语用规则作比较,以提高对外汉语教学水平。"②他们还将偏误分为"语言—语用失误"和"社交—语用失误"两类,前者是因思维方式或观察事物的角度而造成的句式或词语使用上的不得体,后者则是因学习者不了解中国的社会习惯和文化心理而造成语用失误。王凤兰(2005)提出在对外汉语教学中要应用语用学的知识。朱其智、周小兵(2007)认为"语用偏误"是语法偏误的主要形式之一,具体指"跟听话人,说话人(或句中所指任

---

① 吕文华.对外汉语教学语法讲义[M].北京大学出版社,2014,12.
② 吕文华、鲁健骥.外国人学汉语的语用失误[J].汉语学习,1993,01:41—44.

务)身份、地位、关系不相符合或跟交际场合的话题不相符合的偏误"①。

从语用平面来讨论的学者主要将问题集中在语体、语气、表达功能等方面。吕文华(1987)认为要进行正确的言语交际,必须了解一下语用现象:焦点、预设、交际过程中的已知信息、新信息、言外之意。赵清永(1994)认为外国留学生语用上的偏误主要体现在语体和语气的使用上,例如该用书面语的地方用了口语或不恰当地使用了命令语气。徐晶凝(1998)在语言功能和言语功能的基础上,提出了构建汉语交际语法的构想。卢福波(2000)结合结构、语义、表达三者的关系,提出了构建从表达出发的对外汉语教学语法体系的设想。杨太康(2002)以语气助词"了"为例,探讨了语用分析在语法教学中的重要性与必要性。李泉(2003)提出了从语体角度构建对外汉语教学语法体系的问题。他认为现有语法大纲"缺乏语体观念,语法的语体属性没有得到体现,以及口语语法和书面语语法反映不够全面"②。

还有部分研究综合了语用学及语用平面两方面的知识来探讨汉语作为第二语言教学中的语用问题。邓恩明(1996)认为从对外汉语教学的性质和目的来看,它跟语用学关系密切。他还进一步指出教学中应注意的语用问题包括:言语行为(叙述、解释、请求等)、间接言语行为、句式的理解与选择、语气、表达重点、焦点。辛平(2011)将"语言—语用失误"定义为"在特定的语境条件下,所确定的语义和所选择的表达方式不相符合,没有准确地表达说话者的意图,也被称为没有达到完美的交际效果,表现形式可能是选用词语、句式不当,不符合汉语的表达习惯,把

---

① 朱其智,周小兵.语法偏误类别的考察[J].语言文字应用,2007,01:111—118.
② 李泉.基于语体的对外汉语教学语法体系构建[J].汉语学习,2003,03:49—55.

母语的表达习惯套用到汉语中来"①。刘颂浩、田俊杰(1999)通过测试,发现学习者语言-语用失误要高于社交—语用失误。

通过对前人文献的研究,本书认为在汉语作为第二语言教学中,语用因素比较复杂,可包括话题与述题、表达重点、焦点、行为类型、口气、语气、语用含义、语境、信息结构、预设、语用功能、交际双方的关系、感情色彩、说话人的心理等等。虽然语用因素众多,但在语言教学中不需要逐一阐明,可以根据语法点挑选最有说服力的语用信息。

在语法点描述框架中,语用信息主要包括功能、语气/情感态度、预设/使用条件、语体。

"功能",主要对语法点或语法点的某一基本形式关涉的交际功能、交际目的进行描述。在汉语作为第二语言教学中,交际目的指"用特定的语言形式或手段完成特定的交际目的或表达需要"②。例如,语法点"宁可……也不……"的功能为"选择",语法点"太……了"的功能为评价、赞叹。其余功能还包括:请求、叙述、解释、介绍、祝贺、感谢、道歉、评价、反驳、命令、强迫、警告、恐吓、催促、禁止、提问、抱怨、劝说、估测、催促等。

"语气/情感态度",主要对语法点或语法点的某一基本形式涉及的语气或情感态度进行描述。语气包括坚定的语气、委婉的语气等。情感态度包括喜爱、厌恶等。例如语法点"给"的基本形式之一"给我……"含有命令的语气。

"预设/使用条件",主要指通过逻辑语义、语境推断出来的

---

① 辛平.对11篇留学生汉语作文中偏误的统计分析及对汉语写作课教学的思考[J].汉语学习,2001,04:67—71.

② 徐晶凝.关于语言功能和言语功能——兼谈汉语交际语法[J].北京大学学报(哲学社会科学版),1998,06:135—139.

前提,也是语法点所表达的语法意义成立的背景。例如用"宁可……也不……"来造句,句子成立的前提条件是两种选择都是不理想的。

"语体",主要描述语法点或语法点的某一基本形式是常用于书面语还是常用于口语。例如语法点"连……都……"常用于口语中,语法点"……而……"常用于书面中。

下文以"宁可……也不……""连……也……""难道……吗""比较句"为例,说明语法点描写知识库对语用信息的描述。(见表 25)

表 25   语用信息描述示例

语法点名称	功能	语气/情感态度	预设	语体
宁可……也不……	选择	坚定的语气。	两种选择都是不理想的选择。	口语、书面语
连……也/都……	强调	表示强调的语气,强调主语或某种极端的情况。	支持上文中提到的情况或事实。	常用于口语
难道……吗	反问	加强反问的语气。	说话人心中已有答案。	常用于口语。
比较句	比较	/	"A 比 B 还 + 形"这一形式中,B 已经具有"形"的特点。例如,"他比我还高。"说明"我"也很高。	口语、书面语

3.2.5   教学指导知识

在语法点描写知识库中,除描写语法点的语义知识、句法知识、句法语义映射关系知识、语用知识外,还对与教学相关的其他知识进行了描写,包括:语法点的使用频率信息、偏误信息、等级信息、相似/相关语法点。

3.2.5.1 频率信息

语料库语言学发展以来,频率统计成为语言研究重要手段之一。早在 20 世纪 80 年代,北京语言大学就主持过国家教委博士基金项目——《现代汉语句型统计与研究》①,该项目建立了一个 400 万字的现代汉语句型语料库。该库对 62 万字(34 万字的对外汉语教材和 28 万字的小学语文课文)进行了句型分类统计。这是面向汉语作为第二语言教学领域的一项十分有意义的基础工程建设,为教材建设、语法教学等提供了科学的数据和丰富的句例。但该项研究只对句型进行了统计分析,因此,对于其他语法点的频率研究还有进一步提升的空间。

语法点描写知识库将在一定规模标注语料的基础上统计 152 个语法点在教材语料和 HSK 样题文本语料中的使用频率,从一个侧面反映出语法点在汉语教学中的重要程度及在教学中的典型用法和非典型用法,这不仅可以帮助教师判断语法点的重要性,还可以为教材研究、编写、语言测试提供科学的数据参考。本文以介词为例,说明语法点描写知识库对语法点频率信息的描述。(见表 26)

表 26 介词类语法点的频率信息

语法点名称	语料数量	频率信息
介词"在"	10692	7.56%
介词"对"	3496	2.47%

---

① 赵淑华、刘社会、胡翔. 北京语言学院现代汉语精读教材主课文句型统计报告[J]. 语言教学与研究,1995,02:11—26.

语法点名称	语料数量	频率信息
介词"给"	3115	2.20%
介词"向"	1427	1.01%
介词"由"	650	0.46%
介词"往"	486	0.34%
介词"朝"	122	0.09%

上表的数据是从 141464 条教材语料和 HSK 样题文本语料中获得的统计结果，从中可以看出介词的使用频率从高到低依次为："在""对""给""向""由""往""朝"。介词"在""对""给""向"的使用频率相对较高，均在 1% 以上，其中又以介词"在"的使用频率最高，达到 7.56%。介词"由""往""朝"的使用频率较低，其中"朝"的使用频率最低，仅为 0.09%。

3.2.5.2　偏误信息

20 世纪 80 年代，汉语作为第二语言教学领域开始了偏误研究，从 1984—2015 年，在《语言文字应用》《世界汉语教学》《语言教学与研究》《汉语学习》《华文教学与研究》《云南师范大学学报（对外汉语教学与研究版）》上发表的偏误类文章就有上百篇。此外，北京语言大学 HSK 动态作文语料、中山大学汉字偏误标注的汉语连续性中介语语料库、暨南大学留学生口语语料库/书面语语料库陆续建设起来。但这些主要是为汉语中介语偏误研究服务的，直接应用于一线教学的较少。

学习者可能出现怎样的偏误？教师在备课时，需要对学习者的偏误有一个预测，从而更好地安排教学。语法点描写知识库主要为教师提供语法点的偏误语料，从而为教师预测学习者的偏误信息提供线索。本书以语法点"把"字句、"快要……了"、

"比较句"为例,来说明语法点描写知识库对偏误信息的描述。

表 27　语法点的偏误信息

语法点名称	偏误语料
"把"字句	＊我叫×××,今年把大学毕业了。 ＊有一天,由于我没有参加课外活动,所以高级班的同学叫我来,她们都批评我。 (来源:HSK 动态作文语料库)
快要……了	＊我们下个星期快要比赛了。 (来源:《对外汉语教学语法讲义》,吕文华)
比较句	＊他比我很高。 (来源:《对外汉语教学语法讲义》,吕文华)

　　教师可以从上表获得语法点"把"字句、"快要……了"、"比较句"的偏误语料,了解学习者在学习这类语法点时可能出现的错误。例如,"把"字句中第一条偏误语料是动词"毕业"不能用于"把"字句中,因为它没有处置义。第二条语料则是该用"把"字句的时候没有用"把"字句。在使用"快要……了"时,不能使用时间状语,若要使用,则需要选择语法点"就要……了"。在比较句中,形容词前不能使用"很""非常""特别"等程度副词。

3.2.5.3　等级信息

　　语法点的复杂程度不同,习得的难易度也不同,因此,语法点的确定、分立、在语法大纲及教材中的编排一直是研究的热点之一。吕文华(1987)、杨寄洲(2000)、杨德峰(2001)、卢福波(2003)就语法点的划分、选择、编排时遇到的问题、应注意的原则进行了研究。此外,历年颁布的语法大纲也就语法点的等级进行了划分。例如,《汉语水平等级标准与语法等级大纲》将语法点分成了甲、以、丙、丁等四级。《国际汉语教学通用课程大纲》将语法项目分成 1—5 级。

　　语法点描写知识库对语法点等级信息的描写是依据《国际汉语教学通用课程大纲》的"常用汉语语法项目分级表"。表 28 是对特殊句式类语法点等级信息的描述示例。

表 28　特殊句式类语法点的等级信息

语法点名称	等级信息
"把"字句	HSK－5
"是……的"句	HSK－4
被动句	HSK－5
兼语句	HSK－4
连动句	HSK－3
比较句	A＋比＋B＋形 HSK－3 A＋没有＋B＋形 HSK－3 A＋比＋B＋更/还＋形 HSK－4 A＋比＋B＋形＋数/一点儿/多了 HSK－4
存现句	处所/方位＋有＋名 HSK－2 处所/方位＋动＋着＋名 HSK－3

　　从上表可以看出语法点描写知识库中收录的八个特殊句式在《国际汉语教学通用课程大纲》"常用汉语语法项目分级表"中的分级信息。

3.2.5.4　相似/相关语法点

　　在语法点描述框架中,相似/相关语法点具体包括两方面的内容:一是那些与目标语法点语义上差别不大、句法结构相似或学习者在学习过程中容易产生混淆的语法点。例如学习者常常将介词"跟、给、向"混淆使用。再如,"连……也/都/还……"、"是……的"、"反问句"都表示强调,但是它们又各有不同;二是与目标语法点相关的,可以在目标语法点讲解的基础上补充讲解的语法点。例如,在讲解语法点介词"在"时,可以关联到语法点"在……上""在……下""在……里""在……方面""在……看来"。

在课堂中,教师常常被问到"给"和"对"有什么区别,为什么要用"在……上",不能直接用"在"等问题。语法点描写知识库中对相似/相关语法点信息的记录,就是为了帮助教师预测课堂教学中哪些语法点学习者容易混淆,以便教师在课前做好充分的准备。

本书以语法点介词"在""难道……吗?""越来越"为例(见表29),说明语法点描写知识库中对相似/相关语法点信息的描述。

表 29 相似/相关语法点描述示例

语法点名称	相似/相关语法点
介词"在"	在……里、在……上、在……中、在……下、在……方面、在……看来
难道……吗?	不是……吗? 何必……呢?
越……越……	越来越

从上表可以看出"在""难道……吗?""越来越"的相似/相关语法点,教师不仅可以了解到相似/相关语法点是什么,还可以在基于语法点知识库开发的应用平台上,链接到相似/相关语法点,从而进一步了解他们在句法、语义、语用上的特点。

3.3 知识库属性项的设置及填写规范

语法点描写知识库就是在语法点描述框架的基础上,从句法、语义、句法语义映射关系、语用、教学指导等角度对语法点进行多维度、结构化、数据化、形式化的描述。一方面为汉语作为第二语言教学平台的开发提供数据基础,另一方面也为汉语作为第二语言的研究提供数据参考。此外,在知识库填写过程中,也对语法点的既有研究成果进行了梳理，便于了解目前语法点的研究现状，厘清现有研究的不足，为今后的研究确定重点和方向。

3.3.1 属性项的设置

语法点描写知识库属性项的设置是在语法点描述框架研究的基础上进行的，综合考虑了两方面的内容：一是从汉语作为第二语言的教学与研究的需求出发，对语法点做出结构化、数据化、形式化的描述；二是为语法点知识库应用平台的开发提供数据资源。

语法点描写知识库共设置了 25 个属性项，可分为基本信息、语义信息、句法信息、句法语义关系信息、语用信息、教学指导信息等六类，具体属性项如下表所示。

表 30　语法点描写知识库属性项的设置

类别	属性项
基本信息	编号、名称、类型、参考文献、备注 1、备注 2
语义信息	语义_种数、语义_类别/语料数/频率
句法信息	基本形式_种数、基本形式_类别/语料数/频率、否定形式_种数、否定形式_类别/语料数/频率、疑问形式、主语信息_类别/语料数/频率、搭配信息
句法语义关系信息	句法语义关系/语料数
语用信息	功能、语气/情感态度、预设/使用条件、语体
教学指导信息	语法点_语料数、语法点_频率、偏误、等级、相似/相关语法点

3.3.2　知识库填写规范

3.3.2.1　属性项的内容及填写

1. 编号

"编号"属性项应填写语法点的编号,便于语法点的查询及为不同数据表之间建立关联。每一个语法点都有一个唯一的编号。编号采用语法点在数据库中的序号与语法点常项部分的首字母组合的形式,字母采用大写形式。

例如,语法点"一……就……"的"编号"属性项应填写为:8YJ

2. 名称

"名称"属性项用于填写语法点的名称,内容为本研究第 2 章中所确定的 152 个语法点,填写所描述的语法点的名称。

例如,语法点"越……越……"的"名称"属性项应填写为:越……越……

3. 类型

"类型"属性项用于填写语法点所属类别,如词汇、短语及固定结构、介词及介词结构、特殊句式、复句。如果一个语法点属于不同类别,则需填写多个类别。

例如,语法点"越……越……"既属于复句,又属于固定结构,那么,"类型"属性项应填写为:固定结构/复句

注:不同类别之间用"/"隔开。

4. 参考文献

"参考文献"属性项用于列举语法点知识库填写过程中所参考的文献材料,便于对知识库填写内容的核实与维护。

例如,语法点"太……了"的语义类别的设置参考了《关于

"太"字结构的教学与研究——谈对外汉语语法教学三个平面的结合问题》(卢福波,2000),因此,该语法点"参考文献"属性项应填写为:卢福波.关于"太"字结构的教学与研究——谈对外汉语语法教学三个平面的结合问题[J].世界汉语教学,2000,02:74—81。

5. 备注 1

"备注 1"属性项用于记录计算语义知识、句法知识、教学指导知识下各语料数及频率统计所采用的语料及其数量。

例如,述补结构语料数及频率的统计是基于《新实用汉语课本》《中文听说读写》两部教材进行统计的,两套教材共包含语料5171 条。该语法点"备注 1"属性项应填写为:《新实用汉语课本》《中文听说读写》/语料数:共 5171 条

6. 备注 2

"备注 2"属性项用于记录知识库填写过程中遇到的问题。

7. 语义_种数

"语义_种数"属性项用于填写语法点可以表达几种语义类别,不计算"其他"和"语义模糊"两项。

例如,语法点"又……又……"有两个语义类别,因此,"语义_种数"属性项应填写为:2

8. 语义_类别/语料数/频率

"语义_类别/语料数/频率"属性项用于填写语法点的语义类别、各语义类别的语料数量,以及各语义类别的使用频率。

例如,语法点"又……又……"的"语义_类别/语料数/频率"属性项应填写为:

表示同时具备的两种性状。/379/77.7%

表示同时进行的两个动作。/95/19.5%

语义模糊/14/2.8%

注：填写时,需按降序从高频到低频排列。各项信息之间用"/"间隔开。

9. 基本形式_种数

"基本形式_种数"属性项用于填写语法点基本形式的数量,不计算标注为"其他"的形式。

例如,语法点"又……又……"中"基本形式_种数"属性项应填写为：4。

10. 基本形式_类别/语料数/频率

"基本形式_类别/语料数/频率"属性项用于填写语法点的基本形式、各基本形式的语料数量、各类基本形式的使用频率。

例如,语法点"又……又……"的"基本形式_类别/语料数/频率"属性项应填写为：

又＋形＋又＋形/335/68.6%

又＋动＋又＋动/136/27.9%

又＋形＋又＋动/16/3.3%

又＋动＋又＋形/1/0.2%

注：填写时,需按降序从高频到低频排列。各项信息之间用"/"隔开。

11. 否定形式_种数

"否定形式_种数"属性项用于填写语法点否定形式的种数。

例如,语法点"既……又……"的否定形式有两种,因此,"否定形式_种数"属性项应填写为：2。

12. 否定形式_类别/语料数/频率

"否定形式_类别/语料数/频率"属性项用于填写语法点的否定形式、各否定形式的语料数量、各类否定形式的使用频率。

例如,语法点"既……又……"的"否定形式_类别/语料数/频率"属性项应填写为:

既不……又/也不……/30/7.7%

既没……又/也没……/8/2%

注:填写时,需按降序从高频到低频排列。各项信息之间用"/"隔开。

13. 疑问形式

"疑问形式"属性项的填写分为两种类型:

第一类,仅填写包含疑问形式的语料的数量。

例如,语法点"述补结构"疑问形式的语料数为 51,那么,该语法点"疑问形式"属性项应填写为:51。

第二类填写疑问形式、各疑问形式的数量、频率。

例如,语法点"'有'字句"的"疑问形式"属性项填写为:

有……吗?/35/6.30%

有+疑问词/25/4.50%

有……(吧)?/18/3.20%

有没有……?/13/2.30%

有……没有?/1/0.20%

是不是有……?/1/0.20%

怎么+有/没有……?/1/0.20%

注:填写时,需按降序从高频到低频排列。各项信息之间用"/"隔开。

14. 主语信息_类别/语料数/频率

"主语信息_类别/语料数/频率"属性项用于填写语法点的主语信息的相关属性,包括主语信息的类别、语料数量以及使用频率。

例如,语法点"只有……才……"的"主语信息_类别/语料数/频率"属性项应填写为:

只有……主语＋才……/51/20.2%

主语＋只有……才……/22/8.7%

注:填写时,需按降序从高频到低频排列。各项信息之间用"/"隔开。

15. 搭配信息

"搭配信息"属性项用于描述语法点或语法点某一基本形式的搭配信息。

例如语法点"从……＋动＋起"是语法点"从"的基本形式之一。该语法点"搭配信息"属性项应填写为:

"从……＋动＋起"中动词及出现次数:做/23;说/13;抓/5;谈/2;学/2;算/2;爬/1;看/1;充当/1;讲/1;教/1;升/1;培养/1

注:填写时,先说明描述的对象,再罗列充当变项的词或短语及其出现的次数,按出现次数从高到低排列。词语及出现的次数之间用"/"间隔。不同词语之间用全角的";"间隔。

16. 句法语义关系/语料数

"句法语义关系/语料数"属性项用于描述语法点的语义类别和基本形式类别之间的映射关系,填写该属性项时应以语义类别为纲,在语义类别下填写相应的基本形式类别。

例如,语法点"存现句"的"句法语义关系/语料数"属性项应填写为:

表示人或事物的存在。 /1765

名［处所/方位］＋有＋名/1125

名［处所/方位］＋动＋着＋名/467

名［处所/方位］＋是＋名/136

名［处所/方位］＋动＋满＋名/29

名［处所/方位］＋名词短语/4

名［处所/方位］＋动＋了＋名/2

名［处所/方位］＋主谓短语/2

表示人或事物的出现、消失。 /86

名［处所/方位］＋动＋了＋名/60

名［时间］＋动＋了＋名/23

名［处所/方位］＋动＋补＋名/3

　　注：填写时，语义类别与语料数量之间，基本形式类别与语料数量之间用"/"隔开。语义类别和基本形式均按照从高频到低频的顺序排列。

17. 功能

　　"功能"属性项用于描述语法点或语法点的某一基本形式类别所表达的言语行为或交际功能，如命令、选择、赞美、请求等。如果描述的对象是语法点，直接填写具体功能。

　　例如，语法点"太……了"的"功能"属性项填写为：评价说明

　　注：如果"功能"属性项是要描写语法点的某一基本形式类别，则需先说明描述的对象，再对描述对象的功能进行描述。

　　例如，语法点介词"给"的基本形式类别"给我＋动"的功能是"命令"，因此该语法点的"功能"属性项应填写为：给我＋动：命令

18. 语气/情感态度

　　"语气/情感态度"属性项用于描写语法点所表达的语气或

情感态度。

例如,语法点"宁可……也不……"的"语气/情感态度"属性项应填写为:坚定的语气

19. 预设/使用条件

"预设/使用条件"属性项用于描写语法点句例成立的前提,即逻辑语义。

例如,语法点"宁可……也不……"句例成立的前提条件是两种选择都是不理想的选择。因此,"宁可……也不……"的"预设/使用条件"属性项可填写为:宁可 A 也不 B,A 和 B 都是不理想的选择。

20. 语体

"语体"属性项用于描写语法点的语体属性。

例如,语法点"……由于……"的"语体"属性项应填写为:常用于书面语

注:如果一个语法点既可以用于口语,也可以用于书面语,则"语体"属性项应填写为:书面语/口语。

21. 语法点_语料数

"语法点_语料数"属性项用于描写某一语法点在语料库中的语料数。

例如,在 141464 条语料中包含语法点介词"给"语料共有 3115 条。该语法点"语法点_语料数"属性项应填写为:3115

22. 语法点_频率

"语法点_频率"属性项用于描写某一语法点在语料库中的使用频率。

例如,在 141464 条语料中包含语法点介词"给"语料共有 3115 条。该语法点"语法点_频率"属性项应填写为:2.2%

23. 偏误

"偏误"属性项用于描写学习者在使用该语法点时出现的一些典型偏误,帮助用户预测学习者的偏误类型,为教学提供参考。具体方式是填写一些典型的偏误语料。

例如,在语法点"比较句"的"偏误"属性项可以填写为:＊他比我很高。

注:需要注意的是,偏误语料之前需要使用"＊"。

24. 等级

"等级"属性项用于描写某一语法点或语法点的某一基本形式在《国际汉语教学通用课程大纲》"常用汉语语法项目分级表"的等级信息。

如果是对语法点进行描述,则直接在属性项中填写相应的等级。

例如,语法点"连动句"的"等级"属性项应填写为:HSK-3。

如果是对语法点的某一基本形式的等级信息进行描述,则需先指明描述的对象,再对其的等级信息进行描述。

例如,语法点"存现句"的"等级"属性项应填写为:

处所/方位＋有＋名:HSK-2

处所/方位＋动＋着＋名:HSK-3

25. 相似/相关语法点

"相似/相关语法点"属性项用于描写与语法点相似或相关的语法点,便于教师在备课中对相似或相关的语法点进行比较。

例如语法点"难道……吗?"的"相似/相关语法点"属性项可以填写为:不是……吗? /何必……呢?

3.3.2.2　属性项取值的类型

各属性项的取值可以分为两种,字符型和数值型。

字符型的属性项为：编号、名称、类型、参考文献、备注 1、备注 2、语义_类别/语料数/频率、基本形式_类别/语料数/频率、否定形式_类别/语料数/频率、疑问形式、主语信息_类别/语料数/频率、搭配信息、句法语义关系/语料数、功能、语气/情感态度、预设、语体、偏误、等级、相似/相关语法点、疑问形式。

数值型的属性项为：语义_种数、基本形式_种数、否定形式_种数、语法点_语料数、语法点_频率、疑问形式。

3.3.2.3 属性项取值的来源

各属性项的取值的来源可分为以下四种类型。

第一，语义类别信息主要参考了《实用现代汉语语法》《现代汉语八百词》《对外汉语语言点教学 150 例》等经典的语法参考书、对外汉语教材、学术论文等。此外，在语料标注过程中，对部分语法点的语义类别进行了增删或调整。

第二，基本形式类别、否定形式、疑问形式、主语信息来源于对语料的整理和归纳。

第三，在一定规模的语料中对语法点进行了标注，并对标注结果进行了统计。25 个属性项中涉及到数量、频率信息的属性项的取值均来源于此，如"语法点_频率"属性。

第四，"偏误"属性项的取值主要来源于汉语中介语语料库、偏误分析的有关论文。

由此可以看出，语法点描写知识库既对前人研究成果进行了梳理、验证、总结、归纳，又在一定规模语料标注基础上对句法、语义、语用信息进行了分析和总结。

3.3.2.4 属性项填写范围

语法点不同，教学的重点与难点也各不相同。在填写语法点知识库中，只需要填写与语法点教学及研究相关的属性项。

因此，语法点不同，所需要填写的属性项也不同。属性项可以分为必填属性项和选填属性项。

必填属性项包括：编号、名称、类型、参考文献、备注 1、语义_种数、语义_类别/语料数/频率、语法点_语料数、语法点_频率。

选填属性项包括：备注 2、基本形式_种数、基本形式_类别/语料数/频率、否定形式_种数、否定形式_类别/语料数/频率、主语信息_类别/语料数/频率、搭配信息、句法语义关系/语料数、功能、语气/情感态度、预设、语体、偏误、等级、相似/相关语法点。

以语法点"一……就……"为例，在语法点描写知识库中需要填写的属性项包括：编号、名称、类型、参引文献、备注 1、语义_种数、语义_类别/语料数/频率、基本形式_类别/语料数/频率、句法语义关系/语料数、功能、语体、语法点_语料数、语法点_频率、偏误、等级、相似/相关语法点。附录 2 是语法点描写知识库对语法点"一……就……"的描写。

图 11 是语法点描写知识库的截图。

序号	语言点编号	名称	语法点_信息率	类型	语义_种数	语义_类别/语料数/频率	基本形式_种数	基本形式_类别/语料数/频率	否定形式_种数	否定形式_类别/语料	句法语义关系/语料数	疑问形式/语料数	主语信息_类别/语	搭配信息
127	127L	了	20.50%	词汇类	11	表示动作状态的变化、已经出现或即将出现 36				不……了/31/2.8% 没（有）+了/701	☆表示动作在状态的变化，已经出现或即将出现新情况。/701	/	/	/
33	33SBJG	述补结构	20.70%	短语	10	结果补语/269/26.4% 状态补语 157	34	动+动[趋向]/190/18.6% 动+动[趋向]/161/15.8%	11		☆结果补语/269 动+动/161	51	/	/
122	122Y	"有"字句	10.80%	特殊句型	5	表示领有、具有、包括。/490/87.97%	1	有+名/490/87.97%	1	有……没有 /27/4.85%	☆表示领有、具有、包括。/490	有……吗/30/6.28% 有+疑问词	/
125	126ZH	着	5.30%	词汇类	8	表示动作状态的持续/371/66.37%	17	动+着/287/51.34% 动+着/80/14.31%	/		☆表示动作或状态的持续。/372 动+着/287	/	/	/
70	70B	"把"字句	3.34%	特殊句型	4	处置 表示处置，多为描述动作及其结果	4	把+名+动/135/25.91% 把+名+动[结果补	4	……别把……/22/4.22%	把置句 表示处置，多为描述动作及其结果（程度、数量）。	/	/	/
73	73SHD	"是……的"句（二）：表	3.30%	特殊句型	12	"是……的"句/338/97.97%	2	是……的/338/97.97%	3	不是……的/…	☆ 表示	/	是+疑问词代词+动+的？	/
76	76JYJ	兼语句	3.00%	特殊句型	5	表示使令、表示好恶成好	26	让/190/50.26% 有/77/20.37% 叫/30/7.9%	/		☆表示使令。/190 让/190	/	/	/
72	72BJJ	比较句	2.80%	特殊句型	17	表示比较性质、程度的差别、高低	17	A比B+还/更/形/动[心理]/82/13.71% A比B+形/54/12.77%	5	A跟/与/和 B不一样 /25/6.61%	☆表示比较性质、程度的类别、高低/动[心理]。308	/	/	/
128	128G	过	2%	词汇类	3	表示经历过某事，对现在依然	1	动+过/210/100%	1	动+过	☆表示曾经历过某事，对现在依然的影响。	/	/	/
71	71BEIZJ	被动句	1.60%	特殊句型	4	表示承担某种不如意的或不希望发生的情	1	名+被+动[动补] /413/1.85%	1	不+被/ /29/1.25% 没/没有	☆表示承担某种不如意的或不希望发生的结果，但也可以是中	58	/	称为、吸引、感动、认为

图 11　语法点描写知识库截图

3.4 本章小结

本章在三个平面理论及对外汉语教学语法理论的基础上构建了包括语义知识、句法知识、句法语义映射关系知识、语用知识、教学指导知识在内的语法点描述框架,并在描述框架的基础上构建了包含 25 个属性项的语法点描写知识库,制定了知识库的填写规范,并对语法点进行了多维度、结构化、数据化、形式化的描述。该知识库的特色主要表现在:

第一,与以往知识库相比,描述的对象不仅包括了词,还包括了句型、结构;

第二,语法点知识库的填写既汲取了前辈学者语法研究与教学的相关成果,又在语料标注实践的基础上对前人的研究成果进行了验证、修订、更新;

第三,与以往的知识库相比,语法点描写知识库更注重频率信息,包括语法点使用频率、语法点的句法频率、语义频率、句法语义关系的频率,这为汉语教材研究、语法点的编排、教学重点的确定、语法点自动识别研究提供了重要数据参考,为语法点知识库应用平台的建设提供了数据支持;

第四,语法点描写知识库的填写注重句法语义的映射关系,对语法点的语义和形式之间的关系进行了定量统计和分析,凸显了语法点形式和意义之间的联系;

第五,明确了语用研究的具体内容,从功能、语气/情感态度、语体、预设/使用条件四个维度对语法点的语用意义和语用特征进行了描述,试图改变以往重结构、语义,轻语用的研究特点。对语法点语用信息的描述,既可以梳理学界对于语法点语用的研究成果,也可以进一步明确语法点的语用特征,从而帮助学习者根据自己的表达意图来选取合适的语法点。

　　总之,语法点描写知识库的构建一方面对语法点进行了多维度、结构化、数据化、形式化的描述,深化了对语法点的认识,另一方面为语法点知识库应用平台的开发提供了资源基础。

4 语法点标注语料库的构建

　　用户需求决定着语法点标注语料库语料采集的内容、标注的维度及方式。用户对语料库的需求表现在：从语料库中准确、便捷地获得包含特定语法点的、难易度适中的、冗余信息较少的、与学习者生活息息相关的、能激发学习和表达欲望的语料，并能从语法点教学与学习需求来查询相应的用例。而语法点标注语料库的构建一方面可以在语料中对语法点进行动态研究，对语法点的现有研究成果进行验证、修订、补充，另一方面也可为句法、语义、句法语义映射关系等相关频率统计及语法点知识库应用平台的构建提供语料基础。

　　本章具体内容包括：

- 语料基础
- 语法点标注体系
- 标注难点及其标注规范
- 语法点的标注实践
- 标注的一致性与准确率

4.1　语料基础

4.1.1　语料的规模

语法点标注语料库的语料全部来自于汉语国际教育动态语料库①。该语料库以句为存储单位,共包含语料 141464 条,2474397 词次,约 350 万字。由 92 套(197 册)经典对外汉语教材②和 HSK 样题文本语料构成,教材语料共计 122458 条,HSK 样题文本语料共计 19006 条。由此可见,汉语国际教育动态语料库中的语料是以教材语料为主的,之所以选择这类语料而没有选择自然语料,主要出于以下考虑:

第一,教材语料和 HSK 样题文本语料都是经过编者仔细斟酌和反复修订过的语料,因此,语料相对规范;

第二,从语料的难易度来看,与自然语料相比,教材语料及HSK 样题文本语料相对简单,更符合汉语学习者的汉语水平;

第三,从语料的内容来看,与自然语料相比,教材语料及HSK 样题文本语料所涉及的内容与学习者的生活和需求更为接近,更适合于语言教学;

第四,对教材语料进行标注,可为对外汉语教材的研究提供语料基础。

4.1.2　语料的构成

本研究从语料库所收录教材出版的时间、教材所涉及的课

---

① 需要说明的是,在本研究进行之前,汉语国际教育的动态语料库已经建成,进行了分词和词性标注,并经过了三次人工校对。本研究对其语料的构成进行了分析,并在汉语国际教育动态语料库的基础上进行语法点知识库构建研究。

② 收录的是教材课文语料,不包括注释、练习等内容。

型、教材所适用的学习者的汉语水平三个维度来说明语料库中教材语料的构成与分布。

4.1.2.1   语料的时间分布

汉语国际教育动态语料库收录了 1989 年—2012 年出版的经典的对外汉语教材,时间分布情况如下图所示。

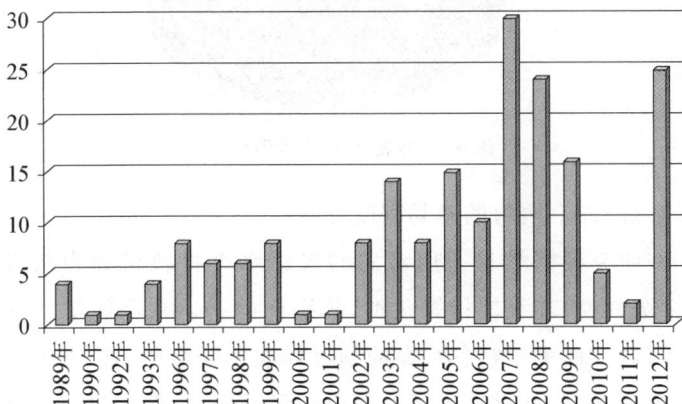

图 12   教材语料的时间分布

从图 12 可以看出,汉语国际教育动态语料库以 2002 年以后的教材为主,2007 年出版的教材最多,同时,兼顾了 2000 年以前出版的部分经典教材。

4.1.2.2   语料的课型分布

经统计,汉语国际教育动态语料库中包含了 150 册综合类教材、26 册口语类教材、5 册听说类教材、5 册读写类教材、3 册阅读类教材、1 册写作类教材、1 册文化类教材、1 册阅读口语类教材。(见图 13)

从图 13 可以看出,从教材所适用的课型来看,以综合类教材为主,兼顾了口语、听力、阅读类教材,而写作、文化类教材较少。

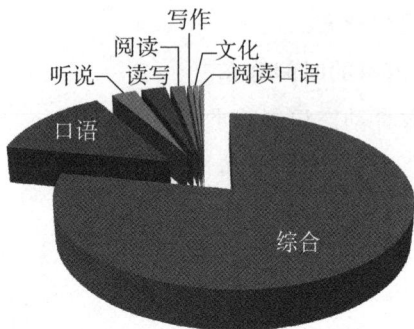

图 13　教材语料的课型分布

4.1.2.3　语料的难易程度分布

本研究根据教材适用对象的汉语水平将教材分为初级教材、中级教材、高级教材等三类,分别面向初、中、高级汉语水平的学习者。而关于初、中、高的划分标准主要参考了以下因素:

第一,部分教材注明了使用者的汉语水平,例如《博雅汉语》将教材分为了初级、准中级、中级、高级等四个类别;

第二,参考"全球汉语教材库"①中对适用对象汉语水平的描述。该教材库是由国家汉办和中山大学联合开发的教材信息数据库,收录了 3000 多册教材的属性信息。例如,"全球汉语"教材库中对《新实用汉语课本》第 6 册适用对象的汉语水平描述为:"高级"。

第三,如果教材既没有介绍学习者的汉语水平信息,在"全球汉语教材库"中也没有相应的教材信息,则根据教材用字、用词和话题的特点进行判断。

经统计,"汉语国际教育动态语料库"中包含初级教材 87

———————

① 全球汉语教材库网址:http://ctmlib.com/.

册、中级教材 69 册、高级教材 41 册,其分布如图 14 所示。

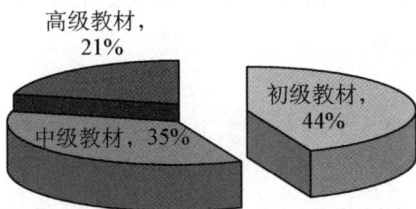

图 14　教材所适用的学习者的汉语水平分布

从上图可以看出,教材语料兼顾了初、中、高等三个级别,其中以初级教材语料为主,占 44%;其次为中级教材,占 35%;高级教材,仅占 21%。

4.1.3　语料的存储

语法点知识库的构建及利用主要涉及三类数据的存储:教材信息元数据①、汉语国际教育动态语料库中的语料、语法点标注语料库中的语料。

4.1.3.1　教材信息元数据库

语料库的构成是用户使用语料库时关注的重要内容之一。教材信息元数据库主要是记录教材出版时间、出版社、适用者的汉语水平等信息,从而帮助用户了解语料库语料的来源及构成,迅速查找语料库中是否包含有教学或研究所需要的语料,此外,还可以帮助用户从不同维度对教材进行研究。

教材信息的元数据库具体记录了包括作者、出版时间、出版社、适用年龄、学习者汉语水平、适用课型、教材类型、册数、单元、课数、课文题目等在内的 15 项属性信息。例如,从出版时间

---

① 需要说明的是,教材信息元数据不属于语料,是对与教材相关信息的记录。

可以统计出语料时间上的分布，从适用课型、适用对象的汉语水平、适用年龄可以分析语料构成上的其他特点。图 15 是教材信息元数据库的截图。

系列教材序号	教材名称			出版信息		学习者信息			教材信息	
		主编	作者	出版时间	出版社	适用年龄	汉语水平	适用课型	教材类型	教材性质
长城汉语1	长城汉语 · 生存交际课本 · 一级	马箭飞		北京语言大学出版社	2005年第1版		初级	综合	语言技能	通用型教材
长城汉语2	长城汉语 · 生存交际课本 · 二级	马箭飞		北京语言大学出版社	2005年第1版		初级	综合	语言技能	通用型教材
长城汉语3	长城汉语 · 生存交际课本 · 三级	马箭飞		北京语言大学出版社	2005年第1版		初级	综合	语言技能	通用型教材
长城汉语4	长城汉语 · 生存交际课本 · 四级	马箭飞		北京语言大学出版社	2005年第1版		初级	综合	语言技能	通用型教材
长城汉语5	长城汉语 · 生存交际课本 · 五级	马箭飞		北京语言大学出版社	2005年第1版		初级	综合	语言技能	通用型教材
长城汉语6	长城汉语 · 生存交际课本 · 六级	马箭飞		北京语言大学出版社	2005年第1版		初级	综合	语言技能	通用型教材
标准中文1	标准中文第一级第一册	课程教材研究所		人民教育出版社	1998年第1版	中小学	初级	综合	语言技能	通用型教材
标准中文2	标准中文第一级第二册	课程教材研究所		人民教育出版社	1998年第1版	中小学	初级	综合	语言技能	通用型教材
标准中文3	标准中文第一级第三册	课程教材研究所		人民教育出版社	1998年第1版	中小学	初级	综合	语言技能	通用型教材
标准中文4	标准中文第二级第一册	课程教材研究所		人民教育出版社	1998年第1版	中小学	中级	综合	语言技能	通用型教材
标准中文5	标准中文第二级第二册	课程教材研究所		人民教育出版社	1998年第1版	中小学	中级	综合	语言技能	通用型教材
标准中文6	标准中文第二级第三册	课程教材研究所		人民教育出版社	1998年第1版	中小学	中级	综合	语言技能	通用型教材
标准中文7	标准中文第三级第一册	课程教材研究所		人民教育出版社	1999年第1版	中小学	高级	综合	语言技能	通用型教材
标准中文8	标准中文第三级第二册	课程教材研究所		人民教育出版社	1999年第1版	中小学	高级	综合	语言技能	通用型教材
标准中文9	标准中文第三级第三册	课程教材研究所		人民教育出版社	1999年第1版	中小学	高级	综合	语言技能	通用型教材
博雅汉语1	博雅汉语 · 初级 · 起步篇 I	李晓琪	任雪梅、徐晶凝	北京大学出版社	2004年第1版	成人	初级	综合	语言技能	通用型教材
博雅汉语2	博雅汉语 · 初级 · 起步篇 II	李晓琪	徐晶凝、任雪梅	北京大学出版社	2005年第1版	成人	初级	综合	语言技能	通用型教材
博雅汉语3	博雅汉语 · 准中级 · 加速篇 I	李晓琪	黄立、钱旭菁	北京大学出版社	2004年第1版	成人	中级	综合	语言技能	通用型教材
博雅汉语4	博雅汉语 · 准中级 · 加速篇 II	李晓琪	黄立、钱旭菁	北京大学出版社	2005年第1版	成人	中级	综合	语言技能	通用型教材
博雅汉语5	博雅汉语 · 中级 · 冲刺篇 I	李晓琪	赵延风	北京大学出版社	2005年第1版	成人	中级	综合	语言技能	通用型教材
博雅汉语6	博雅汉语 · 中级 · 冲刺篇 II	李晓琪	张明莹	北京大学出版社	2006年第1版	成人	中级	综合	语言技能	通用型教材
博雅汉语7	博雅汉语 · 高级 · 飞翔篇 I	李晓琪	金舒年、陈莉	北京大学出版社	2004年第1版	成人	高级	综合	语言技能	通用型教材

图 15 教材信息元数据库的截图

4.1.3.2 汉语国际教育动态语料库中语料的存储

汉语国际教育动态语料库设置有序号、原始语料、分词及词性标注语料、语料来源等四个属性项。图 16 是汉语国际教育动态语料库的截图。

序号	原文语料	分词及词性标注语料	语料来源
000001	陆雨平：力波，你好。	陆雨平/nh ：/w 力波/nhs ，/w @DUOYI_你/r#① @DUOYI_好/a#[1]-⑥ 。/w	B1_新实用汉语课本_V1_L1_你好_T1
000002	力波：你好，陆雨平。	力波/nhs ：/w @DUOYI_你/r#① @DUOYI_好/a#[1]-⑥ ，/w 陆雨平/nh 。/w	B1_新实用汉语课本_V1_L1_你好_T1
000003	力波：林娜，你好吗？	力波/nhs ：/w 林娜/nh ，/w @DUOYI_你/r#① @DUOYI_好/a#[1]-⑥ 吗/u ？/w	B1_新实用汉语课本_V1_L1_你好_T2
000004	林娜：我很好，你呢？	林娜/nh ：/w 我/r 很/d @DUOYI_好/a#[1]-⑥ ，/w @DUOYI_你/r#① 呢/u ？/w	B1_新实用汉语课本_V1_L1_你好_T2
000005	力波：也很好。	力波/nhs ：/w 也/d 很/d @DUOYI_好/a#[1]-⑥ 。/w	B1_新实用汉语课本_V1_L1_你好_T2
000006	林娜：陆雨平，你好吗？	林娜/nh ：/w 陆雨平/nh ，/w @DUOYI_你/r#① @DUOYI_好/a#[1]-⑥ 吗/u ？/w	B1_新实用汉语课本_V1_L2_你忙吗_T1
000007	陆雨平：我很好。	陆雨平/nh ：/w 我/r 很/d @DUOYI_好/a#[1]-⑥ 。/w	B1_新实用汉语课本_V1_L2_你忙吗_T1
000008	你爸爸、妈妈好吗？	@DUOYI_你/r#① 爸爸/n 、/w 妈妈/n @DUOYI_好/a#[1]-⑥ 吗/u ？/w	B1_新实用汉语课本_V1_L2_你忙吗_T1
000009	林娜：他们都很好。	林娜/nh ：/w 他们/r 都/d 很/d @DUOYI_好/a#[1]-⑥ 。/w	B1_新实用汉语课本_V1_L2_你忙吗_T1
000010	你忙吗？	@DUOYI_你/r#① @DUOYI_忙/a#① 吗/u ？/w	B1_新实用汉语课本_V1_L2_你忙吗_T1
000011	陆雨平：我不忙。	陆雨平/nh ：/w 我/r 不/d @DUOYI_忙/a#① 。/w	B1_新实用汉语课本_V1_L2_你忙吗_T1
000012	你男朋友呢？	@DUOYI_你/r#① 男/a 朋友/n 呢/u ？/w	B1_新实用汉语课本_V1_L2_你忙吗_T1
000013	林娜：他很忙。	林娜/nh ：/w 他/r 很/d @DUOYI_忙/a#① 。/w	B1_新实用汉语课本_V1_L2_你忙吗_T2
000014	丁力波：哥哥，你要咖啡吗？	丁力波/nh ：/w 哥哥/n ，/w @DUOYI_你/r#① @DUOYI_要/v#[2]-① 咖啡/n 吗/u ？/	B1_新实用汉语课本_V1_L2_你忙吗_T2
000015	哥哥：我要咖啡。	哥哥/n ：/w 我/r @DUOYI_要/v#[2]-① 咖啡/n 。/w	B1_新实用汉语课本_V1_L2_你忙吗_T2
000016	弟弟：我也要咖啡。	弟弟/n ：/w 我/r 也/d @DUOYI_要/v#[2]-① 咖啡/n 。/w	B1_新实用汉语课本_V1_L2_你忙吗_T2
000017	丁力波：好，我们都喝咖啡。	丁力波/nh ：/w @DUOYI_好/a#[1]-⑥ ，/w 我们/r 都/d @DUOYI_喝/v#[1]-① 咖啡/r	B1_新实用汉语课本_V1_L2_你忙吗_T2
000018	哥哥：力波，那是谁？	哥哥/n ：/w 力波/nhs ，/w @DUOYI_那/r#① 是/vl @DUOYI_谁/r#① ？/w	B1_新实用汉语课本_V1_L3_她是哪国人_T1
000019	丁力波：那是我们老师。	丁力波/nh ：/w @DUOYI_那/r#① 是/vl 我们/r 老师/n 。/w	B1_新实用汉语课本_V1_L3_她是哪国人_T1

图 16 汉语国际教育动态语料库截图

汉语国际教育动态语料库中的语料是以句为单位进行存储的，进行了分词处理和词性标注，注明了语料的来源。分词及词性标注语料可以帮助提高提取包含语法点语料的效率与准确率,在语义和句法标注时也可以起到辅助判断语义和形式类别的作用。语料的来源可以显示语料来源于哪一套教材,还可显示具体的册数、课数、段落数。例如,"B1_新实用汉语课本_V1_L1_你好_T1"中,"B1"表示教材在语料库中的编号,"新实用汉语课本"代表教材的名称,"V1"代表第一册,"L1"代表第一课,"你好"代表课文名称,"T1"代表第一段课文。来源信息可以帮助用户自定义语料库,即限定语料研究的范围,例如,针对某套或几套教材进行研究。

4.1.3.3　语法点标注语料库中语料的存储

语法点标注语料的存储也采用数据库文件格式,设置有编号、原始语料、标注者、备注四个固定属性项,另外还设有语义类别、基本形式、否定形式、疑问形式、主语信息、搭配信息六个非固定属性项。图 17 是语法点"又……又……"标注语料的截图。

编号	原始语料	语义类别	基本形式	标注者	备注
32559	我唔想我和窜柜的等级还很远呢,而且我们窜柜也从不将盼香且上眼,又好笑,又不耐烦[93],懒懒的答他道,"谁要你教,不是拿头条下一个来回的回字么?"	表示同时进行的两个动作	又+形+又+形	付馨	
5991	树林,大家都应该像我们这样,少开车,多骑车、多走路,又环保节能、又有益于健康。	表示同时具备的两种性状	又+形+又+动	付馨	
8966	2008年北京奥运会的会徽就是一枚刻着"京"字的印章,名字叫"中国印——舞动的北京",又绿得又能代表中国特色。	表示同时具备的两种性状	又+形+又+动	付馨	
12515	他工作又忙,单位里女孩子又少,找女朋友真比大海捞针不难啊!	表示同时具备的两种性状	又+形+又+动	付馨	
16251	乙:一个敢于批评自己社会和同胞的人是一个又开明又有信心的人。	表示同时具备的两种性状	又+形+又+动	付馨	
24184	为此,平日没少和妻子发生争执,因为她最喜欢的正是我最怕看的那又长又折磨人的电视连续剧。	表示同时具备的两种性状	又+形+又+动	付馨	
28133	第二天晚上回来,给我们讲各种顾客买东西时的不同心理,觉得又新鲜又有意思。	表示同时具备的两种性状	又+形+又+动	付馨	
29154	赵立:在现实生活中,要找到一个报酬又高,又适合自己的工作,可不是一件容易的事。	表示同时具备的两种性状	又+形+又+动	付馨	
31519	我知道这件事之后,又痛苦、又烦恼,可始终没想好应该怎么办。	表示同时具备的两种性状	又+形+又+动	付馨	
32263	父亲学跳舞是好事,又开心,又活动身体。	表示同时具备的两种性状	又+形+又+动	付馨	
42274	最后,我建议他散步,又轻松又不花钱。	表示同时具备的两种性状	又+形+又+动	付馨	

图 17　语法点"又……又……"的标注语料的截图

从上图可以看出,语法点"又……又……"的标注语料包含编号、原始语料、语义类别、基本形式、标注者、备注等 6 个属性项。

4.2　语法点标注体系

黄昌宁(2002)认为标注"是一种给口语和(或)书面语语料库增添解释的(interpretative)和语言的(linguistic)信息的实践。"①邢富坤(2015)认为:"语料标注是指针对语言处理任务需求,按照预先制定好的标注原则、方法和操作规程,为语言单位添加标记符的过程,其结果是带有标注信息的语料库。"②语料标注是语料库语言学研究中的一个重要领域,也是语料库构建过程的一个重要环节。语料库标注加工的深度、广度关系到从语料库中获取信息的丰富性与多样性,标注加工的质量决定着从语料库中获取信息的准确性以及语料库的可用性,因此,语料库的标注加工直接影响着语料库的使用价值。

从教材语料库的建设来看,中山大学、北京师范大学、厦门大学、中央民族大学等高校都建有对外汉语教材语料库,但对语料库的标注加工研究较少。周小兵(2014)③、宋飞(2014)、杨丽姣、肖航(2015)探讨过对外汉语教材语料的标注加工问题。此外,从语法教学与研究的需求出发开展的语料库标注加工研究也在逐步发展中。(赵淑华、刘社会、胡翔,1995;邢红兵、张旺熹,2004;郑艳群,2012)但从现有的对外汉语教材语料库来看,其标注加工还主要集中在分词和词性标注上,其他标注加工研究相对较少,因此,在应用上主要是通过关键词来检索教材语

---

① 黄昌宁.语料库语言学[M].北京:商务印书馆,2002:139—140.

② 邢富坤.面向语言处理的语料库标注:回顾与反思[J].解放军外国语学院学报,2015,03:1.

③ 周小兵在第三届汉语中介语语料库建设与应用国际学术研讨会的报告中提及了教材语料库标注加工问题。中山大学建设的"国际汉语教材语料库"目前已开放字词检索功能,网址是:languagedata.net/corpus.

料。由此可以看出,教材语料库的标注加工及在此基础上的应用研究还有进一步发展的空间。

本研究从语法点的教学与研究出发,构建了语法点标注体系,并在一定规模语料的标注实践中对这套体系进行了验证。下文从标注对象与维度、标注的颗粒度、标注规范对语法点标注体系进行说明。

4.2.1　标注对象与标注维度

语法点标注语料库中的标注对象是 141464 条语料中包含有 152 个语法点的所有语料,需要对语法点的句法、语义信息进行综合标注。本研究确定了如图 18 所示语法点的标注维度。

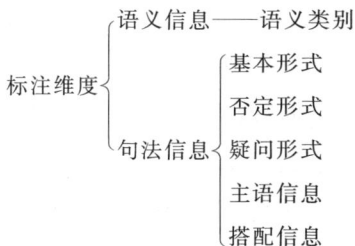

图 18　语法点的标注维度

从上图可以看出,语法点标注语料库主要对语法点在语料中所体现的语义、句法信息进行标注。语义方面,主要标注语法点在语料中的语义类别;句法方面,从基本形式、否定形式、疑问形式、主语信息、搭配信息等五个维度进行标注。可见,语法点的标注主要从六个维度来进行,需要指出的是,并不是每个语法点都需要从六个维度进行标注,具体标注哪些维度,需要从语法点教学与研究的需求出发,具体问题具体分析。

4.2.1.1 语义类别的标注

语义类别的标注是指标注出句子中语法点的语义信息。有的语法点有两个或两个以上的语义类别,教师在教授、讲解、操练某一多义的语法点时,常常需要寻找到包含特定语义类别的语料,因此,对语料中语法点语义类别的标注,为教师按语义类别查找、定位语料提供了语料基础。此外,还为统计语法点的语义类别在教材语料中的分布情况提供了可能。例如,介词"向"的语义类别有两种:一是表示动作的方向;二是表示引进动作的对象。

例 1.随着社会【向】老年型发展,子女赡养孝敬老人的责任有加重趋向,这是子女应尽也是必须尽的义务。(《今日中国话题高级阅读与表达教程》)

例 2.为了帮助家庭经济有困难的学生,他【向】学校捐了 50万元人民币。(《速成汉语基础教程综合课本》)

在例 1 中,介词"向"的语义类别为表示动作的方向,例 2 中的介词"向"语义类别为表示引进动作的对象。在标注过程中,需要对介词"向"的语义类别进行标注。

经过对标注语料的统计,在 141464 条语料中,包含介词"向"的语料共计 1431 条,介词"向"的使用频率为 1%。在 1431条语料中,"向 1"的使用频率为 39.5%,"向 2"的使用频率为60.5%。可见,表示动作对象的"向"使用频率更高。

在标注语法点语义类别这一维度时,部分语法点会出现语义类别无所归属的现象,经分析,主要有以下两方面的原因。

第一,语境信息不完整。

因为标注语料是将对话体或叙述体的语料进行切分,以句为单位进行存储的,所以,容易出现语境信息不完整而造成语义类别无法归属的问题。例如,语法点"太……了"的语义类别包括:①表示程度高,含有"过分"义;②倾向于肯定性,表示赞赏、赞叹。但在语料标注中,部分语料因缺少上下文语境而造成语义类别无法归属。例如:

例3.是不是【太】便宜【了】?(《速成汉语初级教程综合课本》)

例4.约翰:这三年变化【太】大【了】!(《拾级汉语综合课本》)

例5.【太】多【了】。(《远东少年中文》)

以上3条语料均属于因语境信息不完整语义无法归属的问题,语义类别标注为"语义模糊"。(其原因和标注为"语义模糊"的价值参见3.2.1)

第二,语义类别缺失。

语义类别的设定是以现有的研究成果为基础的,但在语义类别标注实践过程中发现现有研究成果并不能覆盖所有语料。例如,介词"给"语义类别的设定以《现代汉语八百词》为依据,分为六类:①引进交付、传递的接受者;②引进动作的受益者;③引进动作的受害者;④"给我",用于命令句;⑤朝;向;对;⑥表示被动;被。但在标注实践中,发现引进动作的对象不仅有受益者、受害者,还有一部分对象既不属于受益者,也不属于受害者。例如:

例6.你希望【给】人留下印象、得到别人承认,但有点为自己的将来担心。(《博雅汉语准中级加速篇》)

例7.现在竞争太激烈,工作上我只有全力以赴,才不会败【给】比我年轻的人。(《成功之路进步篇》)

例8.请【给】您的银行卡输入一个密码。(《成功之路进步

篇听和说》)

例 9. 我还能【给】蛇添上几只脚。(《汉语初级口语教程》)

以上 4 条语料中,动作引进的对象分别为"人""比我年轻的人""银行卡""蛇",它们既不属于动作的受害者,也不属于动作的受益者,因此,统一标注为"其他"。在标注完成后,再对统一标注为"其他"的语料进行分析。分析发现应为介词"给"的语义类别增加一类"⑦引进动作的对象(中性)"。这一研究实际上是在语料标注中对前人的研究成果进行验证,同时,也根据语料的实际情况,对前人的研究成果进行了补充。

4.2.1.2　基本形式的标注

教师在教授、讲解、操练某一语法点时,常列出语法点的结构形式,其中包括语序、常项、变项等信息,学习者可以依据语法点的基本形式生成新的句子。部分语法点有两个或两个以上的基本形式,教师在教授、讲解、操练语法点的某一基本形式时,常常需要寻找到包含特定结构形式的语料,例如,查找"动 + 向 + 名"(走向胜利)这一形式的语料。因此,对语料中语法点基本形式的标注,为教师按语法点的结构形式查找、定位语料提供了数据基础,也为统计语法点基本形式在语料库中的使用频率及分布情况提供了可能。基本形式的标注主要采用公式法对语法点结构形式中涉及的常项信息、变项信息、语序进行标注。例如:

例 10. 我赶紧【向】前奔去,可跑了两步又停住了。(《汉语中级口语教程》)

例 11. 小伙子:飞【向】神奇的太空!(《汉语纵横会话课本》)

例 10 的基本形式应标注为"向 + 名[处所/方位] + 动"。其中,"向"是常项,"名""动"是变项,"名"表示名词或名词短语,

"动"表示动词或动词短语。它们之间的顺序为先"向",然后是"名",最后是"动"。例 11 中,基本形式应标注为"动＋向＋名"。

在基本形式标注实践中,会遇到变项是归于名词或名词性成分、动词或动词性成分还是归于形容词的问题。本标注体系对于词性的判断主要依据《现代汉语词典》(第六版)中对词类的划分。如果遇到兼类的问题,则采用归入频率较高基本形式类别的原则。例如"我太高兴了"这条语料中,"高兴"是兼类词,在《现代汉语词典》中既属于名词,又属于动词。但语法点"太……了"中,基本形式"太＋形＋了"的使用频率高于"太＋动＋了",因此,将"我太高兴了"的基本形式标注为"太＋形＋了"。

4.2.1.3　否定形式的标注

否定形式标注是句法信息标注的重要内容之一,主要针对需要强调否定用法的语法点进行标注。部分语法点的否定形式比较复杂、多样,对否定形式的标注一方面可以帮助教师快速地查找、定位包含某一否定形式的语料,另一方面可以考察各类否定形式在语料中的使用频率及分布情况。例如:

例 12. 我们村里吃的、穿的、住的都不比城里差。(《新实用汉语课本》)

例 13. 别的商店都没有这么贵啊!(《新实用汉语课本》)

例 12 中的否定形式应标注为"A 不比 B……",例 13 中的否定形式应标注为"A 没有 B(这么/那么)＋形/动"。

4.2.1.4　疑问形式的标注

语法点教学时,部分语法点的疑问形式也是教学的重要内容之一。疑问形式的标注一方面为教师在应用平台中查找疑问形式的语料提供了语料基础,另一方面为各疑问形式在语料中的出现频率及分布情况的考察提供了可能。

疑问形式的标注分为两种：一种是标注语料是否包含有疑问形式；另一种是标注出语料中疑问形式的具体类别。具体采用哪种形式取决于疑问形式的语料数量，如果语料数量较少，采用第一种方式，语料数量多则采用第二种形式。①

例如，比较句的疑问形式主要采用第一种。

例 14. 王英：你家乡的天气跟这儿一样吗？（《当代中文》）

例 15. 你做事是不是比别人做得更快？（《汉语纵横听力录音文本》）

因为包含语法点"比较句"的语料中，包含疑问句的语料较少，因此，只需标注出是否使用了疑问句。在疑问形式的标注中，如果使用了疑问形式，标注为"1"，没有使用疑问形式，则标注为"0"。例 14、例 15 都是比较句，而且都是疑问句，因此，两句都标注为"1"。

4.2.1.5　主语信息的标注

主语信息标注是句法标注的一部分，主要针对教学中需要强调主语数量和位置信息的语法点来进行标注。对语料中语法点主语信息的标注一方面为教师按主语信息来查找、定位语料提供了数据基础，另一方面也为统计语法点主语信息在教材语料中的使用频率及分布情况提供了标注语料。

例如，语法点"越……越……"可以包含一个主语，也可以包含两个主语，主语的位置和数量是该语法点的教学内容之一。例如：

例 16. 我想了各种办法帮助他，但是我越想帮他，他离我越远，不愿意和我谈话。（《博雅汉语初级起步篇》）

---

① 在语料标注实践中发现，各语法点疑问形式的语料普遍较少，因此，在疑问形式的标注中，多采用第一种方式。

例 17. 在他的领导下,公司越办越好。(《中文听说读写 lev-
　　el2》)

例 16 的主语信息标注应为"主语 1 + 越……主语 2 +
越……"。例 17 的主语信息则标注为"主语 + 越……越……"。

4.2.1.6　搭配信息的标注

搭配信息的标注主要针对介词类语法点及复句类语法点,
主要标注出与介词搭配的动词信息、连词与连词、连词与副词的
搭配信息。崔希亮(2005)认为介词的搭配偏误是介词产生偏误
的类型之一。例如,"＊请你们帮我向姥姥问候。"这类介词与动
词的搭配偏误是学习者学习介词时的重要偏误之一。因此,对
搭配信息的标注可为统计、分析语法点搭配特点提供标注语料。

例如:

例 18. 我再【向】外看时,他已抱了朱红的橘子往回走了。
　　(《新实用汉语课本》)

例 19. "老鹰"一会儿扑【向】左边,一会儿扑向右边,"母鸡"
　　张开翅膀保护"小鸡"。(《标准中文第 1 级》)

例 18 中与介词"向"搭配的动词是"看",例 19 中与介词
"向"搭配的动词是"扑",在搭配信息中都会将其标注出来。经
过对标注语料的统计,基本形式"向 + 名 +(动)"中,高频的动词
为:走、看、忘、转变、发展等。

基于搭配信息的标注结果,可以获得介词及复句类语法点
的搭配信息,为教学重点的选择提供数据基础。

4.2.1.7　标注示例

本书以存现句、"既……又/也……"为例,对标注的对象与
维度进行说明。从标注维度来看,语法点"存现句"需要从语义
类别、基本形式两个维度进行标注。(见表 31)

表 31　语法点"存现句"的标注

语料	语义类别	基本形式
八号楼下边**是**一个小花园。	表示人或事物的存在。	名［处所/方位］＋是＋名
一个星期六的下午,店里**来**了一位看起来很严肃的先生。	表示人或事物的出现、消失。	名［处所/方位］＋动＋了＋名

在教授语法点"既……又/也……"时,需要注意语义类别、基本形式、否定形式这三方面的内容,因此,在语料标注中也需要从这三方面来标注。（见表 32）

表 32　语法点"既……又/也……"的标注

语料	语义类别	基本形式	否定形式
要是她**既**是美女**又**是好厨师就好了。	表示同时具有两方面的性质或情况。	既＋动＋又＋动	/
马丁:要是那孩子长得**既**不可爱**也**不机灵,我说些什么?	表示同时具有两方面的性质或情况。	既＋形＋也＋形	既不……也不……
如果违背了诚信原则,那么我**既**没有颜面见到公司领导,**也**没有资格再做职业经理了。	表示同时具有两方面的性质或情况。	既＋动＋也＋动	既没(有)……也没(有)……

4.2.2　标注颗粒度

标注的颗粒分为粗颗粒度和细颗粒度两种形式,涉及基本形式、否定形式、疑问形式、主语信息的标注。

4.2.2.1　粗颗粒度

粗颗粒度指仅描述语法点格式的常项信息,不对各构成部分的词或短语的性质做细致地描述。否定形式、疑问形式、主语信息主要采用粗颗粒度的形式进行标注,例如,语法点"越……越……"中主语位置的描述,主要采用粗颗粒度的形式:"主语＋越……越……"。

4.2.2.2 细颗粒度

细颗粒度指除描述语法点格式的常项信息外,还需对各构成部分的词或短语的性质进行具体描述。语法点基本形式的标注主要采用细颗粒度的形式,例如,语法点"既……又/也……"中基本形式之一:"既＋动＋又＋动"。需要指出的是如果在标注实践中,变项的信息过于繁复,从而导致基本形式的数量过多,那么基本形式也采用粗颗粒度的标注形式。

粗细颗粒度的标注设置,主要为了突出教学需求与教学重点。之所以采用细颗粒度来描述语法点的基本形式,是因为基本形式需要展现语法点重要的格式信息,包括常项是什么,变项常常由哪类词语或短语构成。而否定形式、主语信息、疑问形式主要采用粗颗粒度的形式。因为粗颗粒度的标注形式能直接地反映语法点的否定形式,突出主语的数量与位置以及疑问句的表达方式。

从以上分析可以看出,语法点句法语义的综合标注主要从语义类别、基本形式、否定形式、疑问形式、主语信息、搭配信息等六个维度来进行,语法点不同,对标注维度的选择也不同。具体标注哪些维度,需要根据语法点教学与研究的需求,为每一个语法点制定相应的标注规范。

4.2.3 标注规范

语法点不同,标注的范围、维度、内容也不同,因此,需要从教学与研究的需求出发,针对 152 个语法点制定相应的语法点的标注规范,为标注工作的开展提供标准。标注规范包括标注符号、标注框架、标注说明这三部分。

4.2.3.1　标注符号

标注符号根据阅读与使用的对象不同可分为：人读符号和机读符号。

1. 人读符号

人读符号主要服务于标注者和后期应用平台的用户,具有易辨、易记的特点。符号及其表达的意义如下表所示。

表 33　人读符号及释义

符号	释义
名	名词、代名词、名词性短语（定中短语、联合短语、同位短语、名量短语、"的"字短语）
动	动词、动词性短语（动宾短语、动补短语、状中短语、连动语、兼语短语）
形	形容词、形补、形形
小句	不独立的句子。
主	主语
宾	宾语
补	补语
+	连接符,表示常项及变项的组合顺序。
/	表示"或"。
（）	表示可以省略的部分。
［］	用在变项的后面表示对变项的补充说明。
1	表示疑问形式。
0	表示非疑问形式。
A/B	比较的对象

从上表可以看出,在标注规范中,"名"代表名词、名词短语,"动"代表动词、动词短语,"形"主要代表形容词。人读符号主要采用汉字,这是为了减轻标注者的负担,将标注者的精力集中在对语料的理解、分析和判断上,同时也便于对标注语料的审查、修改。

2. 机读符号

机读符号主要服务于应用平台对标注数据的调用,语义和句法信息部分都要使用机读符号。标注人员完成标注后,需要将标注结果转换成机读符号。本研究所使用的机读符号及释义如下表所示。

表 34   机读符号及释义

大类	子类	释义
S	S1、S2、S3……Sn	S1 表示语法点表示的第一个语义类别,S2 表示语法点表示的第二个语义类别,依次类推。
T	T1、T2、T3……Tn	T1 表示语法点的第一类基本形式,T2 表示语法点的第二类基本形式,依次类推。
FT	FT1、FT2、FT3……FTn	FT1 表示语法点的第一类否定形式,FT2 表示语法点的第二个类否定形式,依次类推。
ZHT	ZHT1、ZHT2、ZHT3	ZHT1 表示语法点的第一类主语信息,ZHT2 表示语法点的第二个类主语信息,依次类推。
YW	1、0	1 表示疑问形式,0 表示非疑问形式。
	YW1、YW2、YW3……YWn	YW1 表示语法点的第一类疑问形式,YW2 表示语法点的第二类疑问形式,依次类推。

4.2.3.2   标注框架

标注框架的制定主要是为了明确每一个语法点的标注对象、确定标注维度,提高标注的准确性与一致性。

1. 标注框架制订的原则及示例

标注框架的制订主要遵循两个原则：

第一，根据教学的需求，确定标注的维度，分析各维度下标注的具体内容。

第二，简单明了、易懂、易记。标注框架的使用对象包括标注人员、应用平台的用户，因此，标注框架需要简单明了、易读、易懂、易记。

本研究从句法、语义两个方面为 152 个语法点分别建立了标注框架。下表是语法点"不但……而且……"的标注框架。

表 35 "不但……而且……"的标注框架

语义类别	基本形式	主语信息
表示除所说的意思之外，还有更进一层的意愿。 现在你不但喜欢吃中餐，而且还学会了做中国菜。	**不但……而且……** 不但中国人喜欢游黄山，而且外国朋友也常去那儿。	**主语＋不但……而且……** 我不但得上课，而且得工作。
	不但……也…… 马大为：中国的计划生育政策不但关系到中国的发展，也关系到世界的发展。	
	不但……还…… 现在我不但习惯了吃中餐，还会做几个地道的中国菜呢。	**不但＋主语 1……＋而且＋主语 2……** 不但中国人喜欢游黄山，而且外国朋友也常去那儿。
	不但……，…… 不但说北方话的人多，写北方话的人更多。	

表 35 是语法点"不但……而且……"的标注框架，其中，表头是标注的维度，加粗的黑体字是标注的具体内容，普通宋体字是汉语国际教育动态语料库中的语料，主要对标注框架进行解释。从上表可以看出，语法点"不但……而且……"主要从语义类别、基本形式、主语信息这三个维度来进行标注。"不但……

而且……"包含有一个语义类别,四种基本形式,两类主语信息。

2. 标注框架制订的方法

标注框架的制订一方面汲取了语法研究的相关成果,另一方面在一定规模的语料中进行了标注实践。具体流程如图 19 所示。

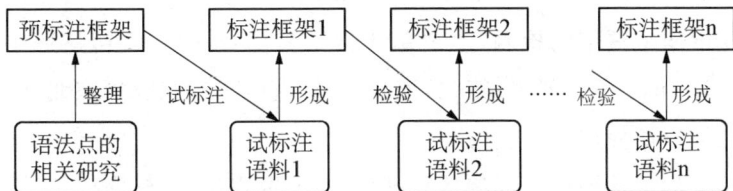

图 19　标注框架制定流程图

首先,梳理语法点的相关研究,整理成"预标注框架"。在语法点标注研究中,预标注框架的制订主要参考了三方面的资料:

(1) 教学语法类的著作,例如《实用现代汉语语法》(刘月华等,2005)、《现代汉语八百词》(吕叔湘等,2009)、《现代汉语语法教程》(丁崇明,2010)、《对外汉语教学语法讲义》(吕文华,2014)、《对外汉语教学语法探索》(吕文华,2008)等;

(2) 对外汉语教材中对语法点或语言点的释义;

(3) 与语法点相关的学术论文。

其次,在一定规模的语料中,根据"预标注框架"对语料进行试标注。试标注语料一般选用《新实用汉语课本》(刘珣,2009)。之所以选择《新实用汉语课本》,主要基于以下几点考虑:第一,与其他教材相比,语料量大,共包括 3557 条语料;第二,该课本覆盖了初、中、高三个级别,因此,对语法点的展示更为全面;第三,该课本经过多次修订,语法点的选取及语料都较为经典。在试标注完成后,需要对"预标注框架"进行调整,具体包括增加、

删除、合并语义类别、基本形式类别、否定形式等内容,最后形成
"标注框架 1"。

最后,检测"标注框架 1"的覆盖率。检测方法是根据"标注
框架 1"在另一部教材中进行标注实践,一般选用《中文听说读
写》(刘月华等,2010)进行标注,并对"标注框架 1"作进一步的
调整,形成"标注框架 2"。之所以选择《中文听说读写》进行标
注框架覆盖率的检测,主要基于以下考虑:第一,语料量适中,
共计 1614 条语料量;第二,该教材是一部经典的教材,在北美地
区被广泛使用。

为了检测标注框架的合理性,本研究提出了"标注框架的覆
盖率"的概念。

$$标注框架的覆盖率 = \frac{(标注语料总数 - 无法归类的语料数)}{标注语料总数}$$

如果"标注框架 2"的覆盖率高于 95%,可将标注框架 2 微
调后应用于大规模的语料标注中,若覆盖率不足 95%,则需要
再次对标注框架进行调整,直至覆盖率高于 95%。

试标注语料 1 和试标注语料 2 基本上选择《新实用汉语课
本》《中文听说读写》,但会根据语料量的大小做出一定程度的
调整。

4.2.3.3 标注说明

标注说明主要是为标注者的标注实践提供指导,对标注范
围、语料处理以及基本形式、否定形式、搭配信息、主语信息的
归属等问题做进一步说明,从而保证标注的准确性与一致性。
例如,如果一条语料中同一个语法点出现了两次或两次以上,
标注规范需要说明这种情况的处理方法。如果这条语料中语
法点各维度的信息都相同,则只需标注一次,若有一个维度不

同,则需要进行两次或多次标注。下文以述补结构为例进行说明。

例 20. 宋华：你们在中国才【学习了一年】,汉语水平就【提高得这么快】,主要是因为你们学习都很努力。(《新实用汉语课本》)

例 20 中,包含了两个述补结构,"学习了一年""提高得这么快",他们都属于述补结构,但语义类别不同,分别属于时量补语和状态补语,基本形式类别也不同,因此,需要增加一条语料,分别对这两种述补结构进行标注。(见图 20)

ID	语料	语义类别	基本形式	否定形式	疑问形式	出处
988	宋华：你们在中国才学习了一年,汉语水平就提高得这么快,主要是因为你们学习都很努力。	时量补语	动+数	/	/	B1_新实用汉语课本_V2_L26_你快要成"中国通"了_T1
988	宋华：你们在中国才学习了一年,汉语水平就提高得这么快,主要是因为你们学习都很努力。	状态补语	动+得+形	/	/	B1_新实用汉语课本_V2_L26_你快要成"中国通"了_T1

图 20　述补结构的标注

在 4.3 中,将通过述补结构、"把"字句、助词"了"、"比较句"对标注规范作进一步的阐述。

4.3　标注难点及其标注规范

述补结构、"把"字句、助词"了"、"比较句"这四个语法点因其句法语义的复杂性向来是教学中的重点与难点,也是标注研究与标注实践中的重点与难点。下文就这四个语法点标注规范的制定进行详细的说明。

4.3.1　述补结构的标注规范

4.3.1.1　述补结构的标注框架

1. 述补结构预标注框架

述补结构是汉语独有的语法现象,"在印欧语言中很难找到对应的形式"①。述补结构因其语义及结构上的多样性与复杂性，是教学中的重点与难点，也是标注研究中的难点。

　　述补结构的分类主要以结构分类，按意义定名。从现有的研究来看，主要有六分法、七分法、八分法、九分法，以七分法最为普遍。（见表 36）

表 36　补语的分类

分类方法	补语的类别
六分法	结果补语、趋向补语、可能补语、程度补语、情态补语、时量补语
七分法	结果补语、趋向补语、可能补语、程度补语、情态补语、数量补语、介词短语作补语
八分法	结果补语、趋向补语、可能补语、程度补语、时量补语、动量补语、数量补语、介宾短语作补语
九分法	结果补语、趋向补语、可能补语、程度补语、状态补语、动量补语、时段补语、时点补语、处所补语

　　六分法：《汉语水平等级标准与语法等级大纲》（刘英林，1996)将补语分为：结果补语、趋向补语、程度补语、可能补语、数量补语（时量补语、动量补语）、情态补语等六类。

　　七分法：将述补结构分为：结果补语、趋向补语、可能补语、情态补语、程度补语、数量补语、介词短语作补语 7 类。《实用现代汉语语法》（刘月华等，2005)、《国际汉语语法与语法教学》（杨玉玲等，2013)、《对外汉语教学核心语法》（杨德峰，2015)、《对外汉语教学实用语法》（卢福波，2015)、《汉语教学参考语法》（张宝林，2007)主要采用七分法。

---

① 吕文华.对外汉语教学语法探索（增订本）[M].北京：北京语言大学出版社，2008：363.

八分法：将述补结构分为：结果补语、趋向补语、可能补语、程度补语、时量补语、动量补语、数量补语、介宾短语作补语。《汉语教课书》（邓懿，1958）、《对外汉语教学语法大纲》（王还，1995）主要采用八分法。

九分法：《现代汉语语法教程》（丁崇明，2010）从语义上将补语分为：结果补语、状态补语、程度补语、趋向补语、可能补语、动量补语、时段补语、时点补语、处所补语等九类。

从上表可以看出，补语的各种分类方法中，对于结果补语、趋向补语、可能补语的分歧较小，但对于程度补语、状态/情态补语、数量补语、时量补语、动量补语的分歧较大。在八分法中，程度补语包括了六分法、七分法和九分法的情态/状态补语。七分法中的数量补语包括了六分法中的时量补语、八分法中的时量补语、动量补语、数量补语以及九分法中的动量补语、时段补语、时点补语。

吕文华（2014）指出："补语的类型是按照结构特点划分的，名称是根据意义确定的。"[①]本研究认为六分法、七分法、八分法中，除介词短语作补语这一补语类型外，其余补语主要是以结构来分类、意义来命名的。介词短语作补语是以结构分类、结构命名的。九分法则都是从意义来定名的。

通过对述补结构的相关研究的梳理，本研究将述补结构的标注维度确定为语义类别、基本形式、否定形式、疑问形式等四个维度。需要指出的是，语义类别的设置主要参考了《现代汉语语法教程》（丁崇明，2010）。述补结构的预标注框架见表37。

---

① 吕文华. 对外汉语教学语法讲义[M]. 北京大学出版社，2014：141.

表 37   述补结构的预标注框架

语义类别	基本形式	否定形式	疑问形式
结果补语：动作或变化产生的结果。	动＋形 动＋动 动＋形＋了＋名 动＋动＋了＋名	/	0/1
状态补语：描写某一动作使主语表现出的情态。	动＋得＋动 动＋得＋形 动＋得＋主谓 动＋得＋代［怎么样/这样/那样］	动＋得＋不＋形	0/1
程度补语：表示动作或性状的程度。	动＋得＋形 形＋得＋形 动/形＋［极/透/多/死］＋了	动＋得＋不＋形	0/1
趋向补语 1：表示动作行为的趋向。	动＋名＋动［趋向］ 动＋动［趋向］＋名 动＋动［趋向］＋名＋动［趋向］	/	0/1
趋向补语 2：表示动作行为或性质状态的变化。		/	0/1
可能补语：表示可能或不可能。	动＋得＋动 动＋得＋形 动＋得了 动＋得	动＋不＋动 动＋不＋形 动＋不了 动＋不得	0/1
动量补语：表示动作或变化的次数。	动＋数量 形＋数量 动＋数量＋名 动＋名＋数量	/	0/1
时量补语：表示动作或状态发生的时间长度或动作发生的具体时间。	动＋数量 动＋介［于/在］	/	0/1

续　表

语义类别	基本形式	否定形式	疑问形式
处所补语：表示与行为动作或状态相关的地点、处所及某些具体抽象的范围等。	动＋介［于/在/向/往］	/	0/1

2. 述补结构语料的试标注

（1）试标注语料的筛选

《新实用汉语课本》共有 6 册，包含语料 3557 条。本研究将其中包含述补结构的语料作为标注对象。因此，需要从 3557 条语料中筛选出包含述补结构的语料。一部分述补结构包含"激活词"，例如结构助词"得"就是述补结构的激活词。但一部分包含述补结构的语料不包含激活词。我们通过激活词提取一部分语料，再由人工删除其中未包含述补结构的语料。此外，标注者还需从剩余的语料中筛选出未包含激活词但包含了述补结构的语料。最后，从 3557 条语料中获得了 669 条包含述补结构的语料，占语料总量的 18.8%。

（2）语料的试标注及预标注框架的调整

根据述补结构的预标注框架（见表 37），对 669 条语料进行了试标注。根据标注的实际情况，对预标注框架进行了如下调整。

① 语义类别设置的调整

增加"数量补语"，用于标注表示数量方面差异的述补结构，如例 20、例 21。

例 21. 再说，开车最少比骑车【快一倍】，可以节约二分之一

的时间。(《新实用汉语课本》)

例 22. 尽管神州五号载人航天成功，我看，离你到太空旅行还【差十万八千里】呢。(《新实用汉语课本》)

以上两个例子体现了数量方面的差异，需要增设"表示数量方面差异"的数量补语，需要指出的是，这一数量补语不包括时量补语、动量补语，而仅表示数量方面的差异。

②基本形式类别的调整

根据语料标注的实际情况，各述补结构的基本形式类别也作了相应调整，调整结果如表 38—表 47 所示。

表 38　结果补语的基本形式类别

基本形式	数量	示例
动 + 动	113	撞伤、偷走、听懂
动 + 动［趋向］	55	想出来、考上大学、走出来
动 + 形	30	拿好、坐错
动 + 动［趋向］+ 名 + 动［趋向］	3	想出办法来
动 + 着	1	找着

表 39　趋向补语 1 的基本形式类别

基本形式	数量	示例
动 + 动［趋向］	74	走过来、围过来
动 + 到 + 名［处所/方位］	21	回到家里、分配到湖南安江农校
动 + 名 + 动［趋向］	16	上楼去、带照片来
动 + 动 + 名 + 动［趋向］	13	回到厨房去、跑回房里去
动 + 动［趋向］+ 名	11	寄去了一封信、拿出一大束鲜花

表 40　状态补语的基本形式类别

基本形式	数量	示例
动＋得＋形	88	玩得好、说得流利
动＋得＋动	15	看得忘了吃饭、问得不知道怎么办
动＋得＋代[怎么样/这样/那样]	5	吃得怎么样
形＋得＋动	4	急得哭、高得像座小山
动＋得＋主谓	3	扭得全身出汗
形＋得＋连……都……	1	晕得连可乐也不想喝了

表 41　可能补语的基本形式类别及否定形式类别

基本形式	数量	否定形式	数量	示例
动＋得	1	动＋不得	2	说得、说不得
动＋得＋形	1	动＋不＋形	3	听得清楚、听不清楚
动＋得＋动	14	动＋不＋动	30	做得到、做不到
动＋得了	4	动＋不了	5	来得了、来不了
动＋得了＋名	0	动＋不了＋名	1	看得了电视、看不了电视
动＋得着	0	动＋不着	2	找得着、找不着
动＋得＋动＋名	0	动＋不＋动＋名	2	叫不上名、吃不下饭

从上表可以看出，在《新实用汉语课本》中，可能补语的数量不是最多的，但是其形式是最为复杂的。

表 42 动量补语的基本形式类别

基本形式	数量	示例
动 + 数量	43	去一次
动 + 数量 + 名	12	爬一次长城
动 + 名 + 数量	4	看了我一眼

表 43 处所补语的基本形式类别

基本形式	数量	示例
动 + 介［在/于/向/往］+ 名［处所/方位］	58	站在那儿、摆在宿舍里、飞向笼子

表 44 程度补语的基本形式类别

基本形式	数量	示例
形/动 +［极/多/死］+ 了	19	忙死了、孝顺极了
形 + 得 +［多］	8	好得多
形 + 形 + 了	6	好多了
形 + 得 +［很/不得了］	6	忙得很、忙得不得了
动 + 得 + 形	3	差得远、病得厉害
动 +［死/透］	2	照透、饿死

表 45 趋向补语 2 的基本形式类别

基本形式	数量	示例
动 + 动［趋向］	32	包起来、哭了起来
动 + 动［趋向］+ 名 + 动［趋向］	7	唱起蒙族民歌来、提起精神来
形 + 动［趋向］	3	热起来、好起来

表 46 时量补语的基本形式类别

基本形式	数量	示例
动 + 数量	29	等一下、学习了一年
动 + 数量 + 名	3	看了一个半小时的画儿、聊一会儿天
动 + 名 + 动 + 数量	1	化妆化了半小时

表 47 数量补语的基本形式类别

基本形式	数量	示例
形 + 数量	15	贵一点儿、小一点儿、差十万八千里

③ 否定形式的调整

经统计,在 669 条述补结构中,使用述补结构否定形式的语料共有 57 条。本研究对述补结构的否定形式进行了分析统计,结果如下表所示。

表 48 述补结构的否定形式

补语类型	否定形式	数量	示例
结果补语	没有/没 + 基本形式	4	没有清醒过来、没坐错
状态补语	动 + 得 + 不 + 形	8	考得不太好、看得不很清楚
可能补语	动 + 不 + 动	30	做不到、看不懂、忍不住
	动 + 不了	5	来不了
	动 + 不 + 形	3	听不清楚
	动 + 不着	2	找不着
	动 + 不得	2	说不得
	动 + 不了 + 名	1	看不了电视
	动 + 不 + 动 + 名	2	叫不上名、吃不下饭

从试标注结果来看,结果补语、状态补语、可能补语具有否定形式,其中可能补语的否定形式使用率较高,形式多样。结果补语、状态补语的否定形式较为简单。

通过对语义类别、基本形式类别、否定形式类别的调整,最后形成了如表 49 所示的述补结构的标注框架 1。

表 49　述补结构的标注框架 1

语义类别	基本形式	否定形式	疑问形式
结果补语:动作或变化产生的结果。	动 + 动(看懂) 动 + 动[趋向](走下来) 动 + 形(吃好) 动 + 动[趋向] + 名 + 动[趋向] (想出办法来) 动 + 着(找着)	没有 + 基本形式	0/1
状态补语:描写某一动作使主语表现出的情态。	动 + 得 + 形 动 + 得 + 动 动 + 得 + 代[怎么样/这样/那样] 形 + 得 + 动 动 + 得 + 主谓/小句	动 + 得 + 不 + 形	0/1
程度补语:表示动作或性状的程度。	形/动 + [极/多/死] + 了 形 + 得 + [多] 形 + 形 + 了 形 + 得 + [很/不得了] 动 + 得 + 形 动 + [死/透]	/	0/1
趋向补语1:表示动作行为的趋向。	动 + 动[趋向] 动 + 到 + 名[处所/方位] 动 + 名 + 动[趋向](买一斤茶回来) 动 + 动 + 名 + 动[趋向](买回一斤茶来) 动 + 动[趋向] + 名(买回来一斤茶)	/	0/1

语义类别	基本形式	否定形式	疑问形式
趋向补语2：表示动作行为或性质状态的变化。	动＋动[趋向] 动＋动[趋向]＋名＋动[趋向] 形＋动[趋向]	/	0/1
可能补语：表示可能或不可能。	动＋得 动＋得＋形 动＋得＋动 动＋得了 动＋得了＋名 动＋得着 动＋得＋动＋名	动＋不得 动＋不＋形 动＋不＋动 动＋不了 动＋不了＋名 动＋不着 动＋不＋动＋名	0/1
动量补语：表示动作或变化的次数。	动＋数量(抄三遍) 动＋数量＋名(看一眼老师) 动＋名＋数量(踢他一脚)	/	0/1
时量补语：表示动作或状态发生的时间长度或动作发生的具体时间。	动＋数量(听一小时) 动＋数量＋名(听一小时录音) 动＋名＋动＋数量(听录音听了半小时) 动＋介[于/在]＋名[时间](生于2001年/订在下午三点)	/	0/1
处所补语：表示与行为动作或状态相关的地点、处所及某些具体抽象的范围等。	动＋介[在/于/向/往]＋名[处所/方位](飞向南方)	/	0/1
数量补语：表示数量方面的差异。	形＋数量(贵一倍)	/	0/1

从上表可以看出,语义类别共有 10 项,基本形式类别共有 41 项,除去重复的后,还剩 33 项。

3. 述补结构的标注框架及其覆盖率

为检验标注框架 1 设置的科学性与合理性,本研究在新语料中检测了标注框架 1 的覆盖率。测试所选用的语料为《中文听说读写》。该套教材中共包含语料 1613 条,其中述补结构的语料 234 条。经过测试,发现共有 10 条语料包含有两个述补结构,因此,总标注语料为 244 条。本研究从语义类别、形式类别、否定形式类别对标注框架 1 的覆盖率进行检测。

（1）语义类别的覆盖率

标注过程中有四条语料无法归类,因此语义类别标注框架的覆盖率为 98.4%。这四条语料如下：

例 23.柯林：天明,你几乎整天待在屋子里玩儿电脑,【看起来】真是玩儿上瘾了。(《中文听说读写》)

例 24.【听起来】好像你不爱跟我聊天儿。(《中文听说读写》)

例 25.张天明：【看起来】不少学生都是一边读书一边打工挣钱。(《中文听说读写》)

例 26.到处都是绿色,【看起来】真舒服!(《中文听说读写》)

这四条语料与表示趋向义的"站起来"、表示结果义的"集中起来",以及状态义的"笑起来"都不同。《现代汉语词典》(第 6 版)将"看起来""听起来"中的"起来"解释为:"用在动词后,表示估计或者着眼于某一方面。"[①]《现代汉语八百词》的观点与此相

① 现代汉语词典(第 6 版)[M].北京：商务印书馆.2013：1024.

同。因为语料数量较少,因此,不另设一语义类别,将其归入与
之最接近的"趋向补语 2:表示动作行为或性质状态的变化"这
一语义类别中。

(2)基本形式类别的覆盖率

经过对标注语料的统计,标注框架中形式类别的覆盖率为
99.2%。两条语料不能归入标注框架 1 中,涉及到程度补语、数
量补语。

> 例 27. 丽莎:两个星期前我跟他约好去看一个演唱会,没想
> 到他那天晚上一直玩儿电脑,把演唱会的事儿【忘得
> 一干二净】。(《中文听说读写》)

> 例 28. 丽莎:我听说中国政府规定办公室和公共场所,冬天
> 暖气温度不能【高于摄氏 20 度】,夏天空调不能【低
> 于 26 度】。(《中文听说读写》)

例 27 中,"忘得一干二净"是程度补语,基本形式为"动 +
得 + 成语"。例 28 中,"高于摄氏 20 度"是数量补语,基本形
式为"形 + 于 + 数量"。这两种形式都有一定的生成性,因此,
需要对标注框架中的形式类别进行微调。在程度补语、数量补
语的形式类别中分别增加"动 + 得 + 成语""形 + 于 + 数量"两种
形式。

语言是复杂多变的,在规则之外总有例外。而标注框架需
要在标注实践中不断调整、修改。本研究认为,标注框架覆盖率
在 95% 以上就可以用于标注实践中。通过对《中文听说读写》
的标注,需要对标注框架进行进一步调整,形成标注框架 2。
(见表 50)

表 50   述补结构的标注框架 2

语义类别	基本形式	否定形式	疑问形式
结果补语：动作或变化产生的结果。	动＋动 好像停住了。 动＋动［趋向］ 是他提出来的。 动＋形 我们坐错车了。 动＋动［趋向］＋名＋动［趋向］ 你还能想出什么办法来？ 动＋着 睡着了。	没有＋基本形式 考试没考好。	1/0
状态补语：描写某一动作使主语表现出的情态。	动＋得＋形 你来得真早！ 动＋得＋动 看得忘了吃饭。 动＋得＋代［怎么样/这样/那样］ 考得怎么样？ 形＋得＋动 安静得听不见一点儿声音。 动/形＋得＋主谓/小句 扭得全身出汗｜晕得连可乐也不想喝了。	动＋得＋不＋形 这次住得不太好。	1/0
程度补语：表示动作或性状的程度。	形/动＋［极/多/死］＋了 这件漂亮极了。 形＋得＋［多］ 这个菜比饭馆做的好得多。 形＋形＋了 他们的水平比我们高多了。 形＋得＋［很/不得了］ 婚礼热闹得很。 动＋得＋形 离厨师的水平还差得远呢！ 动＋［死/透］ 一半被照透。 动＋得＋成语/四字格 把演唱会的事儿忘得一干二净。	/	1/0

续　表

语义类别	基本形式	否定形式	疑问形式
趋向补语1：表示动作行为的趋向。	**动＋动**［**趋向**］ 别忘了把您的护照带去。 **动＋到＋名**［**处所/方位**］ 把它送到嘴里。 **动＋名动**［**趋向**］ 他们常常到别的地方去。 **动＋动＋名＋动**［**趋向**］ 我们爬上长城来了！｜我把你们带到茶馆来。 **动＋动**［**趋向**］**＋名** 我给你带来了一件小礼物。	/	1/0
趋向补语2：表示动作行为或性质状态的变化。	**动＋动**［**趋向**］ 天气就热起来了。 **动＋动**［**趋向**］**＋名＋动**［**趋向**］ 唱起蒙族民歌来。 **形＋动**［**趋向**］ 肚子就疼起来了。	/	1/0
可能补语：表示可能或不可能。	**动＋得** 小屋子也住得么？ **动＋得＋形** 看得清楚。 **动＋得＋动** 车还上得去吗？｜看得出来 **动＋得了** 你朋友秋天来得了吗？ **动＋得了＋名** 开得了口。 **动＋得着** 睡得着觉。 **动＋得＋动＋名** 买得到票吗？	**动＋不得** 辞退不得。 **动＋不＋形** 解释不清楚。 **动＋不＋动** 上不去了。 **动＋不了** 放松不了。 **动＋不了＋名** 开不了口。 **动＋不着** 用不着上去避暑。 **动＋不＋动＋名** 叫不上名。	1/0

续　表

语义类别	基本形式	否定形式	疑问形式
动量补语：表示动作或变化的次数。	**动＋数量** 请再说一遍。 **动＋数量＋名** 介绍一下留学生足球队的事儿。 **动＋名＋数量** 丈夫只是看了我一眼。	/	1/0
时量补语：表示动作或状态发生的时间长度或动作发生的具体时间。	**动＋数量** 靠着门休息了一会。 **动＋数量＋名** 看了一个半小时的画儿。 **动＋名＋动＋数量** 你化妆化了半个小时。 **动＋介[于/在]＋名[时间]** 事情发生在那年秋天。	/	1/0
处所补语：表示与行为动作或状态相关的地点、处所及某些具体抽象的范围等。	**动＋介[在/于/向/往]＋名[处所/方位]** 我要把它挂在我宿舍的墙上。	/	1/0
数量补语：表示数量方面的差异。	**形＋数量** 贵一点儿没关系。 **形＋于＋数量** 冬天暖气温度不能高于摄氏20度。	/	1/0

　　上表基本形式和否定形式列中的黑体字是标注的具体内容，非黑体字是与结构形式相对应的语料。

4.3.1.2 述补结构的标注说明

1. 语义类别的归属说明

补语的类型历来是根据结构分类、根据意义来命名的,这就给述补结构语义类别的划分造成了一定的困难。而难点又在于趋向补语的语义归属。趋向补语可以表达趋向义、结果义、状态义。例如:

例 29. 小云,你帮我【站起来】……(《新实用汉语课本》)[趋向义]

例 30. 可是,在这种时候,母亲的心【横起来】,她不慌不哭,要从无办法中想出办法来。(《新实用汉语课本》)[结果义]

例 31. 小燕子:可是北京一到 5 月,天气就【热起来】了。(《新实用汉语课本》)[状态义]

例 29、例 30、例 31 分别表示趋向义、结果义和状态义。

趋向补语的语义复杂。在《实用现代汉语语法》中,在结果补语部分,所使用的例子中有"他从冰箱里<u>拿出来</u>一个西瓜"。可是,在趋向补语中,又使用了"飞出来、搜出来"等用例。这就给语料的标注的一致性造成了一定困扰。为了进一步厘清述补结构的类型与语义的关系,根据《实用现代汉语语法》,本研究对趋向补语进行了进一步考察与归纳,结果如表 51 所示。

表 51 趋向补语所表达的语义类别

趋向动词	表示趋向	表示结果	表示状态
来	跑来	/	/
去	回去	/	/
上	赶上前	考上大学/关上门	/

续　表

趋向动词	表示趋向	表示结果	表示状态
上来	跑上来	补上来	/
上去	走上去	写上去	听上去
下	走下楼	生下孩子	停下
下来	走下来	撕下来/定下来	安下心来
下去	拿下去	瘦下去	暗淡下去
出来	飞出来	做出来	/
出去	走出去	/	/
回	跑回宿舍	/	/
回来	飞回来	/	/
过	飞过高山	瞒过了父母	/
过来	开过来	闯过来	/
起	升起	关起房门/撅起嘴	响起/聊起
起来	升起来	围起来	笑了起来
开	走开	看开/舒展开	/
到①	/	看到李老师	/
到……来	回到学校来	/	/
到……去	送到机场去	/	/

　　从上表可以看出,趋向补语可以表示趋向、结果、状态等三种语义类别。从意义出发,本研究将趋向动词分为以下四类:

　　第一类表示趋向义的趋向动词,包括来、去、出去、回、回来、到……来、到……去;

---

① "到"还可以表示时间,如"学到两点",也可以表示处所"飞到美国"。

第二类表示趋向义、结果义的趋向动词,包括上、上来、上去、出来、过、过来、开;

第三类表示趋向义、结果义、状态义的趋向动词有:下、下来、下去、起、起来;

第四类表示处所义、时间义、趋向义的趋向动词:到。

为保证标注的一致性,在趋向补语的语义类别归属上,本文制定了语义类别划分的原则:

第一,以"来、去、出去、回、回来、到……来、到……去"为补语的述补结构,其语义类别归入"趋向补语1";

第二,以"上、上来、出来、过、过来、开"为补语的述补结构,如果表达的是趋向义,语义类别归入"趋向补语1",如果表达的是结果义,语义类别归入"结果补语"。例如:

例32.看,下边都是山,火车从山里【开出来】了。(《新实用汉语课本》)

例33.丁力波:这个好主意是怎么【想出来】的?(《新实用汉语课本》)

例32中的"出来"表达的是趋向义,因此语义类别归入"趋向补语1"。例33中的"出来"表达的是结果义,语义类别归入"结果补语"中。

第三,以"下、下来、下去、起、起来、上去"为补语的述补结构,如果表达的是趋向义,语义类别归入"趋向补语1",如果表达的是结果义,语义类别归入"结果补语",如果表达的是状态义,语义类别归入"趋向补语2"。例如:

例34.马大为:我【站起来】就头晕,不想吃。(《新实用汉语课本》)

例35.王小云:对,我【想起来】了,上次去你家的时候,他们

说过这个意思。(《新实用汉语课本》)

例 36. 大家听了都【笑起来】了。(《新实用汉语课本》)

例 34 中的"起来"表达趋向义,语义类别归入"趋向补语1",例 35 中的"起来"表达结果义,语义类别归入"结果补语",例 36 中的"起来"表达状态义,语义类别归入"趋向补语2"。

2. 疑问形式的标注说明

述补结构疑问形式的标注不需要标注出具体形式,只需要标注是否为疑问形式。若使用了疑问形式,则标注为"1",若没有使用疑问形式,则标注为"0"。

4.3.2 "把"字句的标注规范

"把"字句是对外汉语教学中的重点、难点。崔希亮(1995)、金立鑫(1997)、余文青(2000)、李英等(2005)、杨小璐等(2008)、吕必松(2010)都从汉语作为第二语言教学角度探讨过"把"字句的句法、语义、语用问题。本节主要说明"把"字句的标注研究。

4.3.2.1 "把"字句标注框架

1. "把"字句预标注框架

关于"把"字句的结构形式,文本在 3.2.2 中已有过详细分析(见表 16),在此不再赘述。在本节中,重点讨论了前人对"把"字句语义上的分析。

"把"字句主要表达"处置、致使"的意义。

《实用现代汉语语法》(刘月华等,2005)主要从"把"字句的结构形式论述了"把"字句,对"把"字句中介词"把"的宾语的语义类型、"把"字句中谓语及谓语后的其他成分的类型进行了论述。而对"把"字句的语义,仅从表达功能上进行了论述——"当着眼于某一事物,叙述或说明通过动作发生了什么变化或有什么结果时使用'把'字句"①。

《现代汉语八百词》(吕叔湘等,2009)将介词"把"的语义分为五类:表示处置;表示致使;表示动作的处所或范围;表示发生不如意的事情;拿、对。

《现代汉语语法教程》(丁崇明,2010)认为"把"字句表示"某一物体在外力的作用下从甲点转移到乙点。"②

吕文华(2014)将"把"字句的语义类别分为六类:表示移动或关系的转移;表示发生某种变化或产生某种结果;表示某动作与某确定的事物发生联系;表示某确定的事物认同为另一事物;表示不如意;表示致使。

吕必松(2010)把"把"字句分为:处置、对待、致使三类。

根据前人对"把"字句的论述及对语料的初步分析,本研究制定了"把"字句的预标注框架,如下表所示。

表 52 "把"字句的预标注框架

标注维度	取值
语义类别	1. 表示处置,多为描述动作及其结果(程度或数量)。 例如,请把花儿养好。 2. 表示致使,表示在某种原因下产生的反映或状态,多数是表示不如意的结果。 例如,这事儿把我累坏了。
基本形式	1. 把 + 名 + 动 + 了 2. 把 + 名 + 动 + 着 3. 把 + 名 + 动[重叠] 4. 把 + 名 + 动[结果补语] 5. 把 + 名 + 动[趋向补语] 6. 把 + 名 + 动[状态补语]

---

① 刘月华.实用现代汉语语法[M].北京:商务印书馆,2005:745.

② 丁崇明.现代汉语教程[M].北京:北京大学出版社,2010:230.

标注维度	取值
	7. 把＋名＋动［处所补语］ 8. 把＋名＋动［时量补语］ 9. 把＋名＋动［程度补语］ 10. 把＋名＋动［动量补语］ 11. 把＋名＋动＋名 12. 把＋名＋连动
否定形式	1. ……别把…… 2. ……没把…… 3. ……不要把…… 4. ……不把……
疑问形式	"1"表示使用了疑问形式；"0"表示没有使用疑问形式

从上表可以看出，"把"字句主要从语义类别、基本形式、否定形式、疑问形式等四个维度进行标注。

2. "把"字句的试标注

为了对预标注框架进行验证与调整，本研究对《新实用汉语课本》《中文听说读写》、《博雅汉语》的"把"字句进行了试标注①。三套教材中共包含"把"字句的语料 350 条，实际试标注语料 369 条②。（见表 53）

表 53　试标注的语料的构成

名称	语料数	重复语料数	实际标注语料数
《新实用汉语课本》	115	5	120

---

① 因为"把"字句教材中出现的频率较低，因此，将《新实用汉语课本》、《中文听说读写》、《博雅汉语》三部教材中包含"把"字句的语料作为试标注的语料。

② 如果一条语料中包括了两个或更多个"把"字句，如果这些"把"字句中四个标注维度中有一个不同，则对语料进行多次标注。

名称	语料数	重复语料数	实际标注语料数
《中文听说读写》	24	1	25
《博雅汉语》	211	13	224

在标注过程中,本研究对"把"字句的语义类别及基本形式类别主要作了如下调整:

第一,语义类别增加"转移类"。因为在语料标注过程中发现,"表处置"类别下,表示物体或信息转移的语料数量较大,约占试标注语料的 39.4%,因此,将"转移类"单独列出。例如:

例 37. 西方人【把】食物放在自己的盘子里。(《新实用汉语课本》)

第二,语义类别增加"判断类",这类语料约占标注语料的 7.3%。例如:

例 38. 早期基督徒【把】三角看成是永恒的象征。(《博雅汉语中级冲刺篇》)

第三,增加基本形式"把 + 名 + 动[复合补语]"。例如:

例 39. 今天我【把】你们带到茶馆来。(《新实用汉语课本》)

例 39 中,"到茶馆来"既包括处所补语,又包括趋向补语。

第四,增加基本形式类别"把 + 名 + 小句[兼语句]"。例如:

例 40. 把这种安祥宁静让别人也感受到。(《博雅汉语高级飞翔篇》)

第五,基本形式类别增加"把 + 名 + 状 + 动"。例如:

例 41. 那就是【把】它远远地扔掉。(《博雅汉语高级飞翔篇》)

例 41 中,因动词"扔掉"有表示结果义的"远远地",因此,动词后没有其他成分。

　　语义类别及基本形式类别调整后,形成了如下表所示的
"把"字句标注框架1。

表 54　"把"字句的标注框架 1

标注维度	取值
语义类别	**1. 表示转移,物体或信息发生了转移。** 你把护照带来了吗? **2. 表示处置,多为描述动作及其结果(程度或数量)。** 请把花儿养好。 **3. 表示致使,表示在某种原因下产生的反映或状态,多数是表示不如意的结果。** 这事儿把我累坏了。 **4. 表示判断,主语的认为或判断。** 我把你当成朋友。
基本形式	**1. 把＋名＋动＋了** 把借书证办了。 **2. 把＋名＋动＋着** 只好暂时把辫子留着。 **3. 把＋名＋动[重叠]** 我还得先把动作练一练。 **4. 把＋名＋动[结果补语]** 总是先把调色盘和砚台洗净。 **5. 把＋名＋动[趋向补语]** 母亲这次把酒瓶拿了起来。 **6. 把＋名＋动[状态补语]** 把自己磕碰得鼻青脸肿。 **7. 把＋名＋动[处所补语]** 我要把它挂在我宿舍的墙上。 **8. 把＋名＋动[时量补语]** 我想把时间定格在那一秒。 **9. 把＋名＋动[动量补语]** 他又把小狮子丢弃了三回。 **10. 把＋名＋动[程度补语]** 满桶的水把别人从头到脚浇个透。 **11. 把＋名＋动＋名** 请把包裹通知单给我。

标注维度	取值
	12. 把＋名＋连动 把礼物打开看。 **13. 把＋名＋状语＋动** 把电脑、彩电、音响等电器往车上装。 **14. 把＋名＋动**［复合补语］ 我把你们带到茶馆来。 **15. 把＋名＋小句**［兼语句］ 把这种安详宁静让别人也感受到。
否定形式	**1. ……别把……** 千万别把自己封闭起来。 **2. ……没把……** 他没把这个消息告诉你？ **3. ……不要把……** 不要把顺序弄乱了。 **4. ……不把……** 不把精力浪费在完全不值得浪费的方面。
疑问形式	"1"表示使用了疑问形式"他没把这个消息告诉你？" "0"表示没有使用疑问形式。

3. "把"字句的标注框架及其覆盖率

为检测"把"字句标注框架 1 的覆盖率,本研究从《汉语纵横精读课本》中提取了所有的"把"字句,共计 155 条,并根据预标注框架 1 对这 155 条语料进行了标注。检测结果发现"把"字句标注框架 1 中语义类别、基本形式、否定形式的覆盖率均为 100%。因此,研究认为标注框架 1 可作为"把"字句的标注框架。

4.3.2.2 "把"字句的标注说明

1. 语义类别的标注说明

在标注框架中,"把"字句的语义类别分为:表转移、表处置、表致使、表判断等四类。在标注过程中,表判断类的特征较为明显,而表转移、处置、致使的标注容易产生模糊。因此,需要对这三类的标注做进一步说明。

第一,"把"字句"表转移"容易标注为"表处置"。标注时,重点要看"把"的宾语有没有发生转移。本研究认为,"表转移"包含于"表处置",转移是处置的结果之一,而且是一类较为典型的结果。在标注"表处置类"和"表转移类"时,关键看动作有没有使宾语发生转移。例如:

> 例42.拿着刚买回来的拍子却打不了球,一生气,我【把】它送人了。(《博雅汉语准中级加速篇》)

"把它送人了"中,主语对"它"进行了处置,处置的结果是让"它"发生了位移,因此,这条语料应标注为"表转移"。

第二,"表处置"和"表致使"容易发生混淆。区分这两个语义类别的关键是要看主语是不是表示动作产生结果的原因。例如,

> 例43.原来一场大病,【把】我的几根又短又黄的头发,脱得干干净净,我已成了一个秃头。(《博雅汉语高级飞翔篇》)

在这条语料中,"头发脱得干干净净"是结果,而"大病"是原因,因此,该条语料的语义类别应标注为"表致使"。

2. 基本形式的标注说明

第1,在基本形式"把 + 名 + 动 + 了"中,"动"指动词原形。

第2,基本形式"把 + 名 + 动 + 名"包括以下四种类型:

① 把 + 名 + 动 + 给 + 名　例如:

例44.我就【把】钱还给您。(《新实用汉语课本》)

② 把 + 名 + 动 + 成 + 名　　例如:

例45.【把】"入乡随俗"翻译成英语。(《新实用汉语课本》)

③ 把＋名＋动＋作＋名　例如：

例 46.大家都【把】他当作学习的榜样。(《博雅汉语中级冲刺篇》)

④ 把＋名＋动＋名　例如：

例 47.我可以[把]我画好的马送你。(《新实用汉语课本》)

第三,基本形式"动＋名＋动[处所补语]",其中处所补语,包括地点、方位如例 48,也包括范围或领域,如例 49。

例 48.他[把]香蕉放在酸奶里(《中文起步》)

例 49.[把]主要精力放在学习和工作上。(《汉语纵横精读课本》)

从形式上来看,"动＋名＋动[处所补语]"可以细分为以下三种形式:"把＋名＋动＋在＋名[处所]""把＋名＋动＋到＋名[处所]""把＋名＋动＋回/进＋名[处所]",分别如例 50、例 51、例 52。

例 50.我们还【把】枫叶放在了国旗上。(《当代中文》)

例 51.那位讲解员笑着【把】我们送到文学馆门口。(《新实用汉语课本》)

例 52.他【把】手伸进衣袋。(《汉语纵横精读课本》)

第四,标注的优先级问题。"把"字句的标注框架的基本形式共有 13 类。但部分形式类别会出现交叉的现象。例如:

例 53.【把】油放进锅里。(《博雅汉语初级起步篇》)

例 53 中,"放进锅里"实际上是"把＋动＋补＋宾",在标注上,我们标注为"把＋名＋动[处所补语]"。

为解决标注上的交叉现象,本研究制定了"把"字句基本形式类别标注的优先级:

把＋名＋连动＞把＋名＋动[复合补语]＞把＋名＋动＋

名＞把＋名＋动＋其他补语

例如：

例 54. 钟书才知道父亲【把】他的每一封信都贴在本子上珍
　　　藏。(《博雅汉语中级冲刺篇》)

例 54 中，"贴在本子上"是处所补语，但"贴在本子上珍藏"
是连动，因此，根据标注的优先级别，应标注为"把＋名＋连动"。

4.3.3　助词"了"的标注规范

4.3.3.1　助词"了"的标注框架

1. 助词"了"的预标注框架

助词"了"是汉语教学的重点和难点。一是因为助词"了"句
法语义结构复杂，本体研究中对"了"的看法还存在不少分歧，在
教学处理上也各不相同；二是在印欧语系中表示动作的态主要
通过词形变化的方式，而在汉语中则通过动态助词来表示，属于
汉语特有的语法现象。

对于学习者而言，难在什么时候该用"了"，什么时候不该用
"了"，"了"应该放在句中的什么位置。下文梳理了吕叔湘、刘月
华、杨玉玲、吴中伟、丁崇明等学者对于助词"了"语义和句法上
的研究成果。(见表 55)

表 55　助词"了"的句法语义分析

来源	语义	句法结构
《现代汉语八百词》(吕叔湘等，2009)	1. 了 1：表示动作的完成； 2. 了 2：表示肯定事态出现了变化或即将出现变化，有成句的作用； 3. 表示例举。	1. 动＋了 1＋宾 2. 动＋宾＋了 2 3. 动＋了 1＋宾＋了 2 4. 动＋了 2/动＋了 1＋2 5. 形＋了 2/形＋了 1＋2 6. 动/形＋了 1＋数量

来源	语义	句法结构
		7. 动/形＋了1＋数量＋了2 8. 动＋了1＋数量＋宾 9. 动＋了1＋数量＋宾＋了2 10. 动＋宾＋动＋了1＋数量 11. 动＋宾＋动＋了1＋数量＋了2 12. 宾＋动＋了1＋数量＋了2 13. 名＋了2 14. 数量＋了2 15. 不＋动＋了2 16. （别＋动）＋了2 17. 别＋（动＋了1） 18. ……了＋没有
《实用现代汉语语法》（刘月华等，2005）	1. 动态助词"了"：表示动作行为的发生和状态的出现； 2. 语气助词"了"； 3. 表示动作状态的实现； 4. 表示肯定的语气，有成句、篇章的功能； 5. 表示不符合某种标准； 6. 表达说话者对某种情况的惊讶或不以为然的情绪。	1. 动词＋了 2. 形容词＋了 3. 动词＋了＋宾 4. 动词＋结果补语＋了＋宾 5. 动词＋来/去＋了＋宾 6. 动词＋了＋宾＋来/去 7. 动词＋"上"类字＋了＋宾语＋来/去 8. 动＋了＋宾语＋了＋宾语＋复合趋向补语 9. 状态动词/形容词＋了 10. 该……了 11. 都……了 12. 快……了/快要……了/要……了 13. 可……了 14. 性状类形容词＋了＋（一点儿/一些）

来源	语义	句法结构
《国际汉语教学通用课程大纲》	/	1. 数量词/名词 + 了 2. 主语 + 形容词/动词 + 了 3. 小句 + 了 4. 主语 + 动词 + 了 + 数量/动量 + （名） 5. 该 + 名词短语/动词短语 + 了 6. （就/快）要 + 动词短语 + 了 7. 能愿动词 + 动词短语 + 了 8. 不 + 动词短语 + 了 9. 主语 + 动词 + 了 + 名词 + 就/再 + 动词短语 + 了
《国际汉语语法与语法教学》（杨玉玲、吴中伟，2010）	1. 了1：表示动作的完成或实现（用于词尾）； 2. 了2：表示状态改变。（用于句尾）。	1. Sb + V + 了 + 数量词 + O 2. Sb + V1 + 了 + O + V2 3. Sb + V + 了 + 时量补语 + O 4. Sb + V + 了 + 动量补语 + O 5. Sb + V + 结果补语 + 了 + O 6. 时间 + 没(有) + V + 了 7. 没(有) + N + 了
《现代汉语教程》（丁崇明，2010）	1. 了1：表示动作完成、变化实现； 2. 了2：表示陈述语气，兼表动作、状态实现，新情况的出现； 3. 表示某种行为动作到说话时为止进行或持续了多长的一段时间。	1. V + 了 + …… 2. V + 了 3. NP + 了 4. 就要/快要 + VP + 了 5. V + 了 + 时段词语 + （N）+ 了

　　从语义上来看，助词"了"主要分为动态助词和语气助词。综合表 55 中的相关研究，可以发现动态助词"了"主要表示：动作的完成、发生或实现，状态的出现，变化的实现。语气助词"了"主要表示：事态出现变化或即将出现变化，动作状态的实

现,新情况的出现。《现代汉语八百词》认为语气助词了还有"表列举"的功能。《实现现代汉语语法》对语气助词"了"的语义分类也更为具体,将语气助词分为四类。

从句法结构上来看,由于助词"了"形式结构较为复杂,不同学者对其分类各不相同。有的在形式特征中区别了"了1"和"了2",有的没有对"了1"和"了2"进行区分。有的对句法结构的归纳较细,《现代汉语八百词》归纳了21种结构形式,《实用现代汉语语法》归纳了14种。

本研究认为,在语料标注中不应区分"了1"和"了2",主要因为:

第一,标注的可能性。"了"主要出现在句中和句尾,句中的了通常为"了1",句尾的"了",通常为"了2",但也可能是"了1",还有学者认为是"了1+了2"。从现有的研究来看,关于助词"了"的区分还没有形成共识。

第二,教学的需求。从教学需求上来看,学习者没有必要分清句子里的"了"是动态助词还是语气助词。刘月华等(2005)认为"教学中,重要的是学会使用'了',而不必追究到底用的是哪个'了'。"[①]卢福波(2013)在教学上也将语气助词"了"并入动态助词"了"处理,并将语义总结为"表示动作的完成或动作、状态出现的变化。"[②]

除助词"了"的教学研究外,丁桂贤(1990)、丁崇明(2012)、刘汉武、丁崇明(2015)等都对助词"了"的习得情况进行了研究。

根据助词"了"的相关研究,本研究认为助词"了"的预标注框架制定需考虑以下方面的内容:第一,助词"了"语义上的细

---

① 刘月华.实用现代汉语语法[M].北京:商务印书馆,2005:381.
② 卢福波.汉语语法教学理论与方法[M].北京:北京大学出版社,2013:174.

化;第二,助词"了"的位置,特别是句中存在宾语、补语时"了"的位置;第三,助词"了 1"和语气词"了 2"同时使用的情况。由此,制定出助词"了"的预标注框架,如下表所示。

表 56　助词"了"的预标注框架

语义类别	基本形式	否定形式
表示动作行为的发生和状态的出现。	**动＋了＋名** 下课后,我去看了一场电影。	
	动＋补[来/去]＋了＋名 送去了一些好吃的。	
	动＋了＋名＋补[来/去] 送了一些好吃的去	
	动＋了 课文你们预习了吗?	
	动＋了＋补[趋向] 小狗向我们跑了过来。	
表示事态或状态出现了变化或变化已经完成。	**动＋名＋了** 刮风了∣他喜欢跳舞了。 **动＋了** 他哭了∣他喝醉了∣他生气了∣他累了	**别……了** **不……了**
	动＋补[趋向]＋了　我们把桌子搬进去了	
	形＋了 人老了	
表示即将出现某种新情况。	**要/快要/就要＋动＋了** 就要考试了。	
表示已经出现某种新情况。	**名＋了** 星期一了	
	数＋了 三个月了	

语义类别	基本形式	否定形式
既表示动作已经完成，又表示事态有了变化。	**动＋了＋名＋了**　我写了回信了。	
	动＋补［结果］＋了　衣服洗干净了。	
表示已经完成的数量或持续的时间，动作可能继续下去，也可能不继续下去。	**动＋了＋数量/时量＋（名）＋了** 我买了三十本书了。 我看了三天书了。 小狗丢了三天了。 他累了三天了。	
表示动作持续的时间或动作完成的数量，一般表示动作已完成，不再继续进行了。	**动＋了＋数量/时量＋（名）** 这本书我看了三天。	
表示某一性质偏离标准。	**动/形＋了＋数量** 这个鞋大了一号。	
表示动作完成，第一个动作行为发生以后，再发生第二个动作行为。	**动＋了＋动** 我听了很高兴。｜姐姐买了一件衣服给我。｜论文写完了再走。	
表示动作完成，第一个动作行为是第二个动作行为的方式、工具、目的。	**动＋动＋了＋名** 骑车去了学校。｜用洗衣机洗了衣服。｜去电影院看了一场电影。	
表示列举。	**动＋了，动＋了，动＋了** 吃了，喝了，玩了。	
表示肯定的语气，有成句、篇章的功能。	**太……了** 太美了。	
	可……了 可漂亮了。	

语义类别	基本形式	否定形式
	都……了 都六十岁了，……	
	该/应该……了 该吃饭了。	

2. 助词"了"的试标注

试标注语料选择的是《中文听说读写》中包含助词"了"的所有语料，共计 393 条。通过标注实践发现，预标注框架对语料的覆盖率较低，因此，根据标注中出现的问题对预标注框架作了如下调整：

第一，标注框架整体设计上应从以下方面考虑："了 1"单独使用的情况；"了 2"单独使用的情况；"了 1"和"了 2"共同使用的情况；"连动句"中"了 1"和"了 2"的使用情况。

第二，语义类别的调整。例如，在预标注框架中，我们根据相关研究，设置了"表示已经完成的数量或持续的时间，动作可能继续下去，也可能不继续下去"和"表示动作持续的时间或动作完成的数量，一般表示动作已完成，不再继续进行了"，其对应的形式分别为："动 + 了 + 数量/时量 + （名）+ 了"（这本书看了三天了）、"动 + 了 + 数量/时量 + （名）"（这本书我看了三天）。但是，在标注实践中发现，"动 + 了 + 数量/时量 + （名）"这一形式语义上"一般表示动作已完成，不再继续进行了"这一特征并不典型，单纯从以句为单位的语料来看，较难判断动作或行为是不是会进行下去。因此，标注框架将这两个语义类别进行了合并处理。

第三，提高基本形式的概括性。"既表示动作已经完成，又

表示事态有了变化。"这一语义类别下语料较少,但在预标注框架中涉及的基本形式较为复杂,包括"动＋了＋宾＋了"(我写了回信了)、"动＋了＋动＋宾＋了"(忘了带饭卡了)、"动＋了＋动＋了"(忘了带了)、"动＋了＋动＋补＋了"(忘了带来了)这四种,个别形式只有1—2条语料。因此,标注框架不对第二个动词短语进行具体标注,将基本形式合并为两类:"动＋了＋宾＋了"(我写了回信了)、"动＋了＋动＋了"(忘了带了|忘了带来了|忘了带饭卡了|忘了带饭卡来了)。再如,在预标注框架中,使用了"动＋了＋名"的形式,但在标注框架1中则改为了"动＋了＋宾"的形式。这是因为在标注实践中发生虽然名词或名词性成分是宾语的主要形式,但部分语料中充当宾语的还有动词或动词短语,如"常常连饭都忘了吃"中用"宾"来代替"名"能提高基本形式概括性,降低基本形式的复杂性。

经过对393条语料的标注,我们将预标注框架调整为标注框架1,如表57所示。

表57 助词"了"的标注框架1

"了"的类别	语义类别	基本形式	否定形式
了1	表示动作的发生、完成或状态出现、实现	**动＋了＋宾** 我还申请了政府的学生贷款。 **动/形＋了＋补** 小狗跑了过来。｜你好像瘦了点儿。 **动＋补＋了＋宾** 给他送去了一些吃的。学会了做中国菜。 **动＋了＋名＋补** 送了一些吃的去。｜看了他一眼。 **动＋了＋动(动词重叠)** 看了看。	**不……了** 我不去纽约了。 **别……了** 别忘了。 **没(有)＋名＋了** 我也没办法了。 **不用/不必……了**

"了"的类别	语义类别	基本形式	否定形式
了1/了1+了2	表示动作持续的时间或动作完成的数量。	**动/形＋了＋数量/时量＋（名）** 他杀了几百个读书人。 他坐飞机坐了两个多小时。 他忙了一整天。 **动/形＋了＋数量/时量＋（名）＋了** 我买了三十本书了。 小狗丢了三天了。	您不用再付钱了。|我看我不必去找指导教授了。 **没(有)……了** 我好久没买瓶装水了。
了2	表示动作状态的变化,已经出现或即将出现新情况。	**动＋了** 他哭了。|他生气了。|课文你们预习了吗? **动＋补＋了** 我们把桌子搬进去了。|衣服洗干净了。|你把蛋糕放在哪儿了? **动＋宾＋了** 刮风了。|他喜欢跳舞了。 **动＋宾＋补＋了** 到北京来了。|带照片来了。 **动＋补＋宾＋了** 你找对人了。|坐错车了。 **动＋补＋宾＋补＋了** 开起车来了。 **形＋了** 我舅舅也老了。|现在我们去别的城市也方便了。 **形＋补＋了** 肚子疼死了。|天气好极了。 **已经……了** 已经买了。 **要/快要/就要/快将要＋动＋了** 就要考试了。|新年快要到了。|马上就要放假了。 **该/应该……了**	

"了"的类别	语义类别	基本形式	否定形式
		该回家了。|应该回去了。 **数量＋了** 现在八点半了。|五六天了。 **名＋了** 星期一了。|大学生了。	
了2	表示某一性质偏离了标注。	**形＋了＋数量** 这个鞋大了一号。	
了2	表达肯定的语气,有成句的功能。	**太……了** 你们太客气了。 **可……了** 可贵了。 **……极了** 好吃极了。 **形＋补＋了** 出租车比公共汽车快多了。 **最……了** 我收到的礼物最好了。	
了2	表示话题的转换。	**好了/对了/……** 对了,我们还有一些小礼物要送给你们。 好了,好了,不说这些了。	
了2	表示列举。	**动＋了,动＋了,动＋了** 吃了,喝了,玩了。	
了1＋了2	既表示动作已经完成,又表示事态有了变化。	**动＋了＋名＋了** 我写了回信了。 **动＋了＋动＋了** 我忘了带了。|我忘了带饭卡了。|饭卡我忘了带来了。|我忘了带饭卡来了。	

"了"的类别	语义类别	基本形式	否定形式
"连动句"中的"了"	第一个动作行为发生以后,第二个动作行为或状态才发生。	**动＋了＋宾/补＋动** 姐姐买了一件衣服给我。|看了半天也看不懂。 **动＋了＋动/形** 总经理看了接着问。|我看了也很不高兴。	
	第一个动作行为是第二个动作行为的方式、工具、目的。	**动＋名＋动＋了＋名** 他骑车去了学校。	

3. 助词"了"的标注框架及其覆盖率

我们在《新实用汉语课本》中对助词"了"的标注框架 1 进行了检测。该套教材共包含助词"了"的语料 973 条,实际标注语料 1371 条。① 检测结果如下表所示。

表 58　标注框架 1 的检测结果

检测对象	标注语料数	无法归类的语料数	覆盖率
语义类别	1042	15	98.6%
基本形式	1042	40	96.2%

从上表可以看出,语义类别和基本形式的覆盖率均在 95% 以上,可见,助词"了"的标注框架 1 具有较好的语料覆盖率。我们根据标注结果对标注框架 1 进行了进一步调整。调整后的标

---

① 因为一条语料中可能包含两个或多个助词"了",因此需要对"了"分别进行标注。

注框架见表 59,其中标注有"☆"的部分是在标注框架 1 中增加的语义类别及基本形式。

表 59　助词"了"的标注框架 2

"了"的类别	语义类别	基本形式	否定形式
了 1	1. 表示动作的发生、完成或状态出现、实现。	**1. 动＋了＋宾** 我还申请了政府的学生贷款。 **2. 动/形＋了＋补** 小狗跑了过来。|你好像瘦了点儿。 **3. 动＋补＋了＋宾** 给他送去了一些吃的。 学会了做中国菜。 **4. 动＋了＋名＋补** 送了一些吃的去。|看了他一眼。 **5. 动＋了＋动(动词重叠)** 看了看。 **6. ☆动/形＋了＋其他** 这位教练来了以后。|他疯了一样。	**不……了** 我不去纽约了。 **别……了** 别忘了。 **没(有)＋名＋了** 我也没办法了。 **不用/不必……了** 您不用再付钱了。|我看我不必去找指导教授了。 **没(有)……** 我好久没买瓶装水了。
了 1/了 1＋了 2	2. 表示动作持续的时间或动作完成的数量。	**7. 动/形＋了＋数量/时量＋(名)** 他杀了几百个读书人。 他坐飞机坐了两个多小时。 他忙了一整天。 **8. 动/形＋了＋数量/时量＋(名)＋了** 我买了三十本书了。 小狗丢了三天了。	
了 2	3. 表示动作状态的变化,已经出现或即将出现新情况。	**9. 动＋了** 他哭了。|他生气了。|课文你们预习了吗? **10. 动＋补＋了** 我们把桌子搬进去了。|衣服洗干净了。|你把蛋糕放在哪儿了?	

"了"的类别	语义类别	基本形式	否定形式
		11. 动＋宾＋了 刮风了。|他喜欢跳舞了。 **12. 动＋宾＋补＋了** 到北京来了。|带照片来了。 **13. 动＋补＋宾＋了** 你找对人了|坐错车了 **14. 动＋补＋宾＋补＋了** 开起车来了。 **15. 形＋了** 我舅舅也老了。|现在我们去别的城市也方便了。 **16. 形＋补＋了** 肚子疼死了。|天气好极了。 **17. 数量＋了** 现在八点半了。|五六天了。 **18. 名＋了** 星期一了。|大学生了。 **19. 已经……了** 已经买了。 **20. 要/快要/就要/快/将要＋动＋了** 就要考试了。|新年快要到了。|马上就要放假了。 **21. 该/应该……了** 该回家了。|应该回去了。 **22. ☆开始……了** 你舅妈也开始用电脑了。 **23. ☆就……了** 就行了。 **24. ☆疑问代词＋了** 怎么了？ **25. ☆兼语句＋了** 连我也不想让她去了。	

"了"的类别	语义类别	基本形式	否定形式
了2	4. 表示某一性质偏离了标注。	**26. 形＋了＋数量** 这个鞋大了一号。	
了2	5. 表达肯定的语气，有成句的功能。	**27. 太……了** 你们太客气了。 **28. 可……了** 可贵了。 **29. ……极了** 好吃极了。 **30. 形＋补＋了** 出租车比公共汽车快多了。 **31. 最……了** 我收到的礼物最好了。	
	☆6. 表达祈使的语气，有成句的功能。	**32. 别……了** 您快别嚷了!	
了2	7. 表示话题的转换。	**33. 好了/对了/……** 对了,我们还有一些小礼物要送给你们。 好了,好了,不说这些了。	
了2	8. 表示列举。	**34. 动＋了,动＋了,动＋了** 吃了,喝了,玩了。	
了1＋了2	9. 既表示动作已经完成,又表示事态有了变化。	**35. 动＋了＋名＋了** 我写了回信了。 **36. 动＋了＋动＋了** 我忘了带了。｜我忘了带饭卡了。｜饭卡我忘了带来了。｜我忘了带饭卡来了。	

"了"的类别	语义类别	基本形式	否定形式
"连动句"中的"了"	10. 第一个动作行为发生以后,第二个动作行为或状态才发生。	**37. 动＋了＋宾/补＋动** 姐姐买了一件衣服给我。｜看了半天也看不懂 **38. 动＋了＋动/形** 总经理看了接着问｜我看了也很不高兴	
	11. 第一个动作行为是第二个动作行为的方式、工具、目的。	**39. 动＋名＋动＋了＋名** 他骑车去了学校。 **40. ☆ 动 ＋（名）＋ 动 ＋（名）＋了** 今天早上,他坐飞机去纽约了。	

助词"了"标注框架 2 是在 1371 条语料标注的基础上形成的。从上表可以看出,与标注框架 1 相比,标注框架 2 语义类别增加了 1 项,基本形式增加了 5 项。

4.3.3.2 助词"了"的标注说明

为了提高标注的准确率与速度,我们对助词"了"的标注作如下说明:

第一,离合词的处理,基本形式标注为"动 ＋ 了 ＋ 宾"。例如:

例 55. 两个月后,父亲就和恩人的妻子结【了】婚。(《新实用汉语课本》)

第二,基本形式"动/形 ＋ 了 ＋ 其他"的标注。"其他"包括"以后、之后、一样"等。

第三,基本形式"开始……了""别……了"的标注。"了"一定位于句末。

第四,在比较句"A 比 + B + 形 + 了"中"了"的标注。标注需要分为两种情况:如果涉及到了动作状态的变化,语义类别标注为:"表示动作状态的变化,已经出现或即将出现新情况",基本形式标注为:"形 + 了",如例 56;如果不涉及到变化,语义类别标注为"表示肯定的语气,有成句、篇章的功能",基本形式标注为:"形 + 了",如例 57。

例 56. 收入比以前好多【了】。(《新实用汉语课本》)

例 57. 出租车比公共汽车快多【了】。(《新实用汉语课本》)

4.3.4　比较句的标注规范

4.3.4.1　比较句的标注框架

1. 比较句的预标注框架

刘月华等(2005)探讨了比较的方式,将其分为两类:比较事物、性状的同异,该语义类别下的句式为"A 跟 B 一样""A 有 B 那么(这么)……";比较性质、程度的差别、高低,其代表句型包括:"'比'字句""'不比'句""'没有'句""'不如'句"。《国际汉语教学通用课程大纲》列出了两类表示比较的句型:类同的表达,结构形式为"……跟/和……(不)一样""……跟/和……(不)一样 + 形容词";比较句,其结构形式为"A + 比 + B + 形容词""A + 没有 + B + 形容词"。陈珺、周小兵(2005)在语法大纲的基础上,将比较句的结构形式归纳为 24 种,并考察了关键结构形式的习得情况。杨玉玲、吴中伟(2010)将比较句的偏误分为:差比和等比的混用,例如,他比我一样高;语序的偏误,例如, * 他高比我;补语位置的偏误,例如, * 他比我 3 岁大;否定形式的偏误,例如, * 他比我不高;表示程度的偏误,例如, * 北京的房子比美国太贵。

基于以上分析，我们认为比较句的标注维度应从语义类别、基本形式、否定形式、疑问形式等四个维度进行，并初步拟定了语法点的预标注框架，如下表所示。

表 60 比较句的预标注框架

语义类别	基本形式	否定形式	疑问形式
比较事物、性状的同异。	A 跟/和/与/同 B 一样 A 跟/和/与/同 B 一样＋形 A 有 B＋那么/这么＋形	A 跟/和/与/同 B 不一样 A 跟/和/与/同 B 不一样＋形	0/1
比较性质、程度的差别、高低。	A 比 B＋形 他比我快。 A 比 B＋还/更＋形 他比我还快。｜他比我更快。 A 比 B＋形＋数量 他比我快了一个小时。 A 比 B＋形＋得多/多了 你比我快多了。 A 比 B＋形＋动＋数量 他比我早睡一个小时。 A 比 B＋动＋得＋形 他比我跑得快。 A＋动＋得＋比＋B…… 他跑得比我看。 （A）比起 B 来，…… （A）跟/和 B 比起来，…… A＋形＋于/过＋B	A 不比 B…… A 没有 B…… A 不如 B…… A＋赶不上＋B……	0/1

2. 比较句的试标注

根据比较句的预标注框架，本研究在《新实用汉语课本》《中文听说读写》《博雅汉语》三套教材中进行了试标注，试标注的语料如下表所示。

表 61 比较句试标注的语料

教材名称	总语料数	标注语料数
《新实用汉语课本》	3557	111
《中文听说读写》	1614	30
《博雅汉语》	5455	137
总计	10626	278

根据对 278 条比较句的语料的试标注,我们获得了比较句标注框架 1(见表 62)。

表 62 比较句标注框架 1

语义类别	基本形式	否定形式	疑问形式
1. 表示比较事物、性状的同异。	**1. A 有 B＋(那么/这么)＋形** 中秋节有春节那么热闹吗? **2. A 跟/和/同/与 B……一样** 只有您才跟我想象的男主角一样。 **3. A 跟/和/同/与 B……一样＋动** 西方人与中国人一样讲究关系。 **4. A 跟/和/同/与 B……一样＋形** 中国画跟油画一样美。 **5. A 跟/和/同/与 B＋差不多。** 我看你的岁数跟我的差不多。	**1. A 跟/与/和/同 B 不同/不相同** 越剧跟京剧不同。 **2. A 没有 B＋(这么/那么)＋形** 养花没有学汉语那么难。 **3. A 跟/与/和/同 B 不一样** 中国画跟油画用的材料不一样。	0/1

语义类别	基本形式	否定形式	疑问形式
2. 表示比较性质、程度的差别、高低。	**6. A 比 B＋形** 大商场的东西比小商店的东西贵。 **7. A 比 B＋形＋补〔数〕** 中国比美国大一点儿。 **8. A 比 B＋形＋补〔程度：得多/多了/远了……〕** 他们的水平比我们高多了。 **9. A 比 B＋还/更＋形/动〔心理〕** 您的生活水平比城里人还高。 **10. A 比 B＋动＋得＋形** 有的工作妇女比男人做得更好。 **11. A 比 B＋动** 公蟹比母蟹受欢迎。 **12. A 比 B＋动＋补〔数〕** 今年计划包 2800 元,比去年净增 610 元。 **13. A＋动＋得＋比＋B……** 我洗碗洗得比你舅妈干净啊。 **14. A＋形＋于/过＋B** 现在中国人口的增长率已经低于世界人口的平均增长率。 **15.（A）跟/与/和/同 B 比起来/比/相比,……** 跟中国其他地方的人相比,北京人说话很有特点。 **16. 比起……,……** 比起他们的伟大,我常觉得自己很渺小。	**4. A 不如/不及/赶不上/比不上 B** 你的汉语不如他们的英语流利。｜人们对幸福不停追求,却永远也赶不上市场上不断涌现的正牌儿或冒牌儿的幸福的数量。 **5. A 不比 B＋形** 我们村吃的、穿的、住的都不比城里差。	0/1

3. 比较句的标注框架及其覆盖率

为检测标注规范的覆盖率,我们将标注框架在《跟我学汉语》《汉语纵横精读课本》中进行了验证,检测所用语料数量如表63所示。

表 63　比较句的测试语料

教材名称	总语料数	标注语料数
《跟我学汉语》	1785	25
《汉语纵横精读课本》	4560	124
共计	6345	149

在两套教材中,共包含语料 6345 条,包含比较句的语料 149 条,标注框架 1 中设置的语义类别、基本形式类别、否定形式类别可以覆盖全部比较句,覆盖率为 100%。

4.3.4.2　比较句的标注说明

第一,在"比较句"中,比较对象 A 常常出现省略的情况,如果省略的 A 可以在标注的语料中找到则对该条语料进行标注,否则不予标注。例如:

例 58. 还【不如】吃点口香糖,甜甜的,倒不错。(《博雅汉语中级冲刺篇》)

例 58 中,因找不到主语 A,因此,不标注该条语料。

第二,"1"表示疑问句,"0"表示非疑问句。

4.4　语法点的标注实践

4.4.1　标注者与标注工具

标注者来自语言学及应用语言学专业的硕士研究生,共计

9人。标注采用的工具是 Microsoft Excel,之所选择 Microsoft Excel,主要基于以下几方面的考虑:

(1) Microsoft Excel 提供了"筛选"功能,可以通过关键词、关键词/词性、双关键词共现或不共现等筛选条件来筛选包含语法点的语料;

(2) 在表格中输入数据时,EXCEL 提供了"点选"输入的功能,表格设计者可以设定输入的可选内容,标注者只需要在被选项目中选择即可。在设置标注表格时,标注负责人可以将标注内容与标注代码一一对应起来,从而减轻标注者记忆上的负担,标注者可以把主要精力集中在对语料的考察、分析上。

(3) 有效保证标注的一致性。EXCEL 提供有自动检查的功能,当用户输入的数据不在给定的数据范围内时,标注者将无法完成输入。这一功能有效地保证了标注的一致性。

(4) EXCEL 具有统计、分析等功能,便于对标注结果进行分析、统计。

Microsoft Excel 所提供的功能足以满足本研究对语料标注的需求,此外,Microsoft Excel 使用广泛,操作简单,可以节省开发标注工具的时间,减轻标注者的负担。

4.4.2　标注方法与流程

4.4.2.1　标注的方法

1. 人工标注为主,机器标注为辅

语法点的标注是以人工标注为主,机器标注为辅。之所以以人工标注为主,是因为目前面向汉语作为第二语言教学领域的语法点识别研究相对匮乏,就所调研的文献来看,仅彭炜明、宋继华(2014)利用正则表达式对语法点的动态获取进行过研

究,但他们也同时指出"在中文信息处理现有自动析句水平下,单纯依靠技术很难保证语法点识别的准确率和召回率。"①与此同时,张宝林、崔希亮(2015)指出"中文信息处理除分词和词性标注达到实用水平之外,对其他语言层面的自动标注尚无实用价值,目前就不能把自动标注作为建设标准。"②语法点标注语料库的标注工作不仅需要识别出包含 152 个语法点的语料,还需要识别出 152 个语法点在语料中的语义类别、基本形式、否定形式、疑问形式、主语信息、搭配信息,因此,很难利用计算机进行自动标注,所以仍以人工标注为主。但在人工标注过程中,会借助正则表达式来辅助标注语料的提取以及语义类别、形式类别、否定形式、主语信息的判断,从而提高标注的效率与准确率。

2. 外部标注

语料的标注可分为外部标注和内部标注两种形式。内部标注指在语料内部进行标注,即语料和标注符号混合在一起。外部标注指在语料外部进行标注,语料和标注符号是分离的。本研究采用外部标注的模式,主要基于以下原因:

第一,从标注结果的应用来看主要服务于统计和信息的提取,外部标注可以满足最终应用的需求;

第二,内部标注会影响标注语料的易读性,而外部标注语料的易读性不会受到影响;

第三,内部标注需要借助一系列符号系统,会增加标注者记忆的负担,影响标注效率。

---

① 彭炜明、宋继华、赵敏.面向国际汉语教学的语法资源库建设[J].中国远程教育,2014,08:90—94.
② 张宝林、崔希亮.谈汉语中介语语料库的建设标准[J].语言文字应用,2015,02:125—134.

4. 4. 2. 2 标注的流程

语法点的标注流程如图 21 所示。

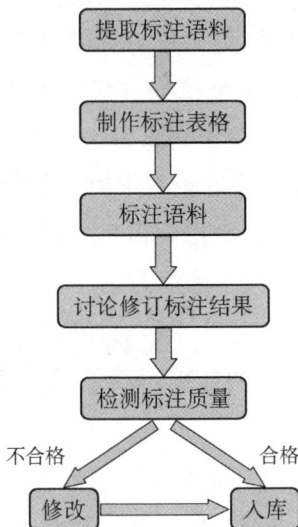

```
┌──────────────┐
│  提取标注语料  │
└──────────────┘
        ↓
┌──────────────┐
│  制作标注表格  │
└──────────────┘
        ↓
┌──────────────┐
│   标注语料    │
└──────────────┘
        ↓
┌────────────────┐
│  讨论修订标注结果  │
└────────────────┘
        ↓
┌──────────────┐
│  检测标注质量  │
└──────────────┘
  不合格      合格
   ↙           ↘
┌──────┐    ┌──────┐
│  修改  │ ⟷ │  入库  │
└──────┘    └──────┘
```

图 21   语法点标注的流程

1. 提取标注语料

标注语料的提取指从汉语国际教育动态语料库中抽取包含需要标注的语法点的语料,提取的方法可以分为以下两种:

(1) 机器提取 + 人工筛选

第一种方法主要针对包含"常项"的语法点,如介词、助词这类语法点,可以通过"词/词性"的方式从语料库中提取出来,再进行人工筛选。此外,固定结构、介词结构类语法点,例如"越……越……""在……上"则通过正则表达式或 EXCEL 的文本筛选功能进行提取。

(2) 人工筛选

第二种方法主要适用于没有"常项"的语法点,例如兼语句、连谓句、存现句等语法点，因缺少常项信息，因此，需要人工从汉语国际教育动态语料库中筛选包含这类语法点的语料。

2. 制作标注表格及语料的标注

提取好的包含某一语法点的语料需要存储在一个新的 EXCEL 表格中，并根据语法点的标注框架设置标注表格。

标注表格包含固定信息和非固定信息两类。固定信息包括语料序号、语料、语义类别、基本形式、标注者、备注；非固定信息包括否定形式、疑问形式、主语信息、搭配信息。根据语法点的标注框架在标注表格中设置标注维度（属性项）及属性项的取值。例如，语法点介词"由"的标注表格如下图所示。

序号	语料	语义类别	基本形式	搭配信息	疑问形式	标注者
31111	罗杰：信不信【由】你。	表示引进动作的施事者	由+名		0	郝宇
74422	母亲说："当闺女的哪个不是嘴硬，到时候就【由】心不【由】嘴了。"	表示引进动作的施事者	由+名		0	郝宇
81753	B：信不信【由】你，反正我信。	表示引进动作的施事者	由+名		0	郝宇
8934	刘文涛：后来，人们又把文字铸在鼎上，因为鼎大多是【由】青铜铸造而成的，所以这类文字叫金文。	表示方式原因或来源。	由+名+动	铸造	0	郝宇
13847	一个博客也就是一个网页，一般是【由】简短而且经常更新的帖子构成的。	表示方式原因或来源。	由+名+动	构成	0	郝宇
14878	【由】某种非正式的组织和人群，以及某一特定场合所组成，它所传递出的信息往往能反映出职工的愿望和心态。	表示方式原因或来源。	由+名+动	组成	0	郝宇
15063	【由】许多块木板组成的"水桶"不仅可以象征一个企业、一个部门、一个工作组，也可以象征某一员工，而"水桶"的最大容量则象征着整体的实力和竞争力。	表示方式原因或来源。	由+名+动	组成	0	郝宇

图 22　语法点"由"的标注表格截图

从上图可以看出，语法点介词"由"的表格包括序号、语料、语义类别、基本形式、搭配信息、疑问形式、标注者、备注。从中可以看出，介词"由"需要从语义类别、基本形式、搭配信息、疑问形式等四个维度进行标注。备注信息用于记录标注过程中遇到的问题以及对标注框架修改的建议。

除设置标注维度外，语义类别、基本形式、疑问形式这三个维度还需要设置其属性的取值范围，本书以语义类别的设置为例进行说明。（见图23）

从图23可以看出，标注表格的设置主要通过 EXCEL 表格

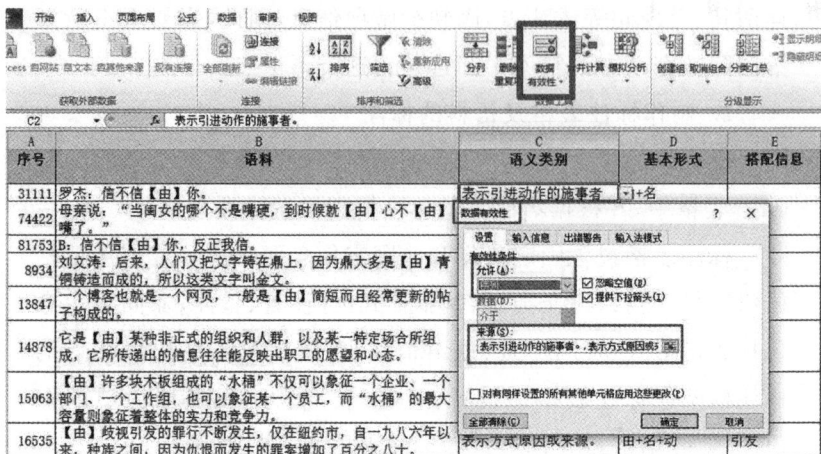

图 23 介词"由"语义类别取值的设置 1

提供的"数据有效性"的功能来进行。首先点击菜单栏中"数据有效性",弹出"数据有效性"对话框,在"允许"一栏中选择"序列",在"来源"一栏中输入"标注框架"中语义类别的取值,各语义类别之间用半角的逗号隔开。输入完成后,点击"确定"键,则会出现图 24 所示的标注表格。标注者点击"语义类别"栏中右下角的箭头,EXCEL 就会弹出预先设置好的被选项

序号	语料	语义类别	基本形式
31111	罗杰:信不信【由】你。	表示引进动作的施事者	+名
74422	母亲说:"当闺女的哪个不是嘴硬,到时候就【由】心不【由】嘴了。"		+名
81753	B:信不信【由】你,反正我信。		+名
8934	刘文涛:后来,人们又把文字铸在鼎上,因为鼎大多是【由】青铜铸造而成的,所以这类文字叫金文。		由+名+动
13847	一个博客也就是一个网页,一般是【由】简短而且经常更新的帖子构成的。	表示方式原因或来源。	由+名+动
14878	它是【由】某种非正式的组织和人群,以及某一特定场合所组成,它所传递出的信息往往能反映出职工的愿望和心态。	表示方式原因或来源。	由+名+动
15063	【由】许多块木板组成的"水桶"不仅可以象征一个企业、一个部门、一个工作组,也可以象征某一个员工,而"水桶"的最大容量则象征着整体的实力和竞争力。	表示方式原因或来源。	由+名+动

图 24 介词"由"语义类别取值的设置 2

目,标注者只需判断语法点在语料中的语义类别,然后做出相应的选择。

语义类别、形式类别、疑问形式可根据设置的标注选项进行可选性输入。搭配信息则需要根据语料的实际情况进行标注。例如,图 25 中序号为 8934、13847、14878、15063、16535 的语料搭配信息依次标注为:铸造、构成、组成、组成、引发。

序号	语料	语义类别	基本形式	搭配信息
31111	罗杰:信不信【由】你。	表示引进动作的施事者	由+名	
74422	母亲说:"当闺女的哪个不是嘴硬,到时候就【由】不得心不【由】嘴了。"	表示引进动作的施事者	由+名	
81753	B:信不信【由】你,反正我信。	表示引进动作的施事者	由+名	
8934	刘文涛:后来,人们又把文字铸在鼎上,因为鼎大多是【由】青铜铸造而成的,所以这类文字叫金文。	表示方式原因或来源。	由+名+动	铸造
13847	一个博客也就是一个网页,一般是【由】简短而且经常更新的帖子构成的。	表示方式原因或来源。	由+名+动	构成
14878	它是【由】某种非正式的组织和人群,以及某一特定场合所组成,它所传递出的信息往往能反映出职工的愿望和心态。	表示方式原因或来源。	由+名+动	组成
15063	【由】许多块木板组成的"水桶"不仅可以象征一个企业、一个部门、一个工作组,也可以象征某一个员工,而"水桶"的最大容量则象征着整体的实力和竞争力。	表示方式原因或来源。	由+名+动	组成
16535	【由】歧视引发的罪行不断发生,仅在纽约市,自一九八六年以来,种族之间,因为仇恨而发生的罪案增加了百分之八十。	表示方式原因或来源。	由+名+动	引发

图 25 介词"由"搭配信息的标注

3. 分析并修订标注结果

在标注过程中,如果标注者遇到语义类别、基本形式、否定形式无法归属的问题,语义类别部分标注为"语义模糊"或"其他",基本形式、否定形式部分标注为"其他"。"语义模糊"用于标注语法点在语料中所表现出的语义无法判断是属于语义 A 还是属于语义 B 的情况,"其他"用于标注语法点在语料中所表达的语义或结构形式不在标注框架中的情况。分析的内容具体为:语义类别的归属、是否有必要增设语义类别、基本形式、否定形式的类型等,并根据分析的结果修订标注结果并更新标注框架。

4. 标注质量检验

标注完成后,需要对标注质量进行检测。主要检测标注的完整性、标注的准确性。完整性主要查看各项标注信息是否都进行了标注,是否有遗漏的标注项目。准确性主要检测标注结果的准确率。具体采取抽查的方式——随机抽查百分之十的语料,若准确率低于 90%,则给出修改意见,将标注语料返回给标注者进行修订。如果准确率高于 90%,适当修改后将标注的语料入库。

4.5　语法点标注的一致性及准确率

语料库标注中,标注质量体现在标注的一致性及准确率上。一致性包括两个方面的内容:第一,同一标注者前后标注的一致性;第二,不同标注者标注上的一致性。

为保证标注的一致性,本研究采取了以下方式:

(1) 为每个语法点制定了标注规范,标注规范中不仅设置有标注框架,还配备有标注说明。在标注者培训过程中,帮助标注者掌握好语法点的标注规范。对标注中遇到的问题进行讨论,及时更新标注规范。

(2) 利用 EXCEL 表格自带的"数据有效性"功能,保证标注者输入的内容在标注框架之内,限制不合法数据的输入。

(3) 对标注结果进行检测,准确率在 90% 以上的标注语料方可入库。

为证明标注结果的质量,本研究从固定结构类、介词及介词结构类、特殊句式类、复句类的语法点中分别抽取了一个语法点,对所有标注语料进行准确率检测,检测结果如表 64 所示。

表 64 语法点标注的准确率

语法点名称	语料数量	语义类别标注的准确率	基本形式标注的准确率
来……去……	127 条	100%	100%
介词"从"	117 条	91.5%	94%
存现句	233 条	94.8%	96.1%
除了……（以外），也/都/还……	115 条	97.4%	94%

从表 64 可以看出,语法点"来……去……"、介词"从"、存现句、"除了……（以外）,也/都/还……"的准确率均在 90% 以上,可以满足应用上的需求。

4.6 本章小结

本章主要论述了语法点标注语料库的构建。首先,分析了语法点标注语料库构建的语料基础,分析了语法点标注语料库以教材语料及 HSK 样题文本语料为基础的原因,说明了语料的存储方式。其次,论述了语法点标注体系的研究,从标注的意义、标注对象、维度、颗粒度、标注规范等方面进行了详细说明,提出了标注框架覆盖率的检测方法,以"述补结构"、"把"字句、助词"了"、比较句为例,阐述了标注规范的制定过程。最后,探讨了语法点标注的方法、流程及语料标注的一致性、准确率的问题。

语法点标注语料库的构建为语法点使用频率、语义频率、句法频率的统计,语法点句法语义接口的研究提供了语料基础,为语法点描述知识库中相关属性项的填写提供了统计数据,为实现应用平台中语法点与语料之间、语法点句法语义与语料之间的关联性查询提供了标注语料。

5 语法点知识库的数据分析及应用

语法点知识库的构建是为汉语作为第二语言教学与研究服务的。基于语法点标注语料库的数据统计分析结果可应用于语法点的句法语义研究、对外汉语教学及教材研究。在语法点知识库基础上构建的"应用平台"可服务于对外汉语教师备课,具有一定汉语基础的学习者也可借助应用平台进行自主学习。此外,语法点知识库还可应用于语法点的自动识别研究。

本章具体内容包括:
- 数据分析与句法语义接口研究
- 数据分析与教材及教学
- 数据分析与语法点编排
- 应用平台的主要功能及实现
- 语法点自动识别

5.1 数据分析与句法-语义接口研究

White(2009)认为"接口"指"不同语法模块的属性发生整合之处"①。他将接口分为内接口和外接口两种类型。内接口指

---

① 转引自:戴曼纯. 二语习得研究中的接口假说[J]. 外语学刊,2014,04: 109—117.

句法、语义、形态、音系等语言内部模块发生特征组装的接口,而外接口则是指其他认知系统与语言之间进行信息传递或整合的接口。Sorace(2010)进一步提出了"接口假说"(Interface Hypothesis)。

在理论语法和教学语法中,句法语义之间的关系历来是研究的重要内容之一。朱德熙(1985)认为语法研究中应强调形式和意义的结合,并指出真正的结合是要使形式和意义互相渗透。陆俭明(2006)指出:"在语言资源建设中,揭示、描述句法语义的互动、接口问题是其中一个重要组成部分。"①周小兵、刘瑜(2010)认为形式和意义的关系是否简明是衡量语法点学习难易度的重要因素之一。孙德金(2007)认为:"第二语言语法教学的根本任务,就是帮助学习者在其要表达的范畴意义和所依托的语法形式间建立起联系。"②语法点标注语料库为研究语法点意义与形式之间关系提供了资源基础。在标注语料的基础上,不仅能发现语法点意义与形式之间的关系,还可以统计出语法点意义和形式之间的频率关系,为教学内容的选择与安排提供参考。

经过对语法点标注语料库的统计发现:语法点的语义类别和基本形式类别之间的关系可以分为三类:"一对一""一对多""多对一"。

5.1.1 语法点句法和语义之间的映射关系

5.1.1.1 "一对一"的关系

"一对一"指某一语义类别只由一个基本形式来表达,而这

① 陆俭明.句法语义接口问题[J].外国语(上海外国语大学学报),2006,03:30—35.
② 孙德金.对外汉语语法教学中的形式与意义[J].语言教学与研究,2007,05:7—14.

个基本形式只用来表达这一个语义类别。他们之间的关系如下图所示。

图 26 "一对一"关系①

例如语法点"一边……一边……"的语义类别为"表示两个以上的动作同时进行。"该语义类别由"一边＋动＋一边＋动"这一基本形式来表达。此外，"在……方面""为……所……""有什么好 V 的"等语法点都只包含一个语义类别、一个基本形式类别，他们之间语义句法关系是"一对一"的。

此外，还有一类语法点，有多个语义类别及基本形式类别，从统计结果来看，语义类别和基本形式类别仍然有"一对一"的关系，下文以语法点"有"字句为例来进行说明。表 65 是语法点"有"字句语义类别和基本形式类别之间的映射关系。

表 65 "有"字句句法语义的映射关系

语义类别 基本形式	语义 1：表示领有、具有、包括	语义 2：表示出现、发生或变化	语义 3：表示存在	语义 4：表示达到	语义 5：表示列举
形式 1：有＋名	490	0	0	0	0
形式 2：……有了……	0	27	0	0	0
形式 3：名[处所/方位]＋有＋名	0	0	15	0	0
形式 4：有＋数量	0	0	0	17	0

---

① S 代表语义，T 代表形式。

语义类别 基本形式	语义1：表示领有、具有、包括	语义2：表示出现、发生或变化	语义3：表示存在	语义4：表示达到	语义5：表示列举
形式5： 有……+形	0	0	0	2	0
形式6： 有……有……	0	0	0	0	6

从上表可以看出，"有"字句共分为五个语义类别，六个基本形式类别，表格中的数字表示语料的数量。例如"语义1：表示领有、具有、包括"的语料共有490条，均由"有＋名"这一形式来表示。从统计结果可以看出："有"字句的语义句法关系基本上属于"一对一"的关系，语义1对应形式1，语义2对应形式2，语义3对应形式3，语义5对应形式6。但"语义4"可由"形式4"和"形式5"两种形式来表示，他们之间的关系属于下文要提到的"一对多"的关系。

5.1.1.2 "一对多"的关系

"一对多"指某一语义类别可以由两个或两个以上的基本形式来表达。他们之间的关系如图27所示。

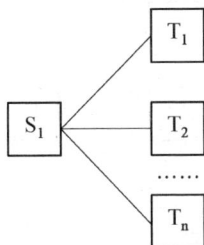

图27 "一对多"关系

5.1.1.1中"有"字句的"语义4"和"形式4"、"形式5"之间属于"一对多"的关系。

本节再以语法点"在/正在/正……(呢)"为例进行说明。表66 是该语法点的语义句法关系。

表66　语法点"在/正在/正……(呢)"的语义句法关系

基本形式 　　　　　　语义类别	语义1：表示动作的进行
形式1：在 + 动	109
形式2：正在 + 动	45
形式3：正 + 动	41
形式4：在 + 动 + 呢	21
形式5：正在 + 动 + 呢	11
形式6：正 + 动 + 呢	2

从上表可以看出,语法点"在/正在/正……(呢)"仅有一个语义类别,而该语义类别可由6种形式来表达,其语义和句法结构之间的关系属于"一对多"的关系。

5.1.1.3　"多对一"的关系

"多对一"指两个或多个语义类别由一个基本形式来表示。他们之间的关系如图28所示。

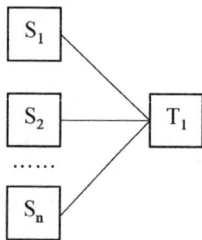

图28　"多对一"关系

例如语法点"存现句"有两个语义类别：①表示人或事物的存在;②表示人或事物的出现、消失。这两个语义类别均可以由

"名［处所/方位］＋动＋了＋名"这一形式来表达。例如：

　　例 59. 窗台上放了好几盆好看的植物。(《汉语纵横听力录音文本》听力录音文本)

　　例 60. 黄河流域出现了两个大部落。(HSK 样题文本语料)

　　在例 59 中,"名［处所/方位］＋动＋了＋名"这一形式表示"人或事物的存在",在例 60 中,"名［处所/方位］＋动＋了＋名"这一形式表示"人或事物的出现、消失"。

5.1.2　基于句法语义关系的教学

　　根据语法点语义和形式之间的关系,可以将语法点分为四类。

　　第一类,语法点的语义和形式之间仅存在"一对一"的关系。

　　例如语法点"不……不……"。该语法点有两个语义类别,分别是:①同时否定两个动作;②表示程度适中。该语法点的两种基本形式类别分别是:①不＋动＋不＋动;②不＋形＋不＋形。语义类别和基本形式之间的映射关系如下图所示。

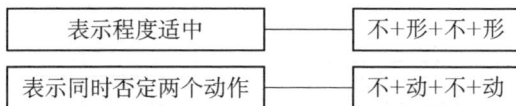

| 表示程度适中 | —— | 不+形+不+形 |
| 表示同时否定两个动作 | —— | 不+动+不+动 |

图 29　"不……不……"语义和形式的映射关系

　　从上图可以看出,这类语法点语义和形式之间一一对应,这类语法点相对简单,不属于教学中的重点与难点,适当操练即可。

　　第二类,语法点的语义和形式之间仅存在"多对一"的关系。例如,语法点"在……看来"的语义与句法之间的关系就属于"多对一"的关系。该语法点有两个语义类别,分别是:①引出发表看法或意见的人;②引出发表看法的时间。该语法点的两种基本形式类别均为:①在 + 名 + 看来。语义类别和基本形式之间的映射关系如下图所示。

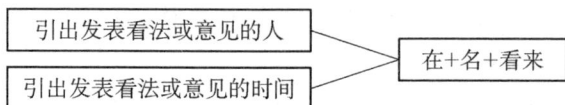

图 30 "在……看来"语义和形式类别的映射关系

这类语法点数量少,语义和形式之间的关系也相对简单,教学中只需要对基本形式中的变项信息加以引导。例如,语法点"在……看来"如果中间名词性的成分是表示人的代词、名词或名词性短语时,其语义类别为"引出发表看法或意见的人。"然而,如果中间的名词性成分为表时间性的词语,如现在、今天、当今,语义类别则为"引出发表看法或意见的时间。"

第三类,语法点的语义和形式之间的关系仅存在"一对多"的关系。例如语法点"正/在/正在……呢"的语义类别和基本形式之间的映射关系如下图所示。

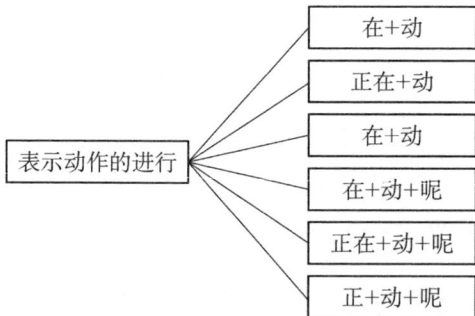

图 31 "正/在/正在……呢"语义和形式类别的映射关系

这类语法点语义类别的归纳具有高度泛化的特点,各类形式所表达的细微的语义差别还有待进一步的研究和归纳。例如,"在 + 动 + 呢""正在 + 动 + 呢""正 + 动 + 呢"更具有口语的特点。此外,吕文华(2014)指出"'在'表示动作的进行过程,表现为动作进行的过程较长,或动作的进行是经常性的,或动作长期、反复地进行,或动作的进行是永恒的……'正'表示动作进行的时刻。"①

这类语法点是研究的重点,需要厘清不同形式在语义表达上的细微差别。而语法点动态语料库中的语料还可为这类语法点的深入研究提供标注语料和统计数据。

第四类,语法点的语义和形式之间的关系同时存在"一对一""多对一"或"一对多"的关系。例如语法点"除了……(以外),……"的语义类别为:①表示不计算在内,排除特殊,强调一致(否定前项,肯定后项);②表示不计算在内,排除特殊,强调一致(肯定前项,否定后项);③表示计算在内,排除已知,补充其他。基本形式类别为:①除了……(以外),都……;②除了……(以外),还……;③除了……(以外),也……。语义类别和基本形式之间的映射关系如下图所示。

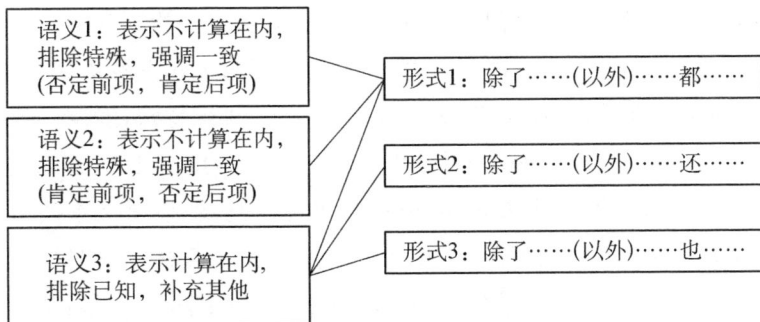

图 32 "除了……(以外),也/都/还……"语义和形式的映射关系

① 吕文华.对外汉语教学语法讲义[M].北京:北京大学出版社,2014:294.

从上图可以看出,语义 1、语义 2、语义 3 与形式 1 是"多对一"的关系,而语义 3 与形式 1、形式 2、形式 3 是"一对多"的关系。

第四类语法点语义和形式之间的关系相对复杂。教学时需要参考语义及形式的频率信息。例如,"除了……(以外),也/都/还……"句法语义关系如下表所示。

表 67 "除了……(以外),也/都/还……"句法语义关系

语义＼形式	除了……(以外),都……	除了……(以外),还……	除了……(以外),也……
表示不计算在内,排除特殊,强调一致(否定前项,肯定后项)	44	0	0
表示不计算在内,排除特殊,强调一致(肯定前项,否定后项)	22	0	0
表示计算在内,排除已知,补充其他	9	30	7

从上表可以看出,虽然"除了……(以外),也/都/还……"的语义、形式关系复杂,但是通过其频率还是可以寻找到其中的规律。例如"除了……(以外),都……"可以用来表达三种语义,但从频率上来看,主要用于"表示不计算在内,排除特殊,强调一致(否定前项,肯定后项)"。虽然"表示计算在内,排除已知,补充其他"可以由三种形式来表达,但从频率可以判断,该语义主要由"除了……(以外),还……"来表达。教师可以根据其频率信息来判断教什么、不教什么,也可以依此来安排教学的先后顺序。

5.2 数据分析与教材及教学

在汉语作为第二语言教学中,初级阶段语法教学的内容相

对明确,不同教材在语法点的选取上基本能达成共识。然而,在中高级阶段,语法教学的内容相对模糊,不同教材在语法点的选取上差异性较大。孙瑞珍(1995b)认为中高级阶段的语法随意性较大,系统性欠缺,而且难易不均,深浅颠倒。孙德金(2012)则认为中高级阶段的汉语教学基本无语法。他还指出虽然高级阶段的汉语教材中也设有语法的板块,但要么缺乏语法层次的重复,要么不属于语法的内容。语法点安排科学性主要体现在:语法点的循环递进,逐渐体现表意的层次性和形式的多样性与复杂性。

在语法点标注语料库的基础上,可以获得语法点及其句法语义的频率信息,一方面可以为语法点编排情况的研究提供科学的数据,另一方面也可为语法点的教学、教材编写、语言测试提供数据参考和多样性的语料,使教学、教材或试题编写更加科学、合理。

5.2.1 语法点频率与教材及教学

语法点频率指语法点在语料库中出现的频率。在语法点标注语料库的基础上,本研究获得了 152 个语法点在语料库中出现的频率信息(见附录 3)。图 33 是排列在前 30 位的语法点,从中可以看出对外汉语教材在语法点选取上的特点。

从图 33 可以看出:(1)对外汉语教材在助词"了"上用力最多,汉语国际教育动态语料库中助词"了"的出现频率在 25% 以上,远高于其他语法点。一方面是因为助词"了"是教学中的重点、难点,另一方面,从交际的必要性来看,助词"了"也是交际中使用频率较高的语法点;(2)"述补结构"在教材中出现的频率仅次于助词"了"。这因为"述补结构"是汉语中特有的语法现象,

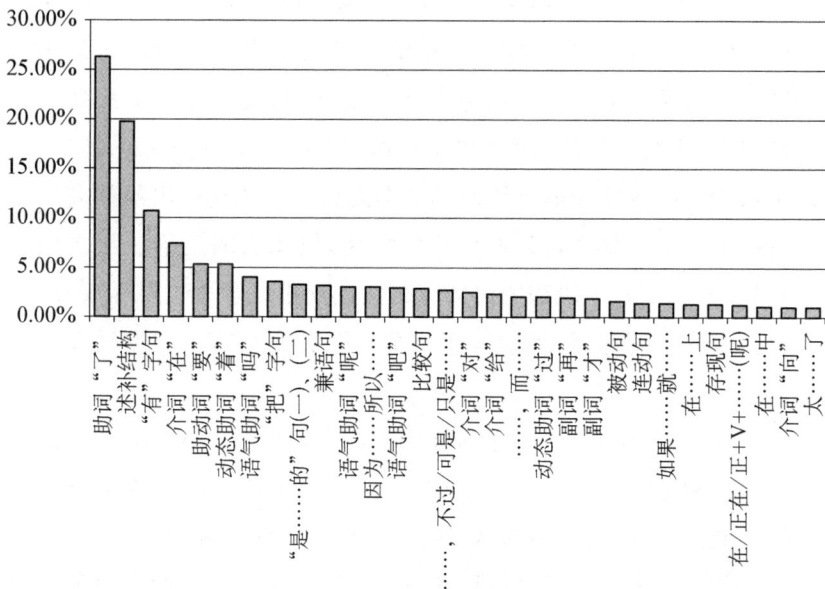

图 33　语法点频率统计图

语义和形式都较为复杂,是教学中的重点与难点,因此,出现的
频率较高;(3)"有"字句、介词"在"、助动词"要"、助词"着"在教
材中的使用频率均在 5% 以上,也属于使用频率较高的语法点;
(4)其余语法点在教材中的使用频率较低,均不足 5%。

在教材中出现频率越高的语法点,往往是教学中的重点。
而高频的语法点往往语义和形式较为复杂、多样,其语义、句法
在教材中编排的顺序、复现的频率也是衡量教材语法点编排科
学性与合理性的重要因素之一。语法点标注语料库也为此类研
究提供了数据和语料基础。

从语法点在教材中出现的频率可以判断教学中的重点与难
点。但这还不能满足教学的需求,教材中体现的语法点的句法、
语义上的频率信息,能为先教什么、后教什么、初级阶段教什么、

高级阶段教什么,提供参考数据。

5.2.2　语义频率与教材及教学

　　语法点标注语料库对语法点在语料中的语义信息进行了标注,为语义频率的统计提供了基础。而语义频率信息的统计可以反映出教材在语法点编排上的特点,从而为教学先后顺序的安排提供参考。下文以语法点"把"字句为例进行说明。表 68 是在语法点标注语料库的基础上对"把"字句语义频率信息的统计。统计的语料基础是《新实用汉语课本》《中文听说读写》《博雅汉语》《汉语纵横精读课本》等四套教材,共计语料 15186 句,其中包含语法点"把"字句的语料共 521 条。在"把"字句的标注规范中,语义类别共分为四类,各类别的意义、语料数量、语义类别的频率信息如表 68 所示。

表 68　语法点"把"字句的语义频率

语义类别	示例	语料数量	频率
处置句　表示处置,多为描述动作及其结果(程度、数量)。	这次他【把】门开了一条小缝,并去屋里把音响的音量调小了许多。(《博雅汉语》)	236	45.30%
转移句　表示物体或信息发生了转移。	我要【把】它挂在我宿舍的墙上。(《新实用汉语课本》)	197	37.80%
致使句　表示在某个致因下所产生的反应或状态。	这可【把】妈妈愁坏了,常常怪爸爸姓什么不好偏偏要姓贾,取个名字这么难,叫什么都是假的。(《博雅汉语》)	45	8.60%
判断句　表示主语的认为和判断。	早期基督徒【把】三角看成是永恒的象征。(《博雅汉语》)	43	8.30%

　　从上表中可以看出,在教材中,处置句在教材中的使用频率最高,占 45.3%,其次为转移句,占 37.8%。致使句、判断句在

教材中出现的频率较低,不足 10%。从中也可以判断,在"把"字句教学中,表处置义和转移义的"把"字句的教学应集中在初级阶段,而中高级阶段,应强调表致使义和表判断的"把"字句的教学。

5.2.3　句法频率与教材及教学

语法点标注语料库从基本形式、否定形式、疑问形式、主语信息、搭配信息等五个维度对语法点的句法信息进行了标注,由此,可以统计出语法点的句法频率信息。这一方面可以反映教材在语法点编排上的特点,另一方面也可以为不同阶段语法点教学中句法形式的选择与编排提供参考信息。本节以语法点"随着……的 N"基本形式的频率统计为例进行说明。在141464 条语料中包含语法点"随着……的 N"的语料共有 263条,其基本形式类别、语料数量、频率如表 69 所示。

表 69　语法点"随着……的 N"基本形式的频率信息

基本形式	示例	语料数量	频率
随着……的 + 动	东汉以后,【随着】造纸业的发展,先是抄书的风气开始在全国盛行起来。(《中国传统文化与现代生活》)	189	71.90%
随着……的 + 状 + 动	【随着】社会物质文明和精神文明的不断提高,残疾人越来越受到人们的尊重和关心了。(《桥梁》)	45	17.10%
随着……的 + 动 1 +和……的 + 动 2	【随着】社会经济的发展和人们生活水平的提高,生日礼物也在不断变化。(《博雅汉语》)	15	5.7%

基本形式	示例	语料数量	频率
随着……的 + 动/形 + 而 + 动/形	同时最初的自信心也【随着】时间的流逝而远去。(《读报纸,学中文》)	6	2.3%
随着……的动 1 和动 2	近些年,【随着】现代传播工具的发展和普及,还出现了"电视红娘""电脑红娘"……(《中国概况》)	5	1.90%
随着……的 + 形	【随着】网络购物在近年的火爆,网购车票由于省时省力等便利性赢得了不少人的青睐(《读报纸,学中文》)	2	0.80%
随着……形 1 和形 2	而在人文方面,【随着】信息交流的方便和快捷,不同国家和地区间的更多人们将沟通思想、交流文化、互通有无。(《汉语纵横》)	1	0.40%

从上表可以看出,在语法点"随着……的 N"的标注框架中,基本形式类别共分为 7 类,其中"随着……的 + 动"在教材中出现的频率最高,为 71.9%。其次为"随着……的 + 状 + 动",在教材中的使用频率为 17.1%。其余几种形式类别在教材中的使用频率较低,均不足 10%。

本研究认为,在教学的初级阶段"随着……的 + 动"无疑是教学和操练的重点,但在中、高级阶段除"随着……的 + 动"外的其他形式应作为中、高级阶段教学与操练的重点,增加它们在课堂教学中出现的频率,使"随着……的 N"在教学上呈现逐层递进的特点,从而提高学习者表达上的丰富性与多样性。

此外,语法点标注语料库还对语法点"随着……的 N"的搭配信息进行了标注,在"随着……的 + 动"、"随着……的 + 状 + 动"两种形式中,动词或动词性短语在教材中出现的次数如下图所示。

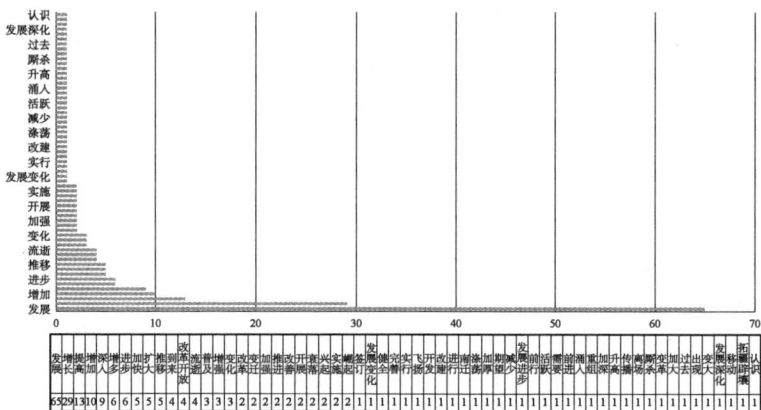

图 34　语法点"随着……的 N"的搭配信息

从上图可以看出,在"随着……的 + 动"、"随着……的 + 状 + 动"在教材中出现次数较高的动词或动词性短语依次为:发展、增长、提高、增加、深入等。出现次数高的动词或动词性短语固然是初级阶段教学和操练的重点内容,而其他出现次数较低的动词或动词性短语则可为中、高级阶段的教学与操练提供参考,使"随着……的 + 动"、"随着……的 + 状 + 动"的复现在用词难度上呈现出层级性,从而提高学习者表达的多样性。

从 5.2.1、5.2.2、5.2.3 的分析可以看出,语法点在语料库中的频率信息对汉语作为第二语言的教学有一定的参考价值,主要体现在:

第一,频率信息可以反映出教材在语法点的选取和编排上的特点。例如,高频的语法点、语义类别、基本形式类别一般是教学的重点内容,大多出现在初级阶段的教学中,而低频的语法点、语义类别、基本形式类别等在教学中往往处于被忽略的状态。

第二,频率信息可以为课堂教学或教材编写中语法点的编排和选取提供数据参考。对于一些低频的语法点、语义类别、基本形式可以从交际的必要性、学习的必要性等方面做进一步研究,如果是交际中必要的,或学习者习得这一语法点或某一语义类别、基本形式后可以明显增进其汉语水平的,可以增加其在课堂教学或教材中出现的频率。这对于确定中、高级阶段汉语语法教学的内容具有重要参考价值。因此,在中高级阶段的语法点教学中,可以重点关注一些低频的语法点、低频语义或句法形式类别,将其作为中、高级阶段的教学内容,使语法点的编排具有循环递进的特点,逐渐体现语义和句法形式编排上的层次性。

5.3　数据分析与语法点编排

语法点的选取、切分、编排、复现是教材研究的一项重要内容。吕文华(1987)认为:"汉语教材中语法项目的选择、编排是否合理是教材是否具有科学性的一个主要标准。"①陆俭明(1999)提出应该搜集对外汉语教材,建立教材语料库,从而对语法点的复现率、递增率进行统计和分析,考察语法点在教材中出现的先后顺序。语法点标注语料库正为语法点的选取、编排、复现等问题的研究提供了资源基础。

本节以语法点述补结构、"把"字句、比较句为对象,考察这

---

① 吕文华.汉语教材中语法项目的选择和编排[J].语言教学与研究,1987,03:117—127.

三个语法点在对外汉语教材中的编排问题。之所以选择这三个语法点,主要因为述补结构、"把"字句、"比较句"是汉语作为第二语言教学的重点与难点。

5.3.1 述补结构的编排

述补结构是汉语作为第二语言教学中的重点与难点。本节主要研究述补结构在《新实用汉语课本》、《中文听说读写》两部教材中的编排问题。之所以选择这两套教材进行研究,主要是因为这两部教材都是为以英语为母语的学习者编写的,面向海外专修或选修中文的学习者,因此,具有可比性。

5.3.1.1 述补结构分布研究

1. 述补结构的总体分布

《新实用汉语课本》和《中文听说读写》各包含语料 3557 条、1614 条,包含述补结构的语料分别为 778 条、244 条[①],述补结构在这两部教材中出现的总频率为 19.7%。在《新实用汉语课本》中出现的频率为 21.9%,在《中文听说读写》中出现的频率为 15.1%。可见,《新实用汉语课本》中述补结构的使用率略高于《中文听说读写》。

2. 述补结构的语义分布

在标注体系中,我们将述补结构分为了十个语义类别,本研究按语义类别考察了述补结构的分布情况。图 35 展示的各类补语在这两部教材中的分布情况。

从图 35 可以看出结果补语、状态补语、趋向补语 1 在两部教材中的分布频率较高,可见,它们是汉语作为第二语言教学中

---

① 如果一条语料中包含若干个述补结构,也只计算一次。

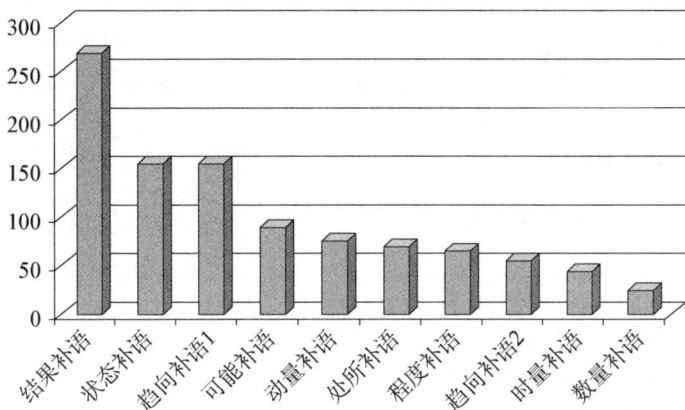

图35　述补结构在《新实用汉语课本》和《中文听说读写》中的分布

的重点内容，可能补语、动量补语、处所补语、趋向补语 2 在教材中的分布频率较为平均。时量补语、数量补语的分布量较少。

　　为进一步了解教材在述补结构编排上的特点，我们统计了两部教材中述补结构语义类别的使用频率，结果如表 70 所示。

表 70　述补结构语义类别在教材中的分布情况

语义类别	《新实用汉语课本》		《中文听说读写》	
	语料数	频率	语料数	频率
结果补语：动作或变化产生的结果。	205	0.263496144	64	0.262295082
状态补语：描写某一动作使主语表现出的情态。	117	0.150385604	40	0.163934426
程度补语：表示动作或性状的程度。	44	0.05655527	23	0.094262295
趋向补语 1：表示动作行为的趋向。	136	0.174807198	21	0.086065574

语义类别	《新实用汉语课本》		《中文听说读写》	
	语料数	频率	语料数	频率
趋向补语2：表示动作行为或性质状态的变化。	41	0.052699229	15	0.06147541
可能补语：表示可能或不可能。	70	0.089974293	21	0.086065574
动量补语：表示动作或变化的次数。	59	0.075835476	18	0.073770492
时量补语：表示动作或状态发生的时间长度或动作发生的具体时间。	33	0.042416452	12	0.049180328
处所补语：表示与行为动作或状态相关的地点、处所及某些具体抽象的范围等。	58	0.074550129	13	0.053278689
数量补语：表示数量方面的差异。	15	0.019280206	11	0.045081967
述补结构语料总数	778	1	244	1

上表中语料数指的是实际标注的语料数，即如果一条语料中包含了两个述补结构，且语义类别或基本形式不同，则增加一条相同的语料，分别对两个述补结构进行标注。我们将上图转换成柱状图，就可以清晰地看出各语义类别在语料中的分布情况。（见图36）

从图36可以看出：（1）两部教材在结果补语、状态补语、可能补语、动量补语、趋向补语2、时量补语上的着力度较为一致；（2）两部教材在程度补语、趋向补语1、数量补语的编排上存在一定的差异。《新实用汉语课本》较为重视趋向补语1的用法，而《中文听说读写》较为重视程度补语和数量补语。

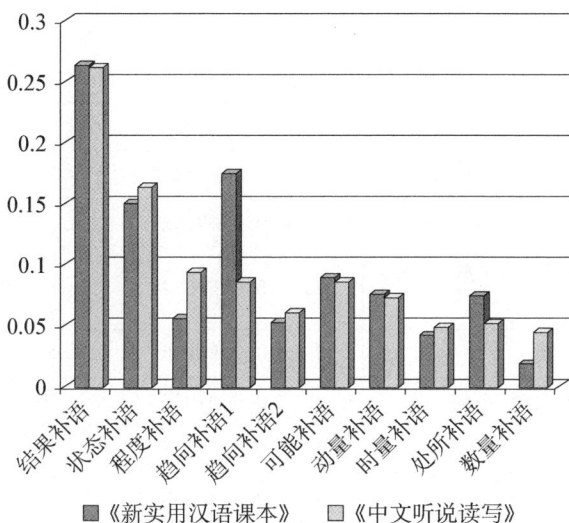

图 36 述补结构的语义分布

3. 述补结构的句法分布

标注框架中共涉及 37 个基本形式类别,本研究在标注语料的基础上对这 37 个形式类别在教材中的分布情况进行了统计,结果如下表所示。

(1)基本形式的分布

表 71 述补结构基本形式分布

基本形式	《新实用汉语课本》		《中文听说读写》	
	语料数	频率	语料数	频率
动 + 动	115	0.16061453	46	0.211981567
动 + 动[趋向]	160	0.22346369	32	0.147465438
动 + 形	28	0.03910615	9	0.041474654
动 + 动[趋向] + 名 + 动[趋向]	10	0.01396648	3	0.013824885

基本形式	《新实用汉语课本》		《中文听说读写》	
	语料数	频率	语料数	频率
动 + 着	1	0.00139665	0	0
动 + 得 + 形	86	0.12011173	35	0.161290323
动 + 得 + 动	25	0.0349162	2	0.00921659
动 + 得 + 代[怎么样/这样/那样]	5	0.00698324	1	0.004608295
形 + 得 + 动	6	0.00837989	0	0
动 + 得 + 主谓/小句	2	0.0027933	3	0.013824885
形/动 + [极/多/死] + 了	19	0.02653631	13	0.059907834
形 + 得 + [多]	9	0.01256983	1	0.004608295
形 + 形 + 了	6	0.00837989	1	0.004608295
形 + 得 + [很/不得了]	6	0.00837989	6	0.02764977
动 + [死/透]	2	0.0027933	0	0
动 + 得 + 成语/四字格	1	0.00139665	1	0.004608295
动 + 到 + 名[处所/方位]	21	0.02932961	2	0.00921659
动 + 名 + 动[趋向]	16	0.02234637	0	0
动 + 动 + 名 + 动[趋向]	14	0.01955307	5	0.023041475
动 + 动[趋向] + 名	11	0.01536313	1	0.004608295
形 + 动[趋向]	3	0.00418994	1	0.004608295
动 + 得	1	0.00139665	0	0
动 + 得了	3	0.00418994	0	0
动 + 得了 + 名	1	0.00139665	0	0
动 + 得着	0	0	1	0.004608295
动 + 得 + 动 + 名	0	0	1	0.004608295

基本形式	《新实用汉语课本》		《中文听说读写》	
	语料数	频率	语料数	频率
动 + 数量	72	0.10055866	28	0.129032258
动 + 数量 + 名	15	0.02094972	0	0
动 + 名 + 数量	4	0.00558659	1	0.004608295
动 + 名 + 动 + 数量	1	0.00139665	0	0
动 + 介[于/在] + 名[时间]	0	0	0	0
动 + 介[在/于/向/往] + 名[处所/方位]	58	0.08100559	13	0.059907834
形 + 数量	15	0.02094972	10	0.046082949
形 + 于 + 数量	0	0	1	0.004608295
标注有基本形式的语料总数	716	1	217	1

　　我们将上表转换成柱状图,就可以清晰地看出各基本形式在语料中的分布情况。(见图 37)

　　从图 37 可以看出:(1)"动 + 动"、"动 + 动[趋向]"、"动 + 得 + 形"、"动 + 数量"、"动 + 介[在/于/向/往] + 名[处所/方位]"是两部教材共同关注的基本形式类别,其余形式在语料中的分布相对较少;(2)与《新实用汉语课本》相比,《中文听说读写》更关注"动 + 动"、"动 + 得 + 形"、"形/动 + [很/多/死] + 了"、"形 + 得 + [很/不得了]"、"动 + 数量"、"形 + 数量"的形式。

　　(2)否定形式的分布

　　根据对标注语料的统计,两部教材共有 88 条包含述补结构否定形式的语料,其中《新实用汉语课本》62 条,《中文听说读写》27 条,它们在教材中的分布如表 72 所示。

0.25

0.2

0.15

0.1

0.05

0

动+动
动+动[趋向]
动+形
动+形[趋向]
动+着
动+动[趋向]+名+动[趋向]
动+得+形
动+得+形[这样那样]
形+得+动
动+得+动
动+得+代[怎么样/这样那样]
动+得+主谓/小句
形+得+了
动+动[够/多/死]+了
形+得+了[多]
动+得+了
形+得+了[很/不得了]
形+形[了]
动+到+名[处所/方位]
动+成语[死活]
动+动[趋向]+名
动+名+动[趋向]
动+动[趋向]+名
动+动[趋向]+动[趋向]
形+得
动+得
动+得+了
动+得+了+名
动+名+着
动+得+动+名
动+数
动+数+名
动+名+数
动+名+动+数
动+个[在/于][时间]
动+个[于/向/住]
动+个[在/于][名[处所/方位]
形+数
形+数
形+于+数

■《新实用汉语课本》   □《中文听说读写》

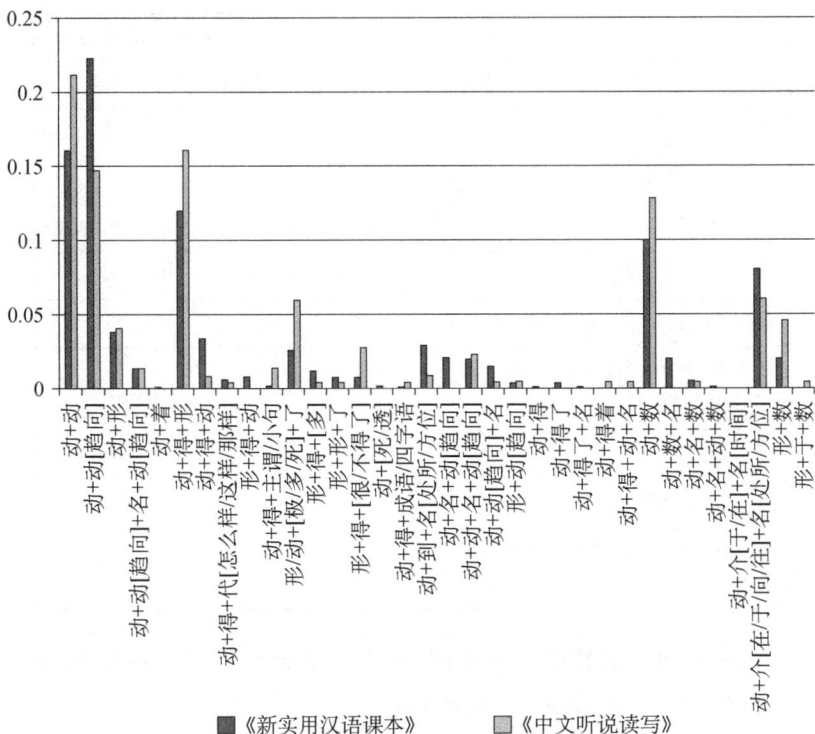

图 37   述补结构基本形式类别的分布情况

表 72   述补结构否定形式的分布 1

	《新实用汉语课本》	《中文听说读写》	合计
可能补语	50	18	68
结果补语	4	7	11
状态补语	8	1	9
合计	62	26	88

　　从上表可以看出,述补结构否定形式的在语料中的使用频率远低于其肯定形式。其中,包含可能补语的否定形式的语料

最为丰富,共有 68 条。两部教材对可能补语的否定形式关注度大致相同,在结果补语和状态补语的处理上各有侧重。《新实用汉语课本》更关注状态补语的否定形式,包含有 7 条语料,《中文听说读写》仅包含 1 条。而《中文听说读写》包含 7 条结果补语否定形式的语料,《新实用汉语课本》仅包含 4 条。

从各类补语的否定形式来看,结果补语、状态的否定形式较为简单,由"没有/没 + 结果补语的基本形式"构成,例如,"没有坐错、没考好"。状态补语的否定形式由"得 + 不/没/没有"构成,例如,"考得不太好、说得没有你好"。而可能补语的否定形式较为复杂,各种形式的分布如下表所示。

表 73   述补结构否定形式分布 2

	《新实用汉语课本》	《中文听说读写》	合计
动 + 不 + 动	32	11	43
动 + 不了	7	3	10
动 + 不 + 形	2	4	6
动 + 不 + 动 + 名	3	0	3
动 + 不得	3	0	3
动 + 不着	2	0	2
动 + 不了 + 名	1	0	1
合计	50	18	68

从上表可以看出:(1)《新实用汉语课本》介绍的可能补语的否定形式较为丰富,共有五种。《中文听说读写》只介绍了三种否定形式,分别是"动 + 不 + 动"、"动 + 不了"、"动 + 不 + 形";(2)可能补语否定形式最典型的用法是"动 + 不 + 动",例如,看不懂。两部教材都进行了重点介绍。

5.3.1.2 述补结构编排顺序及复现研究

陆俭明(1999)指出语法教学需要知道"各年级学生应该掌握多少语法要点？哪些语法要点？各个语法要点在教材中出现时,孰先孰后？复现率为几？递增率为几？"①因此,本研究以述补结构为例,在语法点标注语料库的基础上,对语法点的排序、复现进行研究,进一步探究教材编排的科学性。

1. 述补结构在教材中的编排顺序

语法点在教材中编排及复现是教材研究中的一项重要内容。本研究首先分析一下各类述补结构在教材中首次出现的位置。(见表74)

表74　述补结构的编排顺序

《新实用汉语课本》	动量补语	时量补语	状态补语	趋向补语1	程度补语	数量补语	结果补语	处所补语	可能补语	趋向补语2
	L6	L14	L15	L16	L17	L17	L18	L25	L31	L36
《中文听说读写》	结果补语	动量补语	状态补语	程度补语	趋向补语1	时量补语	趋向补语2	处所补语	数量补语	可能补语
	L2	L6	L7	L9	L13	L14	L15	L15	L15	L16

从上表可以看出:(1)不同教材对语法点的编排顺序不同。差异最大的是对于"结果补语"的编排,《新实用课本》在学完动量补语、时量补语、状态补语、趋向补语1、程度补语、数量补语后再学习结果补语。而在《中文听说读写》中,结果补语安排在第二课,是最先出现的一类补语;(2)在对于趋向补语的安排上,两本教材的处理方式也各不相同。《新实用汉语课本》在介绍趋

---

① 陆俭明.关于开展对外汉语教学基础研究之管见[J].语言文字应用,1999,04:12—14.

向补语 1 后,先介绍了程度补语、数量补语、结果补语、处所补语,才介绍趋向补语 2。而《中文听说读写》在介绍趋向补语 1 后,仅介绍了时量补语,便引入了趋向补语 2;(3)部分述补结构的介绍相对集中,《新实用汉语课本》在第 14、15、16、17、18 课集中介绍了时量补语、状态补语、趋向补语 1、程度补语、数量补语和结果补语。《中文听说读写》在第 13、14、15、16 课集中介绍了趋向补语 1、时量补语、趋向补语 2、处所补语、数量补语和可能补语;(4)两套教材在对可能补语、处所补语的介绍上都相对靠后。

2. 述补结构的复现研究

本研究以趋向动词“出来”为例,考察“动 + 出来”和“动 + 出 + 名 + 来”作为补语在《新实用汉语课本》中的复现情况。

在《新实用汉语课本》中,包含“出来”的语料共计 43 条。从语义上来看,“出来”作为趋向补语 1、结果补语和可能补语使用的语料,分别有:18 条、18 条、7 条。课本是先杰介绍“出来”作为结果补语使用的情况,再介绍作为趋向补语 1 使用的情况,最后介绍作为可能补语使用的情况。

(1)“出来”作为结果补语使用的复现情况

“出来”可以用于动词后做补语,表示结果义。例如,“这个好主意是怎么想出来的?”“出来”作为结果补语使用在语料中的复现情况如图 38 所示。

在图 38 中,横坐标表示“出来”在第几课出现。纵坐标表示每课中包含“出来”作为结果补语使用的语料数。从中可以看出,“出来”作为结果补语使用最先出现在第 23 课,之后分别在第 27、33、35、40、46、51、52、56、59、62、63、66、69 课进行了复现,共在之后的 13 课中进行了复现,共复现了 17 次,其中在第 33

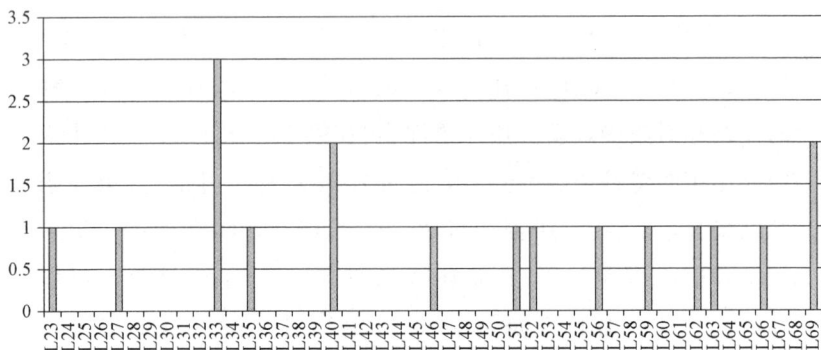

图 38　"出来"作为结果补语的复现情况

课复现了 3 次，在第 41 课和第 69 课分别复现了 2 次。可见，"出来"作为结果补语的复现情况较好，但第一次复现和第二次复现之间间隔了 5 课，间隔时间相对较长。

（2）"出来"作为趋向补语使用的复现情况

"出来"可以用于动词后做补语，表示趋向义。例如，"火车从山里开出来了"。"出来"作为趋向补语使用在语料中的复现情况如下图所示。

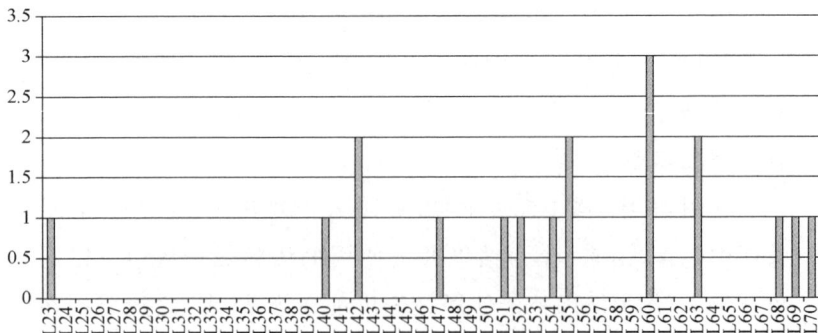

图 39　"出来"作为趋向补语的复现情况

　　从图 39 可以看出,"出来"作为趋向补语使用最先出现在第
23 课,之后分别在第 40、42、47、51、52、54、55、60、63、68、69、70
课进行了复现,共在之后的 12 课中进行了复现,共复现了 17
次,其中在第 60 课复现了 3 次,在第 42 课、55 课、63 课复现了
两次。但第二次复现与第一次出现之间间隔了 15 课,间隔时间
过长。

　　(3)"出来"作为可能补语使用的复现

　　"出来"还可以用于可能补语中。例如"看得出来,你们也很
关心北京的环保问题。""出来"作为可能补语使用在语料中的复
现情况如下图所示。

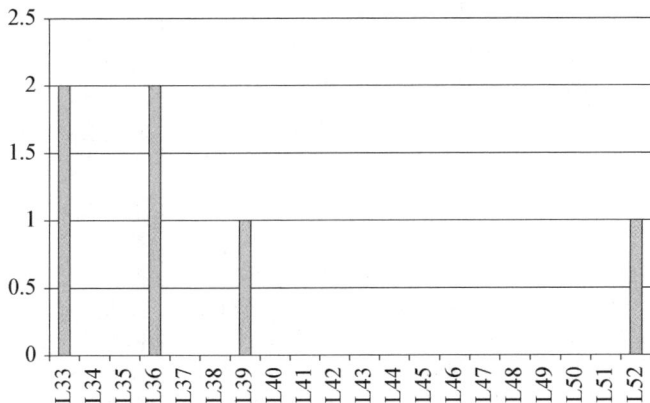

图 40　"出来"作为可能补语的复现情况

　　从上图可以看出,"出来"作为可能补语使用最先出现在第
33 课,在之后的 3 课进行了复现,分别是第 36、39、52 课,共复
现了 5 次,其中在第 36 课复现了 2 次,在第 39 课、52 课分别复
现了 1 次,并且第 2 次复现跟第 3 次复现之间间隔了 7 课。可
见,可能补语复现率较低,复现间隔时间过长。

5.3.2 "把"字句的编排

本节以"把"字句为例,结合"把"字句编排的相关研究成果,从句法、语义角度探讨"把"字句在《新实用汉语课本》《中文听说读写》《博雅汉语》《汉语纵横精读课本》中的编排问题。

本节在四部教材"把"字句标注语料的基础上,从初级、中级、高级三个维度,分析了"把"字句句法、语义在教材中的编排,统计结果如表 75 所示。

表 75 四部教材"把"字句的编排

		《新实用汉语课本》	《中文听说读写》	《博雅汉语》	《汉语纵横精读课本》
初级	语义类别	处置类 转移类	转移类 致使类 处置类	转移类 致使类 处置类	转移类 处置类 判断类 致使类
	基本形式	把＋名＋动＋了 把＋名＋动[趋向补语] 把＋名＋动＋名	把＋名＋动[处所补语] 把＋名＋动[结果补语] 把＋名＋动[趋向补语] 把＋名＋连动	把＋名＋动[处所补语] 把＋名＋动[结果补语] 把＋名＋连动 把＋名＋动＋了 把＋名＋动＋名 把＋名＋动[状态补语]	把＋名＋动＋名 把＋名＋动[处所补语] 把＋名＋动[结果补语] 把＋名＋动[趋向补语] 把＋名＋动[程度补语] 把＋名＋状语＋动 把＋名＋动＋了 把＋名＋动[状态补语]
	否定形式	/	/	……别把……	/

		《新实用汉语课本》	《中文听说读写》	《博雅汉语》	《汉语纵横精读课本》
中级	语义类别	致使类 判断类	判断类	判断类	/
	基本形式	把＋名＋动〔处所补语〕 把＋名＋动〔复合补语〕 把＋名＋连动 把＋名＋动〔结果补语〕 把＋名＋动〔重叠〕 把＋名＋动〔状态补语〕 把＋名＋动〔程度补语〕	把＋名＋动〔状态补语〕 把＋名＋动＋名 把＋名＋动＋了	把＋名＋兼语 把＋名＋动〔复合补语〕 把＋名＋动〔趋向补语〕 把＋名＋动〔动量补语〕 把＋名＋动〔程度补语〕	把＋名＋连动 把＋名＋动〔重叠〕
	否定形式	/	……没把……	……不要把……	/
高级	语义类别	/	/	/	/

		《新实用汉语课本》	《中文听说读写》	《博雅汉语》	《汉语纵横精读课本》
基本形式		把＋名＋动〔动量补语〕 把＋名＋状语＋动	/	把＋名＋动＋着 把＋名＋状语＋动	把＋名＋动〔动量补语〕
否定形式		/	/	/	……不把…… ……不要把……

　　从语义类别的设置来看，在初级阶段，《新实用汉语课本》主要教授了处置类、转移类的"把"字句；《中文听说读写》和《博雅汉语》教授了转移类、致使类、处置类的"把"字句，而且三类"把"字句的出现顺序也相同。《汉语纵横精读课本》教授了四个类型的"把"字句。在中级阶段，《新实用汉语课本》教授了致使类和判断类的"把"字句。《中文听说读写》、《博雅汉语》教授了判断类的"把"字句。从语义类别设置的顺序来看，《中文听说读写》、《博雅汉语》都是先教转移类，再教致使类和处置类，最后教判断类。吕必松（2010）认为"把"字句的教学顺序应为：表处置、表对待，表致使，吕文华（2014）提出的应先教位移类的"把"字句。目前四大教材对语义类别的安排基本上与两位学者的观点相一致。本研究认为，从学习者接受角度来看，应先教转移类"把"字句，之后从"把"字句的使用频率来看，其他三类的顺序应为：处置类、致使类、判断类。

　　"把"字句的否定形式虽然不是教学上的难点，但是作为"把"字句使用上的一项内容，也有必要教授给学习者。但从表

75 来看,否定形式并未引起教材编写者的重视。《新实用汉语课本》没有出现否定形式的语料,《中文听说读写》仅出现了一种否定形式的用法,《博雅汉语》、《汉语纵横精读课本》安排了两种否定形式。

在探讨基本形式的设置时,本研究参考了吕文华(2014)的观点,她对"把"字句的教学顺序问题进行过详细论述。本节将其研究成果与四套教材对"把"字句的教学顺序作了对比研究,结果如下表所示。

表 76　"把"字句编排顺序的对比研究

	基本形式	《新》	《中》	《博》	《汉》
初级	S + 把 + N1 + V + 在/到/给 + N2	中级	√	√	√
	S + 把 + N + VR	√|中级	√|中级	√|中级	√
	S + 把 + N + V(R) + O	√	中级	√	√
中级	S + 把 + N + AD + V	√	/	高级	初级
	S + 把 + N + 一 + V	/	/	/	/
	S + 把 + N + V(一/了) + V	√	/	/	√
	S + 把 + N + V + F①	高级	/	初级	高级
	S + 把 + N1 + V + 成 + V2	√	√	初级	初级
高级	S + 把 + N + V + 了	初级	中级	初级	初级
	S + 把 + N + 给 + V + 其他	/	/	/	/
	S + 把 + N(施事) + V + 其他	/	/	/	/
	S(非生物体) + 把 + N + V + 其他	/	/	/	/

上表中,"√"表示教材中各形式的编排顺序与吕文华的观

---

① "F"表示动作的频率。

点相同;"/"表示找不到对应的形式或在语料中不存在该形式;"初级"、"中级"、"高级"表示形式在教材中出现的位置。从表76 的统计可以看出:(1)四套教材初级阶段的基本形式的安排与吕文华的观点较为一致,只是《新实用汉语课本》将"S + 把 + N1 + V + 在/到/给 + N2"安排在了中级,《中文听说读写》将"S + 把 + N + V(R) + O"安排在了中级;(2)"S + 把 + N + AD + V"安排顺序较不固定,《新实用汉语课本》与吕的观点相合,《博雅汉语》、《汉语纵横精读课本》将该形式安排在了高级阶段,而《中文听说读写》没有出现该形式;(3)四套教材中均未出现形式"S + 把 + N + 一 + V";(4)吕认为"S + 把 + N + V + F"应安排在中级,但《博雅汉语》将该形式安排在了初级阶段,《新实用汉语课本》、《汉语纵横精读课本》安排在了高级阶段;(5)吕文华指出"S + 把 + N + V + 了"不应该安排在初级阶段,但《新实用汉语课本》、《博雅汉语》、《汉语纵横精读课本》均将该形式安排在了初级阶段,《中文听说读写》将其安排在了中级阶段。

5.3.3 比较句的编排

本节通过母语语料和教材语料的对比,探讨"比较句"的编排问题。具体方法是选取《新实用汉语课本》为研究对象,以陈珺、周小兵(2005)对母语语料中比较句形式结构分布频率的研究成果为参照,分析比较句编排问题。

陈珺、周小兵(2005)将比较句分成十类,统计了其在母语语料中的分布频率。本研究从语法点标注语料库中提取了《新实用汉语课本》的标注语料①,统计了十类比较句在这套教材中的

---

① 语法点动态语料库对比较句句法信息的标注与陈珺、周小兵略有不同,为了便于比较,将标注结果略作了调整。

分布频率。统计结果如表 77 所示。

表 77　比较句在母语语料和教材语料中的对比

类别	母语语料			《新实用汉语课本》		
	样本总量	出现频次	使用频率	样本总量	出现频次	使用频率
跟……一样	10万	7例	0.00007	7.1万	20例	0.00028169
像……	10万	9例	0.00009	7.1万	11例	0.00015493
……有……这么/那么……	10万	0例	0	7.1万	3例	0.00004225
A比B+形/动	10万	16例	0.00016	7.1万	40例	0.00056338
A比B+形/动+数量补语	10万	2例	0.00002	7.1万	9例	0.000126761
A比B更/还……	10万	9例	0.00009	7.1万	6例	0.000084507
……不比……	10万	3例	0.00003	7.1万	1例	0.000014085
一天/年比一天/年	10万	1例	0.00001	7.1万	8例	0.000112676
……不如/比不上……	10万	6例	0.00006	7.1万	7例	0.000098592
……没有……	10万	0例	0	7.1万	9例	0.000126761

　　上表中,第一列是考察的比较句的类别,第二大列是母语语料的统计结果,第三大列是《新实用汉语课本》的统计结果。从上表的统计结果可以得到图 41。

　　从图 41 可看出:(1)除"A 比 B 更/还……"、"……不比……"这两种形式的比较句外,其余形式的比较句在《新实用汉语课本》中出现的频率都高于母语语料;(2)"……有……这么/那么……"、"……没有……"形式的比较句在母语语料中没有出现,"一天/年比一天/年"在母语语料中仅出现了一例;

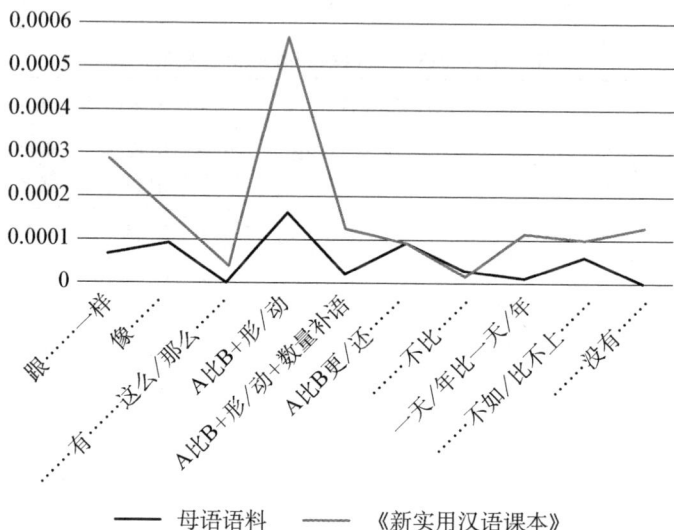

图 41 比较句在母语语料和教材语料中的对比图

(3)《新实用汉语课本》和母语语料在"跟……一样"、"A 比 B＋形/动"、"一天/年比一天/年"、"……没有……"的频率分布上差异较大,在《新实用汉语课本》中出现的频率远高于母语语料。

本研究认为,各形式结构在教材语料中分布较为合理的方式应是:各类形式在教材中出现的频率要略高于其在母语语料中出现的频率,而一些较难习得的形式在教材语料中出现的频率要明显高于其在母语语料中出现的频率。由此可以看出,《新实用汉语课本》在比较句的编排上是合理的,特别是在"A 比B＋形/动＋数量补语"这一形式的编排上。因为该形式是学习者的难点,从频率分布来看,编写者也考虑了这个问题。"A 比B＋形/动"是比较句的基本形式,因此在教材语料中出现的频率最高。但本研究认为今后的教材编写应重视"A 比 B 更/还……"、"……不比……"这两个形式的比较句,可以提高其在教材语料中的出现频率。

　　语法点的选取和编排受诸多因素的影响,如语法点在母语语料中的分布情况、习得规律、汉语自身的特点等,在衡量教材语法点编排的科学性时也需要考虑这些因素。而通过语法点知识库,教师和研究者可以了解到教材语料在语法点编排上的方式和特点,为语法点编排是否科学这一问题的研究提供标注语料和统计数据。

5.4　应用平台的主要功能及实现

　　我们在语法点知识库的基础上开发了"应用平台"(见图42),该应用平台可以为语法点的教学、研究、学习者自主学习提供语义、句法方面的统计数据和丰富的用例,有助于提高汉语教学与研究的信息化水平。

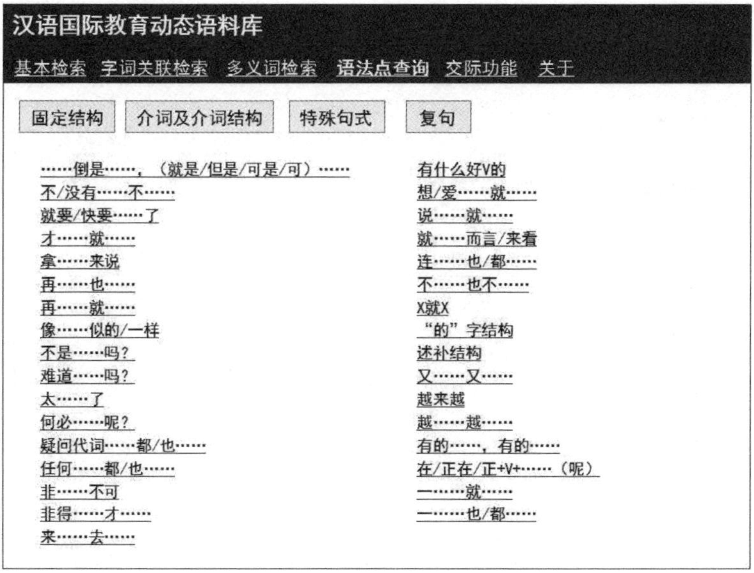

图 42　语法点知识库应用平台截图

5.4.1　应用平台的功能

应用平台的功能主要包括：

（1）查询包含语法点的语料；

（2）查询语法点的基本信息；

（3）查询语法点的语义信息及语料；

（4）查询语法点的句法信息及语料；

（5）查询语法点的句法语义关系信息；

（6）查询语法点的语用信息。

本节以述补结构为例，介绍语法点知识库应用平台的功能。

5.4.1.1　按语法点查询语料的功能

按语法点查询语料是语法点知识库应用平台最基本的功能，用户可以根据语法点来查询包含某一语法点的所有语料。

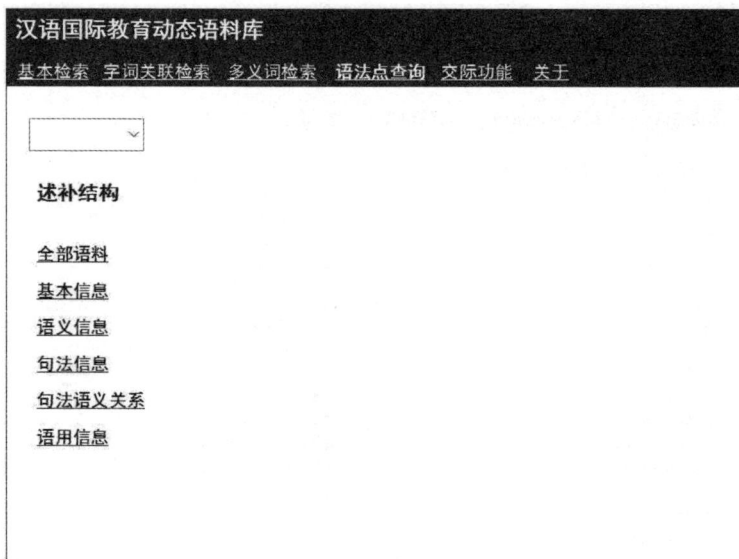

图 43　述补结构查询

图 43 是当用户选择查看语法点"述补结构"时,应用平台显示的界面。

当用户点击"全部语料"时,界面右侧将会显示包含语法点"述补结构"的所有语料。(见图 44)

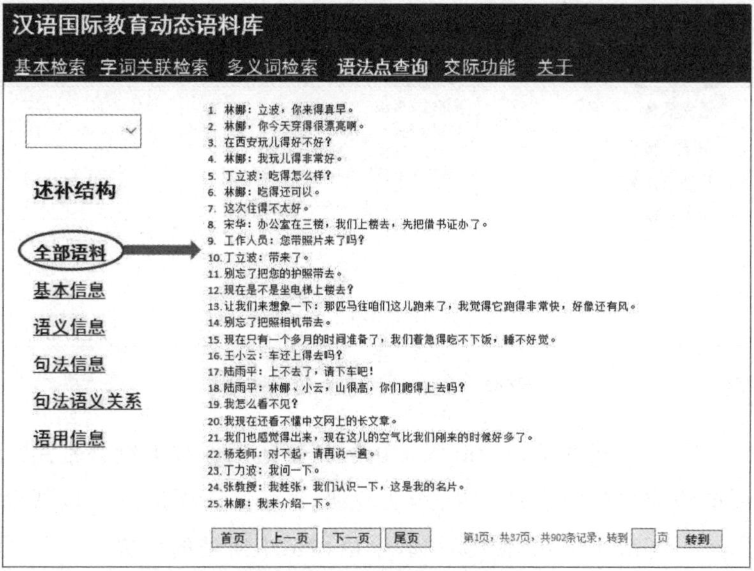

图 44 述补结构全部语料查询

5.4.1.2 查询语法点教学的相关信息

当用户点击"基本信息"时,将获得"述补结构"的基本信息,具体包括语法点在语料库中的使用频率、HSK 等级、偏误语料、相似或相关语法点等在内的与教学相关的信息。图 45 是"述补结构"的基本信息。

用户从界面中获得语法点"述补结构"的基本信息包括:

第一,"述补结构"在语料库中的使用频率为 19.71%。该数据可以帮助用户判断该语法点的重要程度;

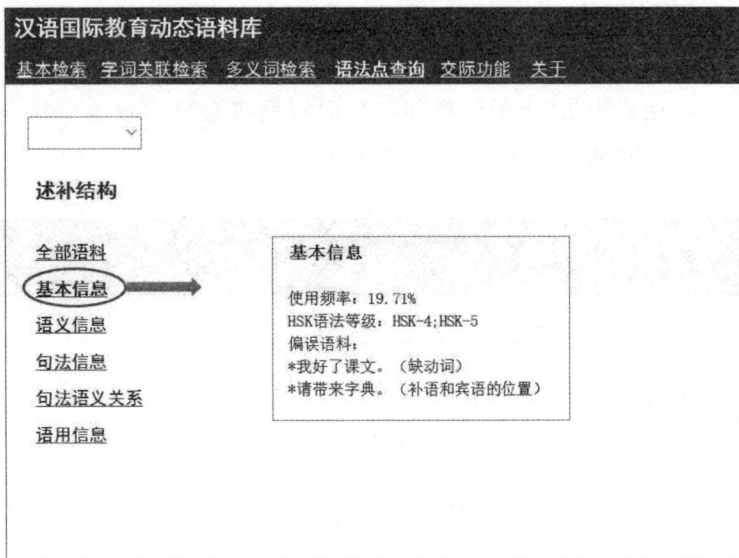

图 45 述补结构基本信息查询

第二,"述补结构"在《汉语国际教育通用课程大纲》(常用汉语语法项目分级表)中的等级为 4 级、5 级。该项信息可以帮助用户了解语法点在对外汉语教学语体系中所处的位置;

第三,"述补结构"的偏误语料。该项信息可以帮助用户预测学习者在学习"述补结构"时可能出现的偏误,如缺少述动词、补语和宾语的顺序等。

5.4.1.3 查询语法点的语义信息及语料

当用户点击"语义信息"时,可以获得语法点的语义类别及包含各语义类别的语料数量。点击不同的语义类别,系统还可以在界面的右侧显示包含相应语义类别的语料。图 46 显示的是"述补结构"的语义类别、语料数量及相关用例。

从图 46 可以看出,述补结构的语义类别分为十类,包含结果补语的语料数最多,其次是状态补语。当用户点击"结果补

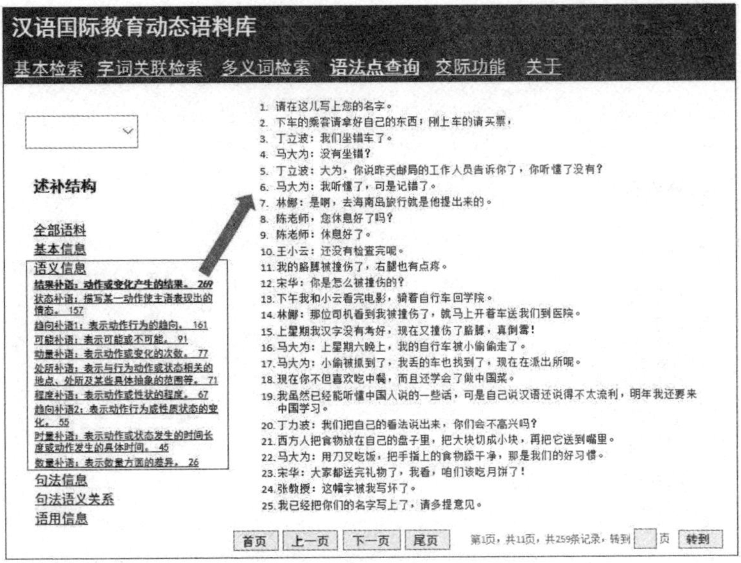

图 46　述补结构语用信息及语料查询

语"这一语义类别时,界面的右侧会显示语料库中所有包含该语义类别的语料。这一功能不仅能帮助用户了解语法点可以表达哪些语义,还可以显示各类语义在语料库中的出现次数,从而帮助用户确定教学或学习的重点或先后顺序。

5.4.1.4　查询语法点的句法信息

　　语法点标注语料库从基本形式、否定形式、疑问形式、主语信息、搭配信息五个维度对语法点的句法信息进行了标注,因此,在应用平台上,也可以查询到这五个维度的句法信息。需要指出的是,每一个语法点教学需求不同,标注的维度也不同,因此,在应用平台上可查询到的句法信息也不相同。以语法点述补结构为例,可以从基本形式、否定形式、疑问形式三个维度来查询。

　　当用户点击句法信息,将显示"基本形式"、"否定形式"、"疑问形式"三项内容。(见图 47)

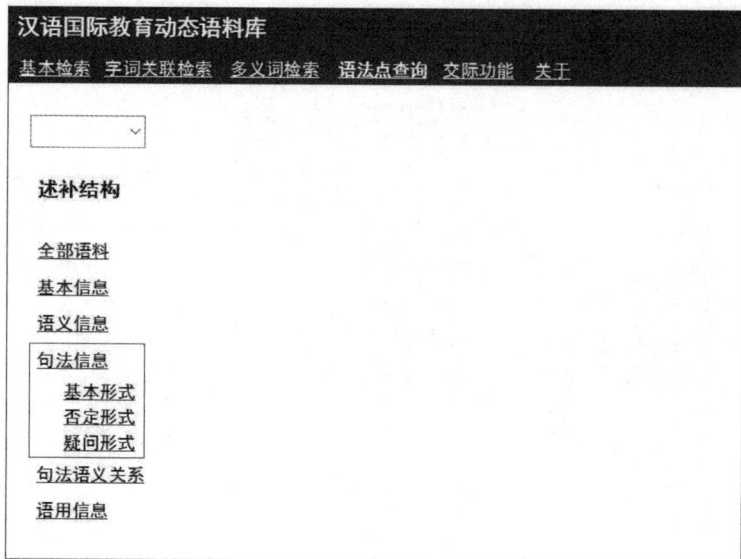

图 47 述补结构句法信息查询

当用户点击"基本形式"时,界面将显示基本形式的具体类别及各类别在语料库中的语料数量。当用户继续点击某一具体的形式类别时,界面的右侧将显示包含这一基本形式类别的语料。(见图 48)

图 48 显示了述补结构部分形式类别,界面显示的是包含"动+得+形"这一形式类别的语料。

当用户点击否定形式时,将会显示述补结构的所有否定形式及其语料数,当点击某一类否定形式时,界面右侧将会出现包含这类否定形式的语料。(见图 49)

图 49 显示了述补结构的 11 类否定形式,右侧是包含"没/没有+动+形/动"这一否定形式的所有语料。

当用户点击"疑问形式"时,界面右侧会显示包含述补结构的所有疑问句的语料。(见图 50)

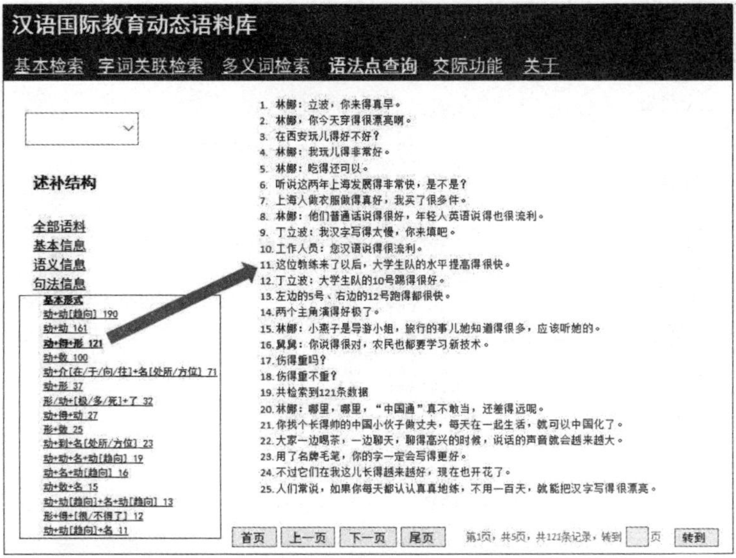

图 48 述补结构基本形式及语料查询

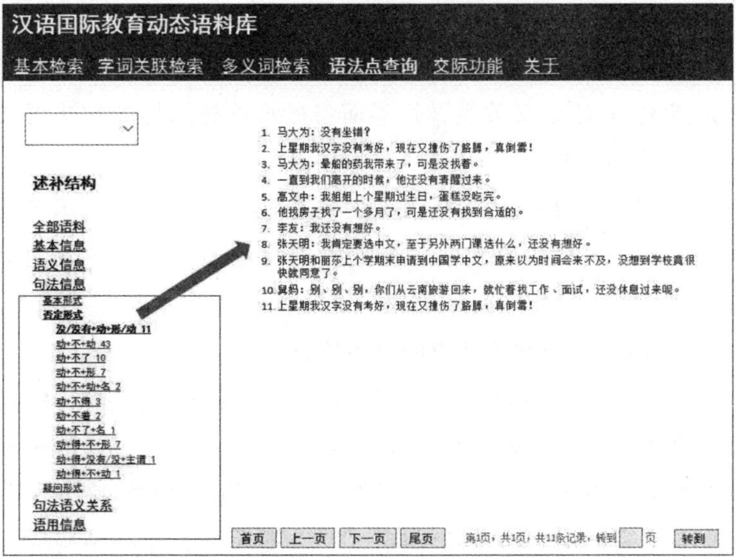

图 49 述补结构否定形式及语料查询

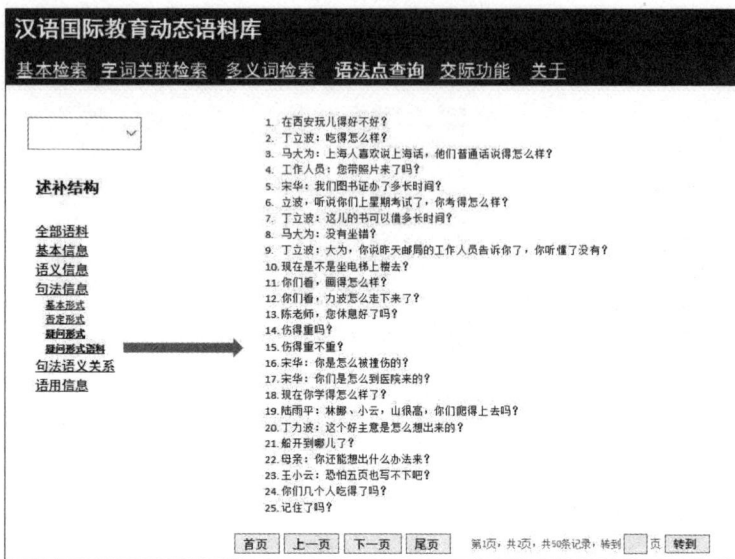

图 50　述补结构疑问形式语料查询

5.4.1.5　查询语法点的句法语义关系信息

在应用平台上,用户可以查询语法点的句法语义关系。当用户点击"句法语义关系"时,界面将显示述补结构的句法语义关系。(见图 51)

图 51 是述补结构句法语义关系查询的截图,图中显示了结果补语和趋向补语及它们的形式类别及各形式类别包含的语料数。

5.4.1.6　查询语法点的语用信息

通过应用平台,用户还可获得语法点的语用信息,具体包括:功能、语气/情感态度、预设、语体。需要指出的是,语法点的教学需求不同,语用描述的维度、内容也不同,因此,在应用平台上查询到的语用信息也不同。图 52 显示的是述补结构的语用信息。

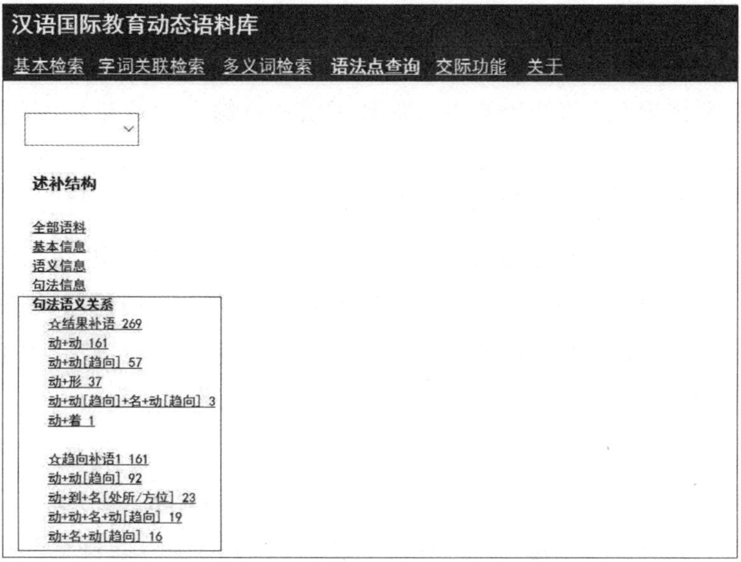

图 51　述补结构句法语义关系信息查询

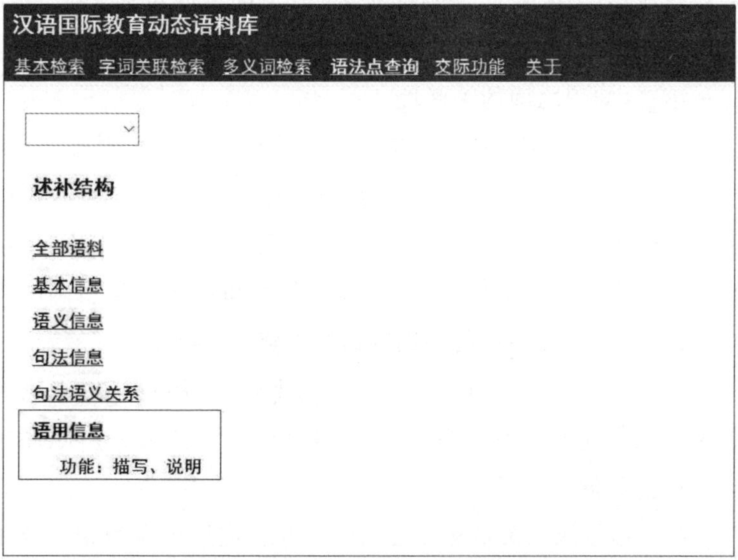

图 52　述补结构语用信息查询

从上图可以看出,"述补结构"主要用于描写、说明。

本研究认为应用平台与以往所用的语法教学资源不同之处主要体现在:语法点知识库展现了语法点综合性的知识,提供了语法点用法上的频率信息,实现了不同信息之间的相互关联。

第一,提供了语法点综合性的知识。

在应用平台上,用户可以获得语法点的综合性知识,包括语法点的语义信息、句法信息、句法语义关系信息、语用信息、语法点的频率信息、HSK 等级信息、偏误语料信息等,还可以获得相关的语料,这些信息帮助用户更为深入、全面地了解语法点。

第二,语法点的频率性。

在应用平台上,用户可获得语法点的频率信息,包括语义频率、句法频率、句法语义关系的频率,为教学与学习的科学性提供了数据参考。借助频率信息,用户可以获得语法点的典型用法和非典型用法,从而帮助用户判断学习的重点和非重点,学习的先后顺序。

第三,知识之间的关联性。

应用平台为用户提供了语法点的关联性知识,具体表现在:

(1)语法点句法语义信息的描写与用例的关联。用户可以根据语义类别、基本形式、否定形式、疑问形式、主语信息的下设具体类别来查询相应的语料,实现了语法知识描述与用例的结合,为教学或学习中例句的选取提供了资源基础。

(2)句法与语义的关联。在应用平台上,用户可以查询到句法语义之间的关系及频率信息,为教学的重点或先后顺序的安排提供数据参考。

(3)相似或相关语法点之间的关联。应用平台为相似或相关的语法点建立了链接,为相似或相关语法点之间的比较提供了便捷的查询工具。例如,当用户查询语法点介词"向"时,在基本信息中会提供介词"对"、"给"、"朝"的链接,点击链接后用户可进入相应的语法点查询界面。这一功能为用户对相似或相关语法点之间的对比研究提供了便捷的查询工具。

第四,查询的便捷性。

语法点的查询具有方便、快捷的特点,用户只需采用点击的方式查询语法点信息和相关用例,而不必输入检索表达式,减轻了用户记忆和操作上的负担。

5.4.2 应用平台功能的实现

5.4.2.1 语法点综合信息库的构建

本书在第三章和第四章中,分别介绍了语法点描写知识库和与之配套的语法点标注语料库的构建。而语法点综合信息库的构建则是为语法点描写知识库和语法点标注语料库之间建立起关联,从而被应用平台的程序调用。

语法点综合信息库包括语法点 ID、语法点名称、所属类型、根节点、维度、维度属性值、属性解释。图 53 是语法点综合信息

数据表排序ID	语法点ID	语法点名称	所属类型	维度	维度属性值	属性解释	uttTypy
48	33SBJG	述补结构	固定结构	使用频率		20.70%	u
49	33SBJG	述补结构	固定结构	HSK语法等级		HSK-4;HSK-5	u
50	33SBJG	述补结构	固定结构	偏误语料		*找好了课文。(缺动词)) \n*请来字典。(补语和	u
51	33SBJG	述补结构	固定结构	语义类别	S1	结果补语:动作或变化产生的结果。 269	v
52	33SBJG	述补结构	固定结构	语义类别	S2	状态补语:描写某一动作使主语表现出的情态。 157	v
53	33SBJG	述补结构	固定结构	语义类别	S3	趋向补语1:表示动作行为的趋向。 161	v
54	33SBJG	述补结构	固定结构	语义类别	S4	可能补语:表示可能或不可能。 91	v
55	33SBJG	述补结构	固定结构	语义类别	S5	动量补语:表示动作变化的次数。 77	v
56	33SBJG	述补结构	固定结构	语义类别	S6	处所补语:表示与行为动作或状态相关的地点、处所及	v
57	33SBJG	述补结构	固定结构	语义类别	S7	程度补语:表示动作性状的程度。 67	v
58	33SBJG	述补结构	固定结构	语义类别	S8	趋向补语2:表示动作行为或性质状态的变化。 55	v
59	33SBJG	述补结构	固定结构	语义类别	S9	时量补语:表示动作或状态发生的时间长度或动作发生	v
60	33SBJG	述补结构	固定结构	语义类别	S10	数量补语:表示数量方面的差异。 26	v
61	33SBJG	述补结构	固定结构	基本形式	T1	动+动[趋向] 190	v
62	33SBJG	述补结构	固定结构	基本形式	T2	动+动 161	v
63	33SBJG	述补结构	固定结构	基本形式	T3	动+得+形 121	v
64	33SBJG	述补结构	固定结构	基本形式	T4	动+数 100	v
65	33SBJG	述补结构	固定结构	基本形式	T5	动+行[在/于/向/往]+名[处所/方位] 71	v
66	33SBJG	述补结构	固定结构	基本形式	T6	动+形 37	v
67	33SBJG	述补结构	固定结构	基本形式	T7	形+动[得/多/死]+了 32	v
68	33SBJG	述补结构	固定结构	基本形式	T8	动+得+动 27	v
69	33SBJG	述补结构	固定结构	基本形式	T9	形+形 25	v
70	33SBJG	述补结构	固定结构	基本形式	T10	动+到+名[处所/方位] 23	v
71	33SBJG	述补结构	固定结构	基本形式	T11	动+动+名[趋向] 19	v
72	33SBJG	述补结构	固定结构	基本形式	T12	动+名+动[趋向] 16	v
73	33SBJG	述补结构	固定结构	基本形式	T13	动+名 15	v
74	33SBJG	述补结构	固定结构	基本形式	T14	动+动[趋向]+名+动[趋向] 13	v
75	33SBJG	述补结构	固定结构	基本形式	T15	形+得+动[得]+了 12	v
76	33SBJG	述补结构	固定结构	基本形式	T16	动+动[趋向]+名 11	v
77	33SBJG	述补结构	固定结构	基本形式	T17	形+得+[多] 10	v

图 53　语法点综合信息库截图

库“述补结构”的属性信息。

图 53 中关于语法点“述补结构”的记录会被程序调用，显示在应用平台的界面上。此外，语义信息中的语义类别、句法信息中的基本形式、否定形式需要调用语法点标注语料库中的相关信息。

5.4.2.2 程序实现①

语法点查询的应用平台以 C# 为编程语言，具体步骤包括：第一，将语法点标注语料库人工标注版的数据版转换成计算机可读的版本，从而方便程序的调用；图 54 是“述补结构”人工标注数据表的截图，需要将其转换成如图 55 所示的机读数据表。

ID	语料	语义类别	基本形式	否定形式	疑问形式
76	杨老师：对不起，请再说一遍。	动量补语	动+数		
83	丁力波：我问一下。	动量补语	动+数		
87	张教授：我姓张，我们认识一下，这是我的名片。	动量补语	动+数		
105	林娜：我来介绍一下。	动量补语	动+数		
124	林娜：我看一下。	动量补语	动+数		
296	丁立波：你在这儿休息一下，我去给你挂号。	动量补语	动+数		
309	医生：我看一下。	动量补语	动+数		
351	陆雨平：宋华，这个公司的经理是我朋友，我跟他说一下，请他帮助你们，我想可能没有问题	动量补语	动+数		
366	啊，丁立波在，请等一下。	时量补语	动+数		
406	林娜：立波，你来得真早。	状态补语	动+得+形		
408	林娜，你今天穿得很漂亮啊。	状态补语	动+得+形		
417	在西安玩儿得好不好？	状态补语	动+得+形		1
418	林娜：我玩儿得非常好。	状态补语	动+得+形		
419	丁立波：吃得怎么样？	状态补语	动+得+代[怎么样/这样/那样]		1
420	林娜：吃得还可以。	状态补语	动+得+形		
421	这次住得不太好。	状态补语		动+得+不+形	
441	听说这两年上海发展得非常快，是不是？	状态补语	动+得+形		
446	上海人做衣服做得真好，我买了很多件。	状态补语	动+得+形		
447	马大为：上海人喜欢说上海话，他们普通话说得怎么样？	状态补语	动+得+代[怎么样/这样/那样]		1
448	林娜：他们普通话说得很好，年轻人英语说得也很流利。	状态补语	动+得+形		
458	宋华：办公室在三楼，我们上楼去，先把借书证办了。	趋向补语1	动+名+动[趋向]		
464	工作人员：您带照片来了吗？	趋向补语1	动+名+动[趋向]		1
465	丁立波：带来了。	趋向补语1	动+动[趋向]		
469	丁立波：我汉字写得太慢，你来填吧。	状态补语	动+得+形		
483	宋华：我们图书证办了多长时间？	时量补语	动+数		1
486	立波，听说你们上星期考试了，你考得怎么样？	状态补语	动+得+代[怎么样/这样/那样]		1
487	丁立波：我口语考得不错，可是翻译考得不太好，语法也有很多问题。	状态补语		动+得+不+形	
491	丁立波：这儿的书可以借多长时间？	时量补语	动+数		1
492	宋华：可以借一个月。	时量补语	动+数		

图 54　人工标注数据表截图

第二，将机读版的标注语料读入纯文本文档并导入数据库；第三，按照一定格式在界面上显示用户需要的数据。

① 本研究主要承担资源的建设部分，具体包括语法点描写知识库、语法点标注语料库、语法点综合信息库的构建、语法点教学与研究应用平台功能的设计，程序实现部分由苏靖杰、付靖玲两位同学完成。

ID	语料	结构ID	语义类别	结构ID	基本形式	结构ID	否定形式	结构ID	疑问形式
76	杨老师：对不起，请再说一遍。	33SBJJG	S5	33SBJJG	T4	33SBJJG		33SBJJG	
83	丁力波：我问一下。	33SBJJG	S5	33SBJJG	T4	33SBJJG		33SBJJG	
87	张教授：我姓张，我们认识一下，这是我的名片。	33SBJJG	S5	33SBJJG	T4	33SBJJG		33SBJJG	
105	林娜：我来介绍一下。	33SBJJG	S5	33SBJJG	T4	33SBJJG		33SBJJG	
124	林娜：我看一下。	33SBJJG	S5	33SBJJG	T4	33SBJJG		33SBJJG	
296	丁立波：你在这儿休息一下，我去给你挂号。	33SBJJG	S5	33SBJJG	T4	33SBJJG		33SBJJG	
309	医生：我看一下。	33SBJJG	S5	33SBJJG	T4	33SBJJG		33SBJJG	
351	陆雨平：宋华，这个公司的经理是我朋友，我跟他说一下	33SBJJG	S5	33SBJJG	T4	33SBJJG		33SBJJG	
366	啊，丁立波在，请等一下。	33SBJJG	S5	33SBJJG	T4	33SBJJG		33SBJJG	
406	林娜：立波，你来唱遍吧。	33SBJJG	S2	33SBJJG	T3	33SBJJG		33SBJJG	
408	林娜：你今天穿得遗漂喇啊。	33SBJJG	S2	33SBJJG	T3	33SBJJG		33SBJJG	
417	林娜：在西安玩儿得好吗？	33SBJJG	S2	33SBJJG	T3	33SBJJG		33SBJJG	1
418	林娜：我玩儿得非常好。	33SBJJG	S2	33SBJJG	T3	33SBJJG		33SBJJG	
419	丁立波：吃得怎么样？	33SBJJG	S2	33SBJJG	T19	33SBJJG		33SBJJG	1
420	林娜：吃得还可以。	33SBJJG	S2	33SBJJG			FDT9	33SBJJG	
441	听说这边有上海菜票得非常快，是不是？	33SBJJG	S2	33SBJJG	T3	33SBJJG		33SBJJG	
446	上海人做衣服做得真好，我买了很多件。	33SBJJG	S2	33SBJJG	T3	33SBJJG		33SBJJG	
447	马大为：上海人喜欢说上海话，他们普通话说得怎么么	33SBJJG	S2	33SBJJG	T19	33SBJJG		33SBJJG	
448	他们普通话说得很好，年轻人英语说得也很流利	33SBJJG	S2	33SBJJG	T3	33SBJJG		33SBJJG	
458	宋华：办公室在三楼，我们上楼去，先把借书证办了	33SBJJG	S3	33SBJJG	T16	33SBJJG		33SBJJG	
464	工作人员：您带钥来了吗？	33SBJJG	S3	33SBJJG	T16	33SBJJG		33SBJJG	1
465	丁立波：带来了。	33SBJJG	S3	33SBJJG	T1	33SBJJG		33SBJJG	
466	我现在字写得太懂，你来填吧。	33SBJJG	S9	33SBJJG	T4	33SBJJG		33SBJJG	
483	宋华：我们图书证办了多长时间？	33SBJJG	S9	33SBJJG	T4	33SBJJG		33SBJJG	1
486	立波，听说你们上星期考试了，你考得怎么样？	33SBJJG	S2	33SBJJG	T19	33SBJJG		33SBJJG	1
487	丁立波：我口语考得不错，可是翻译考得不太好，语…	33SBJJG	S2	33SBJJG			FDT9	33SBJJG	
491	丁立波：这儿的书可以借多长时间？	33SBJJG	S9	33SBJJG	T4	33SBJJG		33SBJJG	
492	宋华：可以借一个月。	33SBJJG	S9	33SBJJG	T4	33SBJJG		33SBJJG	

图 55　机读数据表截图

5.5　语法点自动识别

目前语料库的标注加工主要以人工标注为主，若要进一步提高语料库标注的效率、扩大语料标注的规模、实现语法点句法语义的检索，则需要开展语法点自动识别研究。

在中文信息处理领域，面向机器翻译、信息检索等领域的相关研究较为丰富。王璐璐、孙薇薇、袁毓林（2015）对"把"字句的自动释义与句式变换进行了研究。吴云芳、段慧明、俞士汶（2002）对"是"字句中的主语、宾语的自动标注进行了研究。于二慧（2009）对介词"对"进行了自动识别研究。黄小江、万小军等（2008）对比较句识别方法进行了研究。昝红英、张军珲、朱学锋、俞士汶（2010）、张静杰、昝红英（2013）分别对副词"就"、"都"的用法进行了自动识别研究。然而，在汉语作为第二语言教学领域，识别的对象、内容、要求有其自身的特点。

随着汉语国际教育事业的发展，面向汉语作为第二语言教学的语法点自动识别研究也引起了部分学者的关注。Zhang Y，Song J，Zhu X，et al（2014）在语法大纲的基础上重新构建了语法体系,并利用正则表达式的方式对语料中出现的语法点进行了自动识别研究。该研究主要识别出语料中包含的语法点,尚不能识别语法点在语料中的语义及形式结构。

语法点知识库的构建进一步明确了语法点自动识别研究的任务,提供了一定规模的可用于语法点自动识别研究的训练语料,并逐步开展了语法点自动识别研究的探索。

5.5.1　语法点自动识别的任务

语法点知识库的构建进一步明确了语法点自动识别的任务。

(1) 识别语料中包含的语法点。这也是语法点自动识别中最基础的任务。从是否包含激活点来看,可以将语法点分为以下几类,见表 78。

表 78　自动识别角度下语法点的分类

分类	示例
词汇类	助词"着"、"了"、"过"、介词"在"等
结构类的语法点	是……的、又……又……、以……为……、不……也……等
激活词不确定	兼语句、存现句、述补结构、比较句等

从上表可以看出,自动识别角度下的语法点可以分为三类。第一类是词汇类的语法点。该类语法点有固定的激活词,只要分词和词性标注的准确率较高,便可以较好地将这类语法点识别出来。第二类是结构类的语法点。该类语法点的特点是有具体且明确的"激活词",可以通过正则表达式的方式来识别,召回率较高,但准确率较低,要提高自动识别的准确率,需要进一步研究自动识别的规则。第三类是激活词不确定的语法点。这类

语法点的特点是激活词不确定,虽然这类语法点有部分激活词,例如,兼语句中的"请、使、令"、比较句中的"比"等,但如何提高这类语法点自动识别的召回率和准确率仍需要对语法点进行逐个分析研究,制定识别规则。由此可以看出,在识别语料中包含的语法点时,第二类和第三类语法点是研究的重点。

（2）识别出语法点的语义类别。在 152 个语法点中,部分语法点包含两个或两个以上的语义类别,用户常常希望根据语法点的语义类别来检索语料,因此,语法点语义的自动分类研究也应是一项重要的研究内容。这类语法点包括介词"从"、"在"、"对"、"由"等。

（3）识别出语法点的基本形式类别。在 152 个语法点中,部分语法点包含两个或两个以上的基本形式类别,用户常常希望根据语法点的基本形式来检索语料,因此,语法点基本形式的自动分类研究也应是一项重要的研究内容。

5.5.2　语法点自动识别的探索

在语法点知识库的构建过程中,展开了语法点自动识别研究的探索。语法点自动识别研究主要依据概念层次网络（HNC）理论,将北京师范大学中文信息处理研究所和中国国家专利信息中心合作研发的专利汉英机器翻译系统[①]移植到汉语国际教育领域,结合语法点标注体系及汉语国际教育动态语料库中的语料就部分语法点开展了语法点自动识别研究的探索。吴丹（2015）在语法点标注语料库中抽取了 1334 条标注了语义类别和基本形式类别的标注语料,总结了述补结构自动识别的

---

① 该系统的详细介绍可参看:朱筠. 基本句群处理及其在汉英专利及其翻译中的应用[D]. 北京师范大学,2013.

特征与规则,开展了述补结构的自动识别研究。该文中各类补语自动识别的平均准确率为 82.1%,平均召回率为76.2%①。白林楠(2014)从语法点标注语料库中抽取 3000 个比较句进行了自动识别研究。该文中各类比较句自动识别的平均准确率为 95.6%,平均召回率为 85.4%②。谭晓平(2014)在汉语国际教育动态语料库标注语料的基础上分析总结了语法点"一……就……"的自动识别规则,该文中,"一……就……"自动识别的准确率为 81.6%,召回率为 94.8%③。

5.6 本章小结

本章重点分析了基于语法点知识库的数据分析结果在教学、教材编写中的应用,考察了语法点在教材编排上的特点,介绍了基于语法点知识库开发的"应用平台"的功能、实现方式以及在语法点自动识别领域所做的探索。

本章首先在标注语料的基础上,对语法点句法-语义接口问题进行了研究。研究将语法点语义与句法之间的关系分析分为"一对一"、"一对多"、"多对一"三种类型。根据语义与句法之间的关系将语法点分为四类:语法点的语义句法关系只存在"一对一"的关系、语法点的语义句法关系只存在"一对多"的关系、语法点的语义句法关系只存在"多对一"的关系以及语法点的语

---

① 吴丹、杨丽姣.面向二语教学的述补结构自动识别及应用研究[J].曲靖师范学院学报,2015,02:91—95.

② 白林楠、胡韧奋、刘智颖.基于句法语义规则系统的比较句自动识别[J].北京大学学报(自然科学版),2015,02:275—281.

③ TAN Xiao-ping, YANG Li-jiao. The retrieval research of non-adjacent keywords in Chinese corpus — A case study of "Yi…Jiu…" construction [C]// Asian Language Processing (IALP), 2014 International Conference on. IEEE, 2014:445 - 449.

义句法关系包括"一对一"、"一对多"或"多对一"的关系。研究
还认为"一对多"类语法点是研究的重点内容,需要进一步明确
不同形式在语义表达上的不同特点;同时包含"一对一"、"一对
多"或"多对一"类的语法点是教学中的重点与难点,教学中要充
分利用句法、语义的频率信息,把握好教学的重点与非重点,安
排好教学的先后顺序。

其次,分析 152 个语法点在语料库中的出现频率。此外,还
从语义、句法的频率信息入手,分析了频率信息在教学中的指导
作用。语法点频率信息的统计一方面可以帮助教师或研究者了
解目前语法点选取与编排的现状,明确教学的重点与非重点;另
一方面,可以帮助教师在语法点的讲授或教材编写中对语法点
的选取和编排做出更为科学、合理的安排。对于高频的语法点,
应进一步分析其在语义、句法频率上的特点,在语义、句法的复
现编排上,体现难度的递增性。对于使用频率较低的语义或句
法形式,若在教学上是必要的,可以作为中、高级阶段的教学内
容,在课堂操练中提高其出现的频率,体现语法点编排上"循环
递进"的特点,逐步展现语法点在语义和句法上的层次性。

第三,阐述了标注语料在对外汉语教材研究方面的价值。
以"述补结构"、"'把'字句"、"比较句"为例,以语法点编排方面
的研究成果以及母语语料为参照,对教材在语法点编排与复现
方面的科学性与合理性进行了分析。

第四,介绍了语法点知识库应用平台的主要功能及其实现。
应用平台提供了语法点句法、语义、句法语义关系、语用以及教
学指导等方面的信息,实现了语法点与语料之间、语法点语义句
法与语料之间、不同语法点之间的关联性查询。用户不仅可以
获得语法点综合性的知识,还可以便捷地获取包含某一语法点

的语料,从语法点的语义类别、基本形式类别来选择相应的语料。

最后,明确了语法点自动识别的任务,以述补结构、"把"字句、"一……就……"为例,介绍了语法点知识库在语法点自动识别方面的探索。

6 总结与展望

6.1 本研究的主要工作

本研究的工作主要包括以下五个方面的内容：

第一，语法资源的需求分析。通过文献调研法及问卷调查法分析了教师及学习者对语法资源的需求，认为面向汉语作为第二语言教学的语法资源应具有综合性、关联性、便捷性的特点，并提供相关的频率信息。

第二，语法点选取研究。首先，通过对理论语法和对外汉语教学语法研究对象和范围的梳理，将"语法点"界定为：根据汉语作为第二语言教学的实际需求，对系统的语法知识进行切分、选择后获得的语法教学项目，可以包括语素、词、短语、格式、句子(单句、复句)、句群、篇章等方面的内容；其次，根据针对性、高频性、可描述性、必要性原则，确定了152个语法点作为语法点知识库描述与标注的对象。

第三，语法点描述框架及语法点描写知识库构建研究。首先，以三个平面理论、对外汉语教学语法理论为基础，提出了语法点描述框架，认为语法点的描述应包括：语义知识、句法知识、句法语义关系知识、语用知识、教学指导知识；其次，在语法点描述框架的基础上,构建了语法点描写知识库,通过 25 个属性项对语法点进行了多维度、结构化、数据化、形式化的描述。

第四,语法点标注体系及语法点标注语料库构建研究。首先,对语法点标注体系进行了研究,确定了标注对象、标注维度、标注颗粒度,并为 152 个语法点制定了标注规范(包括标注框架、标注说明),提出了标注框架覆盖率的检测方法;其次,在汉语国际教育动态语料库(141464 条语料,约 350 万字)中进行了标注实践,对标注体系,特别是语法点的标注规范进行了验证和修订;最后,在标注语料的基础上形成了语法点标注语料库。

第五,语法点知识库的数据分析及应用研究。在标注语料的基础上,对语法点的句法语义接口、语法点使用频率、语义频率、句法频率、语法点的编排等问题进行了研究,为语法点的教学与研究,对外汉语教材研究、语言测试提供了数据参考和语料基础。此外,在语法点知识库的基础上构建了服务于语法点教学与研究的应用平台。通过该应用平台,用户不仅可以便捷地获取语法点句法、语义、句法语义关系、语用、教学指导等方面的知识,还可便捷地获得包含某一语法点的语料,并根据语法点的语义或句法信息查询相应的语料。

目前,语法点知识库已完成对 152 个语法点语料的提取及标注规范的制定工作,共获得 112134 个句次的包含语法点的语料。本研究根据"急用先标"的原则,优先描述并标注了 124 个语法点,获得了 98079 个句次的标注有句法语义信息的标注语料。在此基础上构建了语法点知识库应用平台。

本研究的特色及创新之处:

第一,拓宽了知识库的应用领域。以往知识库主要面向自然语言理解领域,以词语知识库为主。本研究在吸收以往知识库建设经验的基础上,从汉语作为第二语言教学的需求出发,构建了面向汉语作为第二语言教学的语法点知识库,通过 25 个属性项从语义、句法、句法语义关系、语用、教学指导等方面对语法点进行了结构化、数据化、形式化的描述。这有助于丰富汉语国际教育领域的语言资源建设。

第二,深化了语料库标注加工研究。以往语料库的标注加工主要为自然语言理解服务,多集中在分词和词性标注、句法标注、情感标注等领域。本研究以语料中的语法点为标注对象,构建了语法点标注体系,制定了语法点标注规范,提出了标注框架覆盖率的检测方法,在一定规模的语料中进行了标注实践,形成了语法点标注语料库。这拓展了语料库标注加工研究的领域和范围,有助于促进面向汉语作为第二语言教学领域语料库的建设和发展。

第三,在对标注语料统计分析的基础上,将语法点语义和句法之间的映射关系分为"一对一"、"一对多"、"多对一"三种类型,并获取了相应的频率信息,为语法点的教学与研究、对外汉语教材编写、汉语水平测试、语法点自动识别提供了参考数据及语料。

第四,在语法点知识库基础上构建的应用平台为用户提供了综合性的语法知识,包括语义知识、句法知识、句法语义关系知识、语用知识、教学指导知识,展现了语法点语义、句法、句法语义关系的频率信息,实现了语法点与语料之间、语义类别与语料之间、句法形式与语料之间、不同语法点之间的关联性查询。

6.2 不足之处和下一步工作计划

本研究的不足之处主要有:

第一，标注语料以教材语料为主，相关研究结果只能反映语法点在教材中的分布情况，而不能反映语法点在自然语料中的分布情况，因此，不能从自然语言的角度为语法点的编排提供参考；

第二，标注加工的不足之处。语法点句法语义信息的标注还是以人工标注为主，因此，语料标注的效率和规模受到了一定的影响；

第三，研究范围的局限之处。语法点的标注是以句为单位的，但在高级阶段的语法教学中，还涉及到段落、篇章，但本研究还未涉及到段落、篇章层面。

下一步工作计划主要有：

第一，继续完成语法点的描述和标注工作，开发完善应用平台的功能，提高现有资源的利用效率；

第二，进一步开展语法点自动识别研究，开发自动标注工具，提高标注的效率与准确率，扩大语法点标注语料库的规模；

第三，增加一部分母语语料，并对母语语料进行语法点句法、语义信息的标注，为语法点编排研究提供对比研究的资源；

第四，从语法教学的需求出发，开展段落、篇章中语法点的标注研究。

参考文献

1. Baker C F, Fillmore C J, Lowe J B. The Berkeley FrameNet Project [J]. Proc. of the COLING-ACL98,1998,47(4): 86 - 90.

2. Braun S. From Pedagogically Relevant Corpora to Authentic Language Learning Contents [J]. Recall, 2005,17(1): 47 - 64.

3. Christiana F. WORDNET: an electronic lexical database and some of its applications [J]. Soviet Physics Uspekhi, 2010,9: 184 - 186.

4. Fellbaum C, Miller G. WordNet: An Electronic Lexical Database [M]. MIT Press, 1998.

5. Fillmore, Charles J. Frames, constructions, and FrameNet: Construcstions Collocations Patterns [J]. American Journal of Human Biology, 2014,24(2): 107 - 109.

6. Flowerdew L. Applying corpus linguistics to pedagogy: A critical Evaluation [J]. International Journal of Corpus Linguistics, 2009,14(3): 393 -417.

7. Leech G. Corpus Annotation Schemes [J]. Literary & Linguistic Computing, 1993,8.

8. Richardson S D, Dolan W B, Vanderwende L. MindNet: acquiring and structuring semantic information from text [J]. Proceedings of Coling ', 1998: 1098 - 1102.

9. Sorace A. Pinning down the concept of "interface" in bilingualism [J]. Linguistic Approaches to Bilingualism, 2010,1(1): 1 - 33.

10. TAN Xiao-ping, YANG Li-jiao. The retrieval research of non-adjacent keywords in Chinese corpus — A case study of "Yi···Jiu···" construction [C]// Asian Language Processing (IALP), 2014 International Confer-

ence on. IEEE，2014：445－449.

11. Tao-chung Yao，Yuehua Liu. Intergrated Chinese(中文听说读写)[Z]. Boston USA，Cheng &Tsui Company，2003.

12. White，L. Grammatical Theory：Interfaces and L2 Knowledge [A]. In W. Ritchie & T. Bhatia(eds.). The New Handbook of Second Language Acquisition [C]. Leeds，UK：Emerald Group Publishing Limited，2009.

13. Zhang Y，Song J，Zhu X，et al. The Identification of Grammar Points in International Chinese Language Teaching Materials Based on Sentence-Based Annotation [C]// 2014 International Conference of Educational Innovation through Technology（EITT）. IEEE Computer Society，2014：29－36.

14. 白建华等.对外汉语语言点教学 150 例[M].纽黑文：耶鲁大学出版社，2009.

15. 白林楠、胡韧奋、刘智颖.基于句法语义规则系统的比较句自动识别[J].北京大学学报(自然科学版)，2015，02：275—281.

16. 白荃."不"、"没(有)"教学和研究上的误区——关于"不"、"没(有)"的意义和用法的探讨[J].语言教学与研究，2000，03：21—25.

17. 曹贤文.留学生汉语中介语纵向语料库建设的若干问题[J].语言文字应用，2013，02：127—134.

18. 陈珺、周小兵.比较句语法项目的选取和排序[J].语言教学与研究，2005(2)：22—33.

19. 陈群秀.一个现代汉语语义知识库平台的建造和应用[A].数字化汉语教学的研究与应用[C]，2006：12.

20. 陈灼等.桥梁[Z].北京：北京语言大学出版社，2000.

21. 程棠.对外汉语教学的一项基本建设——《汉语水平等级标准和等级大纲》读后[J].语言教学与研究，1989(2)：22—32.

22. 崔刚、盛永梅.语料库中语料的标注[J].清华大学学报(哲学社会科学版)，2000，01：89—94.

23. 崔希亮."把"字句的若干句法语义问题[J].世界汉语教学，1995，03：12—21.

24. 崔希亮.欧美学生汉语介词习得的特点及偏误分析[J].世界汉语教学，2005，03：83—95＋115—116.

25. 崔希亮、张宝林.全球汉语学习者语料库建设方案[J].语言文字应用，2011(2)：100—108.

26. 崔希亮.汉语国际教育与中国文化走出去[J].语言文字应用，2012，02：

25—27.

27. 崔永华.对外汉语语法课堂教学的一种模式[J].世界汉语教学,1989,
02:97—104.

28. 崔永华.汉语作为第二语言教学需要什么样的语法研究——一个汉语
教师的视角[J].国际汉语教学研究,2015,01:6—9.

29. 戴曼纯.二语习得研究中的接口假说[J].外语学刊,2014,04:
109—117.

30. 邓恩明.语用学与对外汉语教学[J].世界汉语教学,1996,03:87—89.

31. 邓守信.Guidelines for grammatical description in L_2 Chinese [J].世界
汉语教学,2003,01:75—86+4.

32. 丁崇明.20世纪80年代以来对外汉语教学语法研究综述[J].北京师
范大学学报(社会科学版),2006,03:126—130.

33. 丁崇明.现代汉语语法教程[M].北京:北京大学出版社,2010.

34. 丁崇明.外国学生"了"习得考察及相关问题研究[J].云南师范大学学
报(对外汉语教学与研究版),2012,04:1—8.

35. 丁桂贤.关于外国人学习汉语助词"了"的几个问题[J].湖南师范大学
社会科学学报,1990,02:99—103.

36. 丁声树等.现代汉语语法讲话[M].北京:商务印书馆,1999.

37. 董明,桂弘.谈谈好教材的标准[J].语言文字应用,2005,S1:66—68.

38. 范开泰.语法分析三个平面[J].语言教学与研究,1993,03:37—52.

39. 冯胜利,施春宏.三一语法[M].北京:北京大学出版社,2015.

40. 高顺全.进行体、持续体的否定及相关问题[J].世界汉语教学,2003,
04:32—39+3.

41. 弓月亭,邢红兵.语料库建设与语法教学[A].中文教学现代化学会.数
字化汉语教学进展与深化[C].中文教学现代化学会:2008:5.

42. 关蕾、李泉.现代汉语方式副词的句法语义研究[J].语言文字应用,
2012,01:142.

43. 国家对外汉语教学领导小组办公室.高等学校外国留学生汉语教学大
纲[M].北京语言学院出版社,2002.

44. 国家对外汉语教学领导小组办公室.高等学校外国留学生汉语言专业
教学大纲[M].北京语言文化大学出版社,2002.

45. 国家汉语国际推广领导小组办公室.国际汉语教学通用课程大纲[M].
北京:外语教学与研究出版社,2008.

46. 何安平.语料库的"教学加工"发展综述[J].中国外语,2010,04:47—
52+108.

47. 何婷婷.语料库研究[D].华中师范大学,2003:74.

48. 胡炳忠.基础汉语语法点的针对性及试分类[J].世界汉语教学,1987,02:10—16.

49. 胡裕树、范晓.试论语法研究的三个平面[J].新疆师范大学学报(社会科学版),1985,02:7—15+30.

50. 胡裕树.语法研究的三个平面——从"淡化语法教学"说起[J].语文学习,1992,11:36—38.

51. 黄伯荣、廖旭东.现代汉语[M].北京:高等教育出版社,1981.

52. 黄昌宁.语料库语言学[M].北京:商务印书馆,2002:139—140.

53. 黄小江、万小军、杨建武、肖建国.汉语比较句识别研究[J].中文信息学报,2008,05:30—38.

54. 蒋媛、李安.SCT动词搭配知识库的构建[J].语言文字应用,2014,01:38—44.

55. 金立鑫."把"字句的句法、语义、语境特征[J].中国语文,1997,06:415—423.

56. 靳光瑾、郭曙纶,肖航,章云帆.语料库加工中的规范问题——谈《信息处理用现代汉语词类标记集规范》[J].语言文字应用,2003,04:16—24.

57. 靳光瑾、肖航、富丽、章云帆.现代汉语语料库建设及深加工[J].语言文字应用,2005,02:111—120.

58. 黎锦熙.新著国语文法[M].北京:商务印书馆,1992.

59. 李斌.中介语语料库建设中的语言错误标注方法[J].暨南大学华文学院学报,2007,03:55—59.

60. 李德津、程美珍.外国人实用汉语语法(修订本)[M].北京:北京语言大学出版社,2014.

61. 李泉.基于语体的对外汉语教学语法体系构建[J].汉语学习,2003,03:49—55.

62. 李泉.对外汉语教学语法研究述评[J].世界汉语教学,2006,02:110—118+4.

63. 李晓琪等.博雅汉语[Z].北京:北京大学出版社,2013.

64. 李英、邓小宁."把"字句语法项目的选取与排序研究[J].语言教学与研究,2005,03:50—58.

65. 李珠.建立三维语法教学体系——初级阶段对外汉语语法教学研究的回顾与展望[J].世界汉语教学,1997,02:77—81.

66. 梁红梅、何安平.语料库的"教学加工"与教材编写[J].当代外语研究,

2012,10：35—39＋76.

67. 梁茂成.语料库应用教程［M］.外语教学与研究出版社,2010.

68. 梁猛杰、宋玉、韩英杰、昝红英.基于规则排序的介词用法自动识别研究［J］.河南师范大学学报（自然科学版）,2013,03：152—155.

69. 林进展、赵春生、洪瑞春、吴福焕、黄祖铭、王志豪.语料库在华文教学资源开发中的综合应用［A］.中文教学现代化学会.数字化汉语教学（2014）［C］.中文教学现代化学会：2014：09.

70. 林杏光.论词语搭配及其研究［J］.语言教学与研究,1994,04：18—25.

71. 刘汉武、丁崇明.汉语"了"在越南语中的对应形式及母语环境下越南初级汉语学习者"了"的习得［J］.语言教学与研究,2015,04：25—32.

72. 刘颂浩、田俊杰.留学生汉语语用情况调查［J］.语言文字应用,1999,01：86—93.

73. 刘鑫民.基于知识库的汉语语法学习系统［J］.云南师范大学学报（对外汉语教学与研究版）,2007,03：47—50.

74. 刘珣等.新实用汉语课本［Z］.北京：北京语言大学出版社,2010.

75. 刘英林.汉语水平等级标准与语法等级大纲［M］.北京：高等教育出版社,1996.

76. 刘月华、潘文娱等.实用现代汉语语法［M］.北京：商务印书馆,2005.

77. 刘智颖.服务于汉英机器翻译的 HNC 词语知识库建设［J］.语言文字应用,2015,01：117—126.

78. 卢福波.关于"太"字结构的教学与研究——谈对外汉语语法教学三个平面的结合问题［J］.世界汉语教学,2000,02：74—81.

79. 卢福波.谈谈对外汉语表达语法的教学问题［J］.语言教学与研究,2000,02：43—47.

80. 卢福波.对外汉语教学语法的层级划分与项目排序问题［J］.汉语学习,2003,02：54—60.

81. 卢福波.对外汉语教学语法研究［M］,北京：北京语言大学出版社,2004：11.

82. 卢福波.对外汉语教学语法研究［M］.北京：北京语言大学出版社,2008.

83. 卢福波.语法教学的基本原则与操作方法［J］.语言教学与研究,2008,02：24—31.

84. 卢福波.汉语语法教学理论与方法［M］.北京：北京大学出版社,2013.

85. 卢福波.对外汉语教学实用语法（修订本）［M］.北京：北京语言大学出版社,2015.

86. 鲁健骥.状态补语的句法、语义、语用分析在教学中的应用[J].语言教学与研究,1993,02:22—31.

87. 陆俭明.关于开展对外汉语教学基础研究之管见[J].语言文字应用,1999,04:12—14.

88. 陆俭明."对外汉语教学"中的语法教学[J].语言教学与研究,2000,03:1—8.

89. 陆俭明.句法语义接口问题[J].外国语(上海外国语大学学报),2006,03:30—35.

90. 吕必松."把"字短语、"把"字句和"把"字句教学[J].汉语学习,2010,05:76—82.

91. 吕叔湘.汉语语法分析问题[M].北京:商务印书馆,1979:28.

92. 吕叔湘.语法研究的对象[J].语文研究,1986,04:1—3.

93. 吕叔湘等.现代汉语八百词(增订本)(精)[M].商务印书馆,2009.

94. 吕叔湘.中国文法要略[M].商务印书馆,2014.

95. 吕文华.汉语教材中语法项目的选择和编排[J].语言教学与研究,1987,03:117—127.

96. 吕文华.对《语法等级大纲》(试行)的几点意见[J].语言教学与研究,1992,03:108—118.

97. 吕文华、鲁健骥.外国人学汉语的语用失误[J].汉语学习,1993,01:41—44.

98. 吕文华.对外汉语教材语法项目排序的原则及策略[J].世界汉语教学,2002,04:86—95+4.

99. 吕文华.对外汉语教学语法体系研究[M].北京:北京语言大学出版社,2007.

100. 吕文华.对外汉语教学语法探索(增订本)[M].北京:北京语言大学出版社,2008.

101. 吕文华.对外汉语教学语法讲义[M].北京:北京大学出版社,2014.

102. 马伟忠.试析"比N还N"及相关句式的句法、语义特点[J].语言教学与研究,2014,06:65—73.

103. 苗传江、刘智颖.基于HNC的现代汉语词语知识库建设[J].云南师范大学学报(哲学社会科学版),2010,04:15—18.

104. 彭炜明、宋继华、赵敏.面向国际汉语教学的语法资源库建设[J].中国远程教育,2014,08:90—94.

105. 彭小川等.对外汉语教学语法释疑201例[M].商务印书馆,2004.

106. 齐沪扬.对外汉语教学语法[M].上海:复旦大学出版社,2012.

107. 任海波.关于中介语语料库建设的几点思考——以"HSK 动态作文语料库"为例[J].语言教学与研究,2010,06：8—15.

108. 任玉华."把"字句的三个平面分析及其在对外汉语教学中的应用[J].华东师范大学学报(哲学社会科学版),1998,06：82—85.

109. 邵敬敏.关于语法研究中三个平面的理论思考——兼评有关的几种理解模式[J].南京师大学报(社会科学版),1992,04：65—71.

110. 邵敬敏.汉语语法学史稿(修订本)[M].北京：商务印书馆,2006.

111. 宋飞.国际汉语教学全领域数据资源平台的建设及应用——以"国际汉语教学数据库"为例[A].中文教学现代化学会.数字化汉语教学(2014)[C].中文教学现代化学会：,2014：8.

112. 苏新春.多义词词义搭配知识库与词义标注[J].江西科技师范大学学报,2014(2)：1—5.

113. 孙德金.外国留学生汉语"得"字补语句习得情况考察[J].语言教学与研究,2002,06：42—50.

114. 孙德金.语法不教什么——对外汉语语法教学的两个原则问题[J].语言教学与研究,2006,01：7—14.

115. 孙德金.对外汉语语法教学中的形式与意义[J].语言教学与研究,2007,05：7—14.

116. 孙德金.对外汉语语法及语法教学研究[M].北京：商务印书馆,2012.

117. 孙德金.完善对外汉语教学语法的几点看法[J].国际汉语教学研究,2015,01：4—6.

118. 孙秋秋.语用学与对外汉语教学[J].世界汉语教学,1987,04：45—46.

119. 孙瑞珍.中高级对外汉语教学等级大纲[M].北京大学出版社,1995a.

120. 孙瑞珍.中高级汉语教学语法等级大纲的研制与思考[J].语言教学与研究,1995b,02：96—106.

121. 王东波、朱丹浩、谢靖.面向汉语自动句法分析的语法知识库构建[J].现代图书情报技术,2011,04：42—47.

122. 王凤兰.语用能力、语境与对外汉语教学[J].西南民族大学学报(人文社科版),2005,06：337—339.

123. 王还.对外汉语教学语法大纲[M].北京：北京语言大学出版社,1995.

124. 王建勤."不"和"没"否定结构的习得过程[J].世界汉语教学,1997,03：92—100.

125.　王建勤.汉语作为第二语言的学习者习得过程研究[M].北京：商务印书馆,2006.

126.　王雷、俞士汶、朱学锋、罗凤珠、砂冈和子、姜柄圭.汉语成语知识库的建构理念与新进展[A].首都师范大学电子文献研究所、中国诗歌研究中心、亚洲大学资讯学院.第四届中国古籍数字化国际学术研讨会论文集[C].首都师范大学电子文献研究所、中国诗歌研究中心、亚洲大学资讯学院：,2013：10.

127.　王力.中国现代语法[M].中华书局,2014.

128.　王璐璐、孙薇薇、袁毓林."把"字句的自动释义与句式变换研究[J].计算机工程与应用,2015,19：129—137.

129.　王希杰.语法研究中的静态和动态[J].语言教学与研究,1993,03：53—68.

130.　吴丹、杨丽姣.面向二语教学的述补结构自动识别及应用研究[J].曲靖师范学院学报,2015,02：91—95.

131.　吴云芳、段慧明、俞士汶."是"字句主语和宾语的自动界定[J].中文信息学报,2002,02：40—46.

132.　吴中伟.怎样教语法——语法教学理论与实践[M].上海：华东师范大学出版社,2007.

133.　肖奚强、周文华.汉语中介语语料库标注的全面性及类别问题[J].世界汉语教学,2014,03：368—377.

134.　辛平.对11篇留学生汉语作文中偏误的统计分析及对汉语写作课教学的思考[J].汉语学习,2001,04：67—71.

135.　邢福义.汉语语法三百问(第四版)[M].北京：商务印书馆,2009.

136.　邢富坤.面向语言处理的语料库标注：回顾与反思[J].解放军外国语学院学报,2015,03：1.

137.　邢红兵、张旺熹.现代汉语语法项目的标注及统计研究[A].北京语言大学对外汉语研究中心.对外汉语教学的全方位探索——对外汉语研究学术讨论会论文集[C].北京语言大学对外汉语研究中心：2004：17.

138.　徐枫洁.汉语中介语语料库文本句标注问题初探[A].中国应用语言学会(筹)、教育部语言文字应用研究所.语言文字法制化、规范化、标准化、信息化建设——第七届全国语言文字应用学术研讨会论文集[C].中国应用语言学会(筹)、教育部语言文字应用研究所：2011：6.

139.　徐晶凝.关于语言功能和言语功能——兼谈汉语交际语法[J].北京大学学报(哲学社会科学版),1998,06：135—139.

140. 许嘉璐.继往开来,迎接汉语国际教育的新阶段[J].北京师范大学学报(社会科学版),2012,05:14—20.

141. 杨德峰.初级汉语教材语法点确定、编排中存在的问题——兼议语法点确定、编排的原则[J].世界汉语教学,2001,02:81—88.

142. 杨德峰.对外汉语教学核心语法[M].北京:北京大学出版社,2015.

143. 杨寄洲.对外汉语教学初级阶段语法项目的排序问题[J].语言教学与研究,2000,03:9—14.

144. 杨建国.汉语作为第二语言教学语法[M].北京:北京大学出版社,2012.

145. 杨金华.外国人汉语语法习得难点研究[M].上海:上海大学出版社,2012.

146. 杨丽姣、肖航.面向语义搜索的语料库语境信息标注研究[J].语言文字应用,2015,01:107—116.

147. 杨太康.语用分析在语法教学中的作用及必要性——从语气助词"了"的教学谈起[J].西南民族学院学报(哲学社会科学版),2002,S4:311—313.

148. 杨小璐、肖丹.现代汉语把字句习得的个案研究[J].当代语言学,2008,03:200—201+285.

149. 杨玉玲、吴中伟.国际汉语语法与语法教学[M].北京:高等教育出版社,2013.

150. 叶蜚声、徐通锵.语言学纲要[M].北京:北京大学出版社,2002.

151. 尹蔚、罗进军.从"是 p,还是 q"有标选择复句看合用型关系词的自动识别[J].中南大学学报(社会科学版),2007,06:740—743+755.

152. 于二慧.面向信息处理的介词"对"及其结构的自动识别研究[D].上海师范大学,2009.

153. 余文青.留学生使用"把"字句的调查报告[J].汉语学习,2000,05:49—54.

154. 俞士汶、朱学锋、王惠.《现代汉语语法信息词典》的新进展[J].中文信息学报,2001,01:59—65.

155. 俞士汶、段慧明、朱学锋、孙斌.北京大学现代汉语语料库基本加工规范[J].中文信息学报,2002,05:49—64.

156. 俞士汶、段慧明、朱学锋、孙斌.北京大学现代汉语语料库基本加工规范(续)[J].中文信息学报,2002,06:58—64.

157. 俞士汶、穗志方、朱学锋.综合型语言知识库及其前景[J].中文信息学报,2011,06:12—20.

158. 俞士汶、朱学锋.综合型语言知识库及其在国际汉语教育中的应用初探[J].国际汉语教育,2013,01:174—180+203.

159. 俞士汶、朱学锋.综合型语言知识库及其在语言教学中的应用[J].北华大学学报:社会科学版,2014,15(3):4—9.

160. 袁毓林、詹卫东、施春宏.汉语"词库—构式"互动的语法描写体系及其教学应用[J].语言教学与研究,2014,02:17—25.

161. 岳方遂.三个平面:语法研究的多维视野——黄山语法修辞座谈会发言摘要[J].语言教学与研究,1992,01:4—27.

162. 昝红英、张军珲、朱学锋、俞士汶.副词"就"的用法及其自动识别研究[J].中文信息学报,2010,05:10—16.

163. 昝红英、张坤丽、朱学锋、俞士汶.现代汉语虚词用法知识库介绍[A].中国应用语言学会(筹)、教育部语言文字应用研究所.语言文字法制化、规范化、标准化、信息化建设——第七届全国语言文字应用学术研讨会论文集[C].中国应用语言学会(筹)、教育部语言文字应用研究所,2011:7.

164. 詹卫东.大数据时代的汉语语言学研究[J].山西大学学报(哲学社会科学版),2013,05:70—77.

165. 张宝林.汉语教学参考语法[M].北京:北京大学出版社,2007.

166. 张宝林.对外汉语语法知识课教学的新模式[J].语言教学与研究,2008,03:77—84.

167. 张宝林.基础标注的内容与方法[A].中文教学现代化学会.数字化对外汉语教学实践与反思[C].中文教学现代化学会:2010:7.

168. 张宝林.通用型汉语中介语语料库的标注模式[A].中国应用语言学会(筹)、教育部语言文字应用研究所.语言文字法制化、规范化、标准化、信息化建设——第七届全国语言文字应用学术研讨会论文集[C].中国应用语言学会(筹)、教育部语言文字应用研究所:2011:6.

169. 张宝林、崔希亮."全球汉语中介语语料库建设和研究"的设计理念[J].语言教学与研究,2013,05:27—34.

170. 张宝林.关于通用型汉语中介语语料库标注模式的再认识[J].世界汉语教学,2013,01:128—140.

171. 张宝林、崔希亮.谈汉语中介语语料库的建设标准[J].语言文字应用,2015,02:125—134.

172. 张静杰、昝红英.副词"都"用法自动识别研究[J].北京大学学报(自然科学版),2013,01:165—169.

173. 张普.论汉语信息处理技术与对外汉语教学[J].语言教学与研究,

1991,01：111—129.

174. 张勤."比"字句否定形式研究[J].南京师范大学文学院学报,2012,
02：169—173.

175. 张瑞朋.留学生汉语中介语语料库建设若干问题探讨——以中山大
学汉字偏误中介语语料库为例[J].语言文字应用,2012,02：
131—136.

176. 张瑞朋.语料库汉字偏误分类和标注体系研究[J].云南师范大学学报
(对外汉语教学与研究版),2014,01：48—53.

177. 张旺熹.连字句的序位框架及其对条件成分的映现[J].汉语学习,
2005,02：3—14.

178. 张先亮、孙岚.留学生习得能否式"V得/不C"的偏误分析及教学策略
[J].汉语学习,2010,05：83—89.

179. 赵金铭.教外国人汉语语法的一些原则问题[J].语言教学与研究,
1994,02：4—20.

180. 赵金铭.对外汉语教学语法与语法教学[J].语言文字应用,2002,01：
107—111.

181. 赵清永.从语法研究的三个平面看外国留学生的误句[J].北京师范大
学学报(社会科学版),1994,06：97—102.

182. 赵淑华、刘社会、胡翔.北京语言学院现代汉语精读教材主课文句型
统计报告[J].语言教学与研究,1995,02：11—26.

183. 赵元任.中国话的文法[M].台北：学海出版社,1981.

184. 郑艳群.多属性标注的汉语口语教学多媒体素材库建设及应用[J].语
言教学与研究,2012,05：34—39.

185. 中国对外汉语教学学会汉语水平等级研究小组.《汉语水平等级标注
和等级大纲》[试行][M],北京语言学院出版社,1988.

186. 周强、王俊俊、陈丽欧.构建大规模的汉语事件知识库[J].中文信息学
报,2012,03：86—91+103.

187. 周小兵.汉语第二语言教学语法的特点[J].中山大学学报(社会科学
版),2002,06：137—142.

188. 周小兵.越南人学习汉语语法点难度考察[J].云南师范大学学报(对
外汉语教学与研究版),2007,01：1—7.

189. 周小兵、刘瑜.汉语语法点学习发展难度[J].华文教学与研究,2010,
01：24—29.

190. 周小兵、朱其智、邓小宁.外国人学汉语语法偏误研究[M].北京：北
京语言大学出版社,2013.

191. 朱德熙.语法答问［M］.北京：商务印书馆,1985.

192. 朱筠.基本句群处理及其在汉英专利及其翻译中的应用［D］.北京师范大学,2013.

193. 朱其智、周小兵.语法偏误类别的考察［J］.语言文字应用,2007,01:111—118.

194. 朱瑞平、钱多.汉语教师志愿者背景、动机与志愿者项目的可持续发展研究［J］.国际汉语教学研究,2015,01:63—68.

附　录

附录1：语言资源使用情况及需求分析调查问卷

1. 在语言教学与研究过程中,您曾使用过以下哪些语言资源?(请把序号写在横线上。)

现代汉语语料库

(1) CCL语料库：http://www.cncorpus.org/

(2) 国家语委语料库：http://www.cncorpus.org/

(3) BCC语料库库：http://bcc.blcu.edu.cn/

(4) 台湾中央研究院现代汉语平衡语料库：http://asbc.iis.sinica.edu.tw/

(5) 中国传媒大学媒体语言语料库：http://ling.cuc.edu.cn/RawPub/

(6) 厦门大学教材语料库：http://ncl.xmu.edu.cn/corpus/corpus.aspx

(7) 北京语言大学DCC动态流通语料库：http://dcc.blcu.edu.cn/main.action

(8) 暨南大学华文媒体语料库：http://www.globalhuayu.com/corpus1/Search.aspx

中介语语料库

（1）北京语言大学 HSK 动态作文语料库：http://202.
112.195.192：8060/hsk/login.asp

（2）中山大学汉字偏误标注的汉语连续性中介语语料库：
http://cilc.sysu.edu.cn/

（3）暨南大学留学生口语语料库：http://www.globalhua-
yu.com/corpus5/Default.aspx

（4）暨南大学留学生书面语语料库：http://www.global-
huayu.com/corpus3/Search.aspx

（5）厦门大学对外汉语教材语料库：http://ncl.xmu.edu.
cn/shj/jcfccorpus.aspx

（6）中山大学错字数据库：http://cilc.sysu.edu.cn/ghost-
words/list/

其他资源

（1）北京大学现代汉语构式数据库：http://ccl.pku.edu.
cn/ccgd/view.asp

（2）北京师范大学国际汉语教材编写指南的网址：http://
www.cltguides.com/main.action

（3）中山大学全球汉语教材信息库：http://ctmlib.com/

（4）北京语言大学对外汉语教材检索数据库：http://lib.
blcu.edu.cn/xxb/hyjc/

---

2. 除了以上语言资源外，在语言教学与研究过程中，您还

使用过的资源有：

_____

3. 目前，现代汉语语料库可以提供以下检索功能，请在您使用过的检索功能后画"√"。

（1）自定义语料库的检索范围，例如，仅在报刊或文学作品进行检索。 （ ）

（2）单关键词检索，检索字、词或字符串，如检索包含"学习"的语料。 （ ）

（3）通过"关键词/词性"的方式检索，如检索"打"作为量词使用的语料。 （ ）

（4）通过语料库提供的检索表达式进行检索，如：V［下来 出来 上来 进去］、检索 AABB 式的语料、检索包含"一……就……"的语料。 （ ）

（5）字符串的统计功能，如下图： （ ）

V［下来 出来 上来 进去］频次统计：下载

1 2 3 4 5 6 7 下一页 最后一页 □ 跳转

说出来	89359	查询	冒出来	16924	查询
跑出来	15602	查询	表现出来	12403	查询
做出来	10809	查询	散发出来	10394	查询
活下来	10342	查询	逃出来	8299	查询
救出来	8169	查询	答应下来	7750	查询
弄出来	7423	查询	哭出来	7166	查询
带出来	6668	查询	钻出来	6590	查询
叫出来	6559	查询	听出来	6325	查询
拿下来	6070	查询	写出来	5981	查询
掏出来	5772	查询	扑上来	5490	查询
爆发出来	5463	查询	使出来	5416	查询
买下来	5043	查询	爬出来	4895	查询

（6）历时统计功能（如下图），统计某个词语在不同年份出现的频率。 （ ）

（7）随机地获取检索结果，从而避免语料的同一性和重复性。　　　　　　　　　　　　　　　　　　　　　（　）

4. 上题中的七项功能，您觉得对您教学与研究帮助最大的是哪些功能？

_____

5. 您希望语料库还能为您提供哪些功能？

_____

6. 在使用语料库时，您希望可以限定语料的检索范围吗？如果可以，你希望从哪些角度来限定语料的检索范围？（请在括号里画"√"）

（1）语料的语体（口语/书面语）　　　　　　　　　（　）

（2）语料的体裁（诗歌/议论文/记叙文/说明文）　（　）

（3）语料的时间（1919—1949、1950—1980、1981—2000、2000 以后）　　　　　　　　　　　　　　　　（　）

（4）语料的作者（老舍的作品）　　　　　　　　　（　）

（5）语料的来源（人民日报语料）　　　　　　　　（　）

（6）语料的主题/话题（旅游方面的语料）　　　　（　）

其他：_____

7. 在语料库使用中，常常需要输入检索表达式才能完成特定的检索功能，使用过的符号，您可以将其变成红色。

	其他特殊符号
语委语料库	SPACE(空格)　、+、@、-
CCL 语料库	SPACE(空格)、|、$ 、# 、+ 、- 、~、! 、:
BCC 语料库/DCC 语料库	SPACE(空格)、* 、[]、.

8. 以下两种检索结果的显示方式，您更喜欢哪种？

（1）以句为单位显示检索结果。（　　　）

ID	语句
1	现在，你已是全班第一名了，我们都要向你学习，我们还会继续帮助你。
	#语料来源 [样本名称]:N/A [作者]:N/A [写作时间]:N/A [出版时间]:1992-6-26,[报刊名称]:中国青年报,[报道者]:N/A [出版社]:中国青年报社
2	一年来，我国数千万残庆人的工作、学习、生活条件又有了新的提高，整个残疾人事业又有了新的发展。
	#语料来源 [样本名称]:N/A [作者]:N/A [写作时间]:N/A [出版时间]:1992-6-3,[报刊名称]:人民日报,[报道者]:人民日报社 [出版社]:人民日报社
3	一学习毛主席著作的体会毛泽东同志在《人的正确思想是从那里来的？
	#语料来源 [样本名称]:《人的正确思想是从哪里来的?》9 节录 [作者]:康熙,[写作时间]:N/A [出版时间]:1964-7-20,[书刊名称]:谢建成,[编撰者]:N/A [出版社]:智章论杂志社

（2）关键词居中，通过设置关键词左右的字符数来显示检索结果。（　　　）

	第三节	学习	教育学的意义和方法
...的发展大体经历了萌芽、独立形态、马克思主义教育形成三个阶段。		学习	教育学的基本方法是理论联系实际。
...法，通过言传身教传授给下一代。这时的教育面向全体儿童，只是在		学习	内容上存在男女儿童之间的微小差别，如男孩随男子狩猎，女孩随妇女
无限制，但由于要收取学费，分田农民和手工业者的子弟也很难获得		学习	机会。劳动人民子弟基本上还是通过父传子、师带徒的形式在生产劳动...
了由手工业联合会办的行会学校和商人联合会办的基尔特学校，看重		学习	生产和业务知识，为本行业培养人才。后来这两种学校合并成城市学校...
容观性，夸大主观意志的作用，必然会给教育工作带来严重的后果。		学习	和研究教育学，正是为了认识教育事业发展和教育工作的客观规律，以...
自得等原则和方法，还提出了博学、审问、慎思、明辨、笃行等一套		学习	过程。第三，在思想品德教育方面，提出长善救的、防微杜渐、潜移默...
...身的社会活动为中心，强调"做中学"，让儿童在自身的社会活动中...		学习	马克思列宁主义、毛泽东思想，本着古为今用、洋为中用的原则，总结...
新中国成立之后，我国教育理论工作进...		学习	此外，还十分重视教育过程中师生之间的合作关系，要求各门课程的...
	第三节		教育学的意义和方法
	一、	学习	教育学的意义

9. 你曾经自建过语料库吗？是关于哪方面的？

_____

附录 2：语法点描写知识库中对"一……就……"的描写

属性项	属性项值
编号	8YJ
名称	一……就……
类型	复句/固定结构
参引文献	白建华. 对外汉语语言点教学 150 例[M]. 耶鲁大学出版社,2009：P233
备注 1	141464
备注 2	/
语义_种数	2
语义_类别/语料数/频率	表示两件事情时间上前后紧接。/383/63.7% 表示在某种情况下一定会出现某种结果。218/36.3%
基本形式_种数	6
基本形式_类别/语料数/频率	一＋动＋就＋动/586/97.5% 一＋动＋就＋形/7/1.2% 一＋形＋就＋动/3/0.5% 一＋动＋就＋小句/3/0.5% 一＋动＋就＋名 1/0.2% 一＋形＋就＋形/1/0.2%
否定形式_种数	/
否定形式_类别/语料数/频率	/
疑问形式	/
主语信息_类别/语料数/频率	/
搭配信息	/

属性项	属性项值
句法语义关系/ 语料数	**表示两件事情时间上前后紧接。/381** 一＋动＋就＋动/375 一＋动＋就＋形/4 一＋形＋就＋动/2 一＋动＋就＋名/1 **表示在某种情况下一定会出现某种结果。/219** 一＋动＋就＋动/211 一＋动＋就＋小句/3 一＋动＋就＋形/3 一＋形＋就＋形/1 一＋形＋就＋动/1
功能	叙述/说明
语气/情感态度	/
预设	/
语体	口语/书面语
语法点_语料数	601
语法点_频率	0.42%
偏误	＊可是她一遇到困难，就鼓励我打起精神的作用。 （HSK 动态作文语料库）
等级	HSK－2
相似/相关语法点	先……然后……

附录3：语法点的频率统计

语法点	频率（小数）	频率（百分数）
助词"了"	0.26513247	26.51%
述补结构	0.19706053	19.71%
"有"字句	0.107716109	10.77%
介词"在"	0.075581067	7.56%
助动词"要"	0.054748911	5.47%
动态助词"着"	0.052606813	5.26%
语气助词"吗"	0.041127071	4.11%
"把"字句	0.034307915	3.43%
"是……的"句（一）、（二）	0.032467532	3.25%
兼语句	0.030456853	3.05%
语气助词"呢"	0.030339874	3.03%
因为……所以……	0.029880394	2.99%
语气助词"吧"	0.028805915	2.88%
比较句	0.027854603	2.79%
……，不过/可是/只是……	0.026444891	2.64%
介词"对"	0.024713001	2.47%
介词"给"	0.022019736	2.20%
……，而……	0.020443364	2.04%
动态助词"过"	0.019762846	1.98%
副词"再"	0.018994232	1.90%
副词"才"	0.018350959	1.84%
被动句	0.016336312	1.63%

语法点	频率（小数）	频率（百分数）
连动句	0.014137873	1.41%
如果……就……	0.013904598	1.39%
在……上	0.013211842	1.32%
存现句	0.013084601	1.31%
在/正在/正 + V + ……（呢）	0.012268953	1.23%
在……中	0.010999265	1.10%
介词"向"	0.010087372	1.01%
太……了	0.009854097	0.99%
在……里	0.009295651	0.93%
能愿动词"应该"	0.008899791	0.89%
"的"字短语	0.008829101	0.88%
虽然……但是……	0.008122208	0.81%
为了……	0.007408245	0.74%
介词"跟"	0.007047729	0.70%
介词"为"	0.006984109	0.70%
助动词"会"	0.006828592	0.68%
疑问代词（什么、哪儿、怎么、谁、多少）……都/也……	0.006800317	0.68%
副词"刚"	0.006128768	0.61%
介词"离"	0.006107561	0.61%
助动词"可以"	0.005655149	0.57%
助动词"能"	0.005471357	0.55%
……,于是……	0.00545015	0.55%
越来越	0.005223944	0.52%

续　表

语法点	频率（小数）	频率（百分数）
介词"由"	0.004594809	0.46%
……,因此……	0.004283775	0.43%
从……到……	0.004269638	0.43%
一……就……	0.004248431	0.42%
要是……	0.004206017	0.42%
助动词"得"	0.004135328	0.41%
当……时/时候	0.004008087	0.40%
连……也/都……	0.003774812	0.38%
由于……	0.003732398	0.37%
在……下	0.003534468	0.35%
不仅……而且……	0.003534468	0.35%
又……又……	0.003449641	0.34%
介词"往"	0.003435503	0.34%
介词"以"	0.003279986	0.33%
既……又/也……	0.002771023	0.28%
先……然后……	0.002672058	0.27%
……的话	0.002636713	0.26%
只要……就……	0.002566024	0.26%
以……为……	0.002481197	0.25%
不是……吗?	0.002467059	0.25%
不但……而且……	0.002269129	0.23%
越……越……	0.002247922	0.22%
介词"对于"	0.002233784	0.22%
一边……一边……	0.002212577	0.22%

语法点	频率(小数)	频率(百分数)
对……来说	0.002205508	0.22%
不是……而是……	0.002163094	0.22%
无论……都……	0.002163094	0.22%
在……方面	0.002141888	0.21%
即使……也……	0.002049992	0.20%
副词"可"	0.002035854	0.20%
不管……都……	0.001986371	0.20%
介词"按/按照"	0.001958095	0.20%
随着……的 N	0.00185913	0.19%
是……还是……	0.001802579	0.18%
只有……才……	0.001788441	0.18%
尽管……还是……	0.001710683	0.17%
有的……,有的……	0.001625855	0.16%
介词"根据"	0.001618786	0.16%
副词"仍然"	0.001618786	0.16%
和/跟/同……一起	0.001555166	0.16%
就要/快要……了;快/快要……了	0.001498614	0.15%
介词"关于"	0.00126534	0.13%
从……起	0.001244133	0.12%
……否则……	0.00119465	0.12%
不/没有……不……	0.001088616	0.11%
难道……吗?	0.001088616	0.11%
还是……吧	0.001067409	0.11%

语法点	频率（小数）	频率（百分数）
……,再说……	0.001053272	0.11%
……,从而……	0.001003789	0.10%
副词"毕竟"	0.000954306	0.10%
一……也/都……	0.000947237	0.09%
介词"据"	0.000926031	0.09%
V来V去	0.000904824	0.09%
在……看来	0.000876548	0.09%
介词"朝"	0.00086241	0.09%
对于……来说	0.000855341	0.09%
像……似的/一样	0.000827066	0.08%
介词"从"	0.000827066	0.08%
仅……就……	0.000819997	0.08%
一方面……,（另）一方面……	0.000812928	0.08%
除了……,……	0.000812928	0.08%
任何……都/也……	0.000749307	0.07%
不……（也)不……	0.000685687	0.07%
从……看来	0.000685687	0.07%
为……而……	0.000657411	0.07%
副词"反正"	0.000614997	0.06%
从……以后	0.000607929	0.06%
假如……,……	0.000607929	0.06%
再……也……	0.000572584	0.06%
介词"自从"	0.000565515	0.06%

语法点	频率(小数)	频率(百分数)
既然……就……	0.000565515	0.06%
再也不 VP 了	0.000558446	0.06%
再……就……	0.000537239	0.05%
不是……就是……	0.000516032	0.05%
非得……不可;非得……不行	0.000445343	0.04%
宁可……也;宁可/宁愿……也不……	0.000438274	0.04%
拿……来说	0.000381723	0.04%
省得/免得/以免……	0.000374654	0.04%
是……而不是……	0.000367585	0.04%
哪怕……也……	0.000367585	0.04%
为……所……	0.000346378	0.03%
介词"趁"	0.00033224	0.03%
何况……	0.000325171	0.03%
除非……	0.000325171	0.03%
不但不……反而/反倒……	0.000311033	0.03%
与其……不如……	0.000311033	0.03%
想/爱……就……	0.000296895	0.03%
各 V 各的	0.000296895	0.03%
何必……呢?	0.000261551	0.03%
凡是……都……	0.000233275	0.02%
才……就……	0.000212068	0.02%
副词"本来"	0.000204999	0.02%

语法点	频率(小数)	频率(百分数)
以便……	0.000190861	0.02%
……,况且……	0.000169654	0.02%
要么……要么……	0.000148448	0.01%
或者……或者……	0.000120172	0.01%
就是……也……	0.0000989651077305887	0.01%
X 就 X	0.0000918961714641181	0.01%
……倒是……,(就是/但是/可是/可)……	0.0000777583	0.01%
要不是……	0.0000777583	0.01%
一来……二来……	0.0000706894	0.01%
有什么好 V 的	0.0000636204	0.01%
说……就……	0.0000424136	0.00%
就……而言	0.0000424136	0.00%
为……起见	0.0000282757	0.00%
非得……才……	0.0000212068	0.00%
动词＋都不/都没＋动词	0.00000706894	0.00%

附录 4：助词"了"句法语义关系及相关统计

句法语义关系及语料数量	示例
☆**表示动作状态的变化，已经出现或即将出现新情况。701**	
动 + 了 241	刚才宋华来了。
动 + 补 + 了 123	咱们来早了。
动 + 宾 + 了 91	我参观兵马俑了。
形 + 了 82	我舅舅也老了。
已经……了 46	出租车已经来了。
要/快要/就要/快/将要 + 动 + 了 33	要放假了，同学们有什么打算？
形 + 补 + 了 16	出租车比公共汽车快多了。
疑问代词 + 了 14	你今年上几年级了？
该/应该……了 11	该你了。
数量 + 了 10	六年了。
开始……了 8	你舅妈也开始用电脑了。
动 + 补 + 宾 + 了 7	我们坐错车了。
动 + 补 + 宾 + 补 + 了 6	我们爬上长城来了。
动 + 宾 + 补 + 了 3	您带照片来了吗？
名 + 了 5	十年不见，你是大学生了。
就……了 4	就这几件了。
兼语句 + 了 1	不想让她去了。
☆**表示动作的发生、完成或状态出现、实现。443**	
动 + 了 + 宾 337	我去了医院，吃了很多中药。
动/形 + 了 + 补 51	在中国才学习了一年

续　表

句法语义关系及语料数量	示例
动 + 补 + 了 + 宾 40	现在又撞伤了胳膊。
动/形 + 了 + 其他［以后、之后……］10	这位教练来了以后,大学生队的水平提高得很快。
动 + 了 + 动(动词重叠)4	主人看了看我们。
动 + 了 + 宾 + 补 1	丈夫只是看了我一眼
☆表达肯定的语气,有成句的功能。107	
太……了 71	您太谦虚了。
……极了 22	好极了!
形 + 补 + 了 10	他们的水平比我们高多了。
最……了 4	现在想起来,那是学生生活中最愉快的时刻了。
☆表示动作持续的时间或动作完成的数量。50	
动/形 + 了 + 数量/时量 + (名)40	借了四五本书。
动/形 + 了 + 数量/时量 + (名) + 了 10	我中国画画了多少年了?
☆第一个动作行为发生以后,第二个动作行为或状态才发生。17	
动 + 了 + 宾/补 + 动 11	我明天下了课就去买盆花。
动 + 了 + 形/动 6	总经理看了接着问。
☆表达祈使的语气,有成句的功能。15	
别……了 15	别站着看了,大家帮帮忙吧!

句法语义关系及语料数量	示例
☆**既表示动作已经完成，又表示事态有了变化。15**	
动 + 了 + 名 + 了 13	我已经买了衬衫了。
动 + 了 + 动 + 了 2	我忘了带饭卡了。
☆**表示话题的转换。14**	
好了/对了/……14	对了，大为你想去哪儿？
☆**第一个动作行为是第二个动作行为的方式、工具、目的。6**	
动 +（名）+ 动 +（名）+ 了 6	昨天晚上就坐火车去南方了。
☆**表示某一性质偏离了标准。2**	
形 + 了 + 数量 2	这些单位不是说她年龄大了点儿，就是说她文化低了点儿。

　　说明：附录 4 的是助词"了"在《新实用汉语课本》、《中文听说读写》两套教材中的相关统计结果，其中的数字表示语料的数量。

图书在版编目(CIP)数据

面向汉语作为第二语言教学的语法点知识库构建研究/谭晓平著.—
上海:上海三联书店,2018.10
　ISBN 978－7－5426－6503－4

　Ⅰ.①面…　Ⅱ.①谭…　Ⅲ.①对外汉语教学－语法－教学研究
Ⅳ.①H195.3

中国版本图书馆 CIP 数据核字(2018)第 223616 号

面向汉语作为第二语言教学的语法点知识库构建研究

著　　者 / 谭晓平

责任编辑 / 杜　鹃
特约编辑 / 周治华
装帧设计 / 一本好书
监　　制 / 姚　军
责任校对 / 张大伟

出版发行 / 上海三联书店
　　　　　(200030)中国上海市漕溪北路 331 号 A 座 6 楼
邮购电话 / 021－22895540
印　　刷 / 上海惠敦科技印务有限公司

版　　次 / 2018 年 10 月第 1 版
印　　次 / 2018 年 10 月第 1 次印刷
开　　本 / 890×1240　1/32
字　　数 / 230 千字
印　　张 / 9.25
书　　号 / ISBN 978－7－5426－6503－4/H·76
定　　价 / 49.00 元

敬启读者,如发现本书有印装质量问题,请与印刷厂联系 021－63779028